社会イノベーションと地域の持続性

Social Innovation and Sustainable Community:
Creation of Ba (Place) and Brewing of Social Acceptance

場の形成と社会的受容性の醸成

松岡俊二＝編

有斐閣

本書は公益財団法人日本生命財団の助成を得て刊行された。

本書で取り上げる3都市

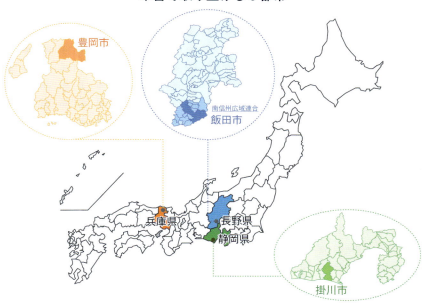

	飯田市	掛川市	豊岡市
人　口 （直近）	102,020人 （2018年7月末）	117,729人 （2018年8月1日）	82,250人 （2018年7月12日）
人　口 （1990年）	110,402人	105,030人	94,163人
面　積	658.66 km^2	265.69 km^2	697.55 km^2
高齢化率	30.8%（2016年）	26.1%（2015年）	31.6%（2015年）
産業構成 （1, 2, 3次）	8.2%, 31.4%, 57.4% （2015年）	6.9%, 39.9%, 52.2% （2015年）	0.9%, 25.1%, 74.0% （2014年）
特記事項	歴史ある公民館活動 おひさま・多摩川精機 のリーダーシップ	榛村元市長による 生涯学習まちづくり 高い自治会組織率 （86%）	絶滅危惧種 コウノトリの存在 中貝市長の リーダーシップ

飯田市　保育園の太陽光パネル（提供：おひさまエネルギーファンド）／多摩川精機の本社工場

掛川市　掛川のシンボル茶文字（提供：掛川市）／掛川市と菊川市のごみ処理施設 環境資源ギャラリー

豊岡市　水田のコウノトリ（提供：豊岡市）／人工巣塔にとまるコウノトリ（提供：小谷繁子）

まえがき

　日本の地域社会はどうなっていくのであろうか。急速な少子高齢化の進行による人口減少は，とりわけ日本の地方を直撃している。

　元岩手県知事・元総務大臣の増田寛也は，2014 年 5 月に出版した『地方消滅』（中央公論新社）において，2010 年を基準年として，2040 年の地方の人口動向を予測し，若年女性（20 歳から 39 歳）が半減することで総人口も 5 割近く減少する消滅可能性自治体が，全国の市区町村数（1740）の半分以上の 896 も存在することを主張した。この予測には，原発事故災害による避難が続いている福島県の市町村（59）は含まれていないことに注意を払う必要がある。

　増田が言いたいのは，平成の大合併により，1999 年に 3229 あった市町村数は 2010 年に 1727 になり，47％ も自治体数が半減し，自治体の規模が拡大したにもかかわらず，2040 年ごろには半分以上の地方自治体において行政サービスの住民への適切な提供が困難になるということである。この意味で，増田のいう「地方消滅」とは地方自治体（市役所や町村役場）の破綻である。

　2014 年 9 月に発足した第 2 次安倍（改造）内閣はローカルアベノミクスとして地方創生を打ち出し，石破茂が初代地方創生担当大臣に指名され，「まち・ひと・しごと創生本部」がつくられた。2014 年 12 月には「まち・ひと・しごと創生法」が制定され，地方創生の名のもとにプレミアム商品券や半額旅行券といった「ばらまき」政策が行われ，地方創生はブームとなった。

　地方消滅と地方創生の狭間で揺れる日本の地域社会はどうしたらいいのだろうか。人口減少の中でどのようにすれば，環境的にも，社会的にも，経済的にも持続可能な地域社会をつくることができるのだろうか。

　本書は，こうした疑問を持ち，こうした課題に取り組む地域社会の皆さん，地方行政の担当者，高校生も含めた学生の皆さん，研究者や専門家や政策担当者などを対象としている。

　日本の地域社会をどうすればよいのかという問いに対して，本書は場の形成と社会的受容性の醸成による社会イノベーションの創造という解決策を提示する。地域社会の持続性課題の解決を目指した地域内外のマルチ・アクター（多様な担い手）による場の形成が，知識創造プロセスとして機能すると，社会イ

i

ノベーションにつながる新たなアイデアを生み出す。また，マルチ・アクター間における社会的受容性の醸成は，新たなアイデアの具体化につながる資源動員の正統化プロセスとして機能し，社会イノベーションの創造を促進する。

本書は，持続可能な地域社会の形成への取り組みとして，環境基本計画などで掲げられている低炭素社会アプローチ，資源循環型社会アプローチ，自然共生社会アプローチという3つのアプローチに注目した。人口10万人程度の地域社会の中心となる地方都市の中から，低炭素社会アプローチに取り組む長野県飯田市，資源循環型社会アプローチに取り組む静岡県掛川市，自然共生社会アプローチに取り組む兵庫県豊岡市を研究対象として選択した。

本書第Ⅰ部の「ケース研究──地方都市の持続性と社会イノベーション」では，飯田市，掛川市，豊岡市という3つの地方都市を対象に，持続可能な地域社会の形成を目指した社会イノベーションの具体的な取り組みを検証する。飯田モデルでは，産業社会イノベーションとして多摩川精機などの地域中核企業による「地域ぐるみ環境ISO研究会」，市民社会イノベーションとして太陽光発電システムを推進する「おひさま進歩（NPO，株式会社）」に注目した。掛川モデルでは，生涯学習都市宣言などのまちづくりの伝統を踏まえた地方自治体と自治会との協働によるごみ減量大作戦を分析する。コウノトリの野生復帰で有名な豊岡モデルでは，コウノトリも住める地域づくりを目指した湿地復元，「コウノトリ育む農法」や「コウノトリ育むお米」のブランド化に焦点を当てる。3都市モデルを新たな制度や組織づくりという社会イノベーションの創造プロセスという視角から分析し，マルチ・アクターによる場の形成と社会的受容性の醸成という共通要素を抽出し，そのメカニズムを検討する。

本書第Ⅱ部の「『場の形成と社会的受容性の醸成』による社会イノベーションの創造」では，3都市のケース分析から導き出された社会イノベーションのつくりかたを理論的・実証的に深掘りし，社会イノベーション・モデル（理論）として提示することを試みる。社会イノベーションの知識創造プロセスと資源動員プロセスとの関係性や社会イノベーションと技術イノベーションとの関係性を論じる。また，制度的受容性，市場的受容性，社会関係資本も含めた地域的受容性という観点から，社会的受容性の醸成メカニズムを分析する。最後に，場の形成の「見える化」として，全国の地方自治体アンケートの分析から場（協働ガバナンス）の指標化を試みる。

以上の第Ⅰ部のケース研究と第Ⅱ部の社会イノベーションのモデル化を通じて，本書は社会イノベーションのつくりかたに関する3つの重要なポイントを論じる。

　第1は，社会イノベーションをつくる新たなアイデアを生み出すためには，場を，誰が，どのようなアジェンダ（議題）・メンバールールで形成するのか，場とメンバーの間における情報蓄積のミクロ・マクロ・ループをいかに有効に機能させるのかを，場の参加者が明確に意識し，場を形成することが重要である。

　第2に，社会イノベーションを具体化する資源動員を可能とするためには，全国レベルの社会的受容性（制度，技術，市場）の醸成を前提とし，地域社会におけるマルチ・アクター間の制度的・技術的・市場的受容性の醸成を図ることが重要である。

　第3に，マルチ・アクターによる場の形成と社会的受容性の醸成による社会イノベーションの創造のためには，場を主宰（管理）する社会変革の担い手としての実践知リーダーが必須要件である。

　なお，本書は，日本生命財団・環境問題研究助成・学際的総合研究助成「環境イノベーションの社会的受容性と持続可能な都市の形成」（研究代表者・松岡俊二，2015年10月〜2017年9月）に基づくものである。本研究プロジェクトの経緯や成果については，以下の早稲田大学レジリエンス研究所（WRRI）のホームページを参照されたい。

　http://www.waseda.jp/prj-matsuoka311/

研究グループを代表して

松　岡　俊　二

執筆者紹介（執筆順）

松岡 俊二（マツオカ シュンジ）　　　　　　　　　編者，担当：序章，第9章

現在，早稲田大学国際学術院（大学院アジア太平洋研究科）教授（専攻：環境経済・政策学，国際開発研究，災害研究）

主な著作：*Effective Environmental Management in Developing Countries*（編著，Palgrave-Macmillan, 2007），『フクシマ原発の失敗』（早稲田大学出版部，2012年）

渡邊 敏康（ワタナベ トシヤス）　　　　　　　担当：第1章，第10章共同執筆

現在，株式会社 NTT データ経営研究所シニアマネージャー（早稲田大学大学院創造理工学研究科博士後期課程）（専攻：環境・エネルギー，機械工学）

主な著作：「社会インフラを支えるセンサーネットワーク」（『月刊自動認識』2015年6月号，2018年11月号），"Energy Management System Utilizing Exhaust Heat Recovery on Distributed Generation in Supermarket and Restaurant"（国際冷凍学会，2015年大会報告）

中村 洋（ナカムラ ヒロシ）　　　　　　　　　　　　　担当：第2章

現在，一般財団法人地球・人間環境フォーラム研究員（専攻：地域研究，環境教育）

主な著作："The Impact of a Disaster on Asset Dynamics in the Gobi Region of Mongolia"（共著，*Journal of Development Studies*, Vol. 53, Issue 11, 2017），『省エネルギーを話し合う実践プラン46』（共著，公人の友社，2014年）

平沼 光（ヒラヌマ ヒカル）　　　　　　　　　　　　　担当：第3章

現在，公益財団法人東京財団政策研究所研究員（早稲田大学大学院社会科学研究科博士後期課程）（専攻：政策科学論）

主な著作：『日本は世界1位の金属資源大国』（講談社，2011年），『2040年のエネルギー覇権』（日本経済新聞出版社，2018年）

升本 潔（マスモト キヨシ）　　　　　　　　　　　　　担当：第4章

現在，青山学院大学地球社会共生学部教授（専攻：国際協力，持続可能な開発）

主な著作：「経済成長と二酸化硫黄（SO_2）排出量のデカップリング」（『環境情報科学学術研究論文集』29巻，2015年），「アセアン諸国における経済成長と環境負荷のデカップリング」（*Journal of the Graduate School of Asia-Pacific Studies*〔アジア太平洋研究科論集〕27号，2014年）

松本 礼史（マツモト レイシ）　　　　　　　　　　　　担当：第5章

現在，日本大学生物資源科学部教授（専攻：環境経済学）

主な著作：「経済発展と資源利用，環境問題」（日本大学生物資源科学部国際地域開発学研究会編『国際地域開発学入門』農林統計協会，2016年，所収），「アジアの経済発展と環境問題」（松岡俊二編著『アジアの環境ガバナンス』勁草書房，2013年，所収）

李　洸昊（イ グァンホ）　　　　　　　　　　　　　　担当：第6章

現在，早稲田大学環境総合研究センター次席研究員（専攻：廃棄物管理，国際環境協力）

主な著作：「スリランカ・キャンディ市のごみ問題と廃棄物行政に対する住民意識の分析」（『環境情報科学』45巻3号，2016年），「途上国の都市における『ごみの流れ』の構造分析」（共著，『国際開発研究』24巻1号，2015年）

岩田 優子（イワタ ユウコ）　　　　　　　　　　担当：第7章，第12章

現在，早稲田大学大学院アジア太平洋研究科博士後期課程（専攻：環境政策学，地域開発学，国際協力学）

主な著作：「協働ガバナンス・アプローチによるコウノトリ米とトキ米の普及プロセスの比較研究」（『環境情報科学学術研究論文集』30巻，2016年），「自然共生社会アプローチと社会イノベーション」（環境経済・政策学会，2017年大会報告）。

黒川 哲志（クロカワ サトシ）　　　　　　　　　　　　担当：第8章

現在，早稲田大学社会科学総合学術院（大学院社会科学研究科）教授（専攻：環境法）

主な著作：『環境行政の法理と手法』（成文堂，2004年），『環境法入門（第3版）』（共著，有斐閣，2015年）

勝田 正文（カツタ マサフミ）　　　　　　　　　担当：第10章共同執筆

現在，早稲田大学理工学術院（大学院環境・エネルギー研究科）教授（専攻：機械工学）

主な著作：「毛細管内臨界流」（日本機械学会編『気液二相流技術ハンドブック（改訂）』コロナ社，2006年，所収），「下水熱エネルギーの利活用」（山本哲三・佐藤裕弥編著『新しい上下水道事業』中央経済社，2018年，所収）

師岡　愼一（モロオカ　シンイチ）　　　　　　　　　　　担当：**第10章共同執筆**

　　現在，早稲田大学理工学術院（大学院先進理工学研究科）特任教授（専攻：共同原子力）

　　主な著作："Boiling Transition and CHF for the Fuel Rod of a Light Water Reactor" (in Y. Koizumi *et al.* eds., *Boiling*, Elsevier, 2017)，『原子力規制委員会の社会的評価』（共著，早稲田大学出版部，2013年）

鈴木　政史（スズキ　マサチカ）　　　　　　　　　　　　担当：**第11章**

　　現在，上智大学大学院地球環境学研究科教授（専攻：環境経営，環境政策）

　　主な著作："Reviewing Theoretical Frameworks, Factors, and Drivers for the Introduction of Renewable Energy Technologies among Developing Countries"（共著，『地球環境学（上智大学大学院地球環境学研究科紀要）』13号，2018年），「『環境経営』と『企業収益』の因果関係の歴史的変遷のレビューとその関係性に内在するパラドックスの提示」（共著，『地球環境学（上智大学大学院地球環境学研究科紀要）』12号，2016年）

島田　　剛（シマダ　ゴウ）　　　　　　　　　　　　　　担当：**第13章**

　　現在，明治大学情報コミュニケーション学部准教授（専攻：国際経済学，ソーシャル・キャピタル，産業政策，国連研究）

　　主な著作："A Quantitative Study of Social Capital in the Tertiary Sector of Kobe" (*International Journal of Disaster Risk Reduction*, Vol. 22, 2017)，"The Role of Social Capital after Disasters" (*International Journal of Disaster Risk Reduction*, Vol. 14, 2015)

田中　勝也（タナカ　カツヤ）　　　　　　　　　　　　　担当：**第14章**

　　現在，滋賀大学環境総合研究センター教授（専攻：環境・資源経済学）

　　主な著作：「ソーシャル・キャピタルが地方創生に与える影響」（共著，『経済分析』197号，2018年），"Estimating the Provincial Environmental Kuznets Curve in China"（共著，*Stochastic Environmental Research and Risk Assessment*, Vol. 32, 2017）

目　次

まえがき　i

執筆者紹介　iv

序　章　持続可能な地域社会のつくりかた————————————1
●地方創生と社会イノベーション　　　　　　　　　　　[松岡俊二]

1　日本の地域論のあり方——地方創生政策の課題　2

2　持続可能な社会形成への日本モデルと地方都市　5

3　場の形成と社会的受容性の醸成　9

4　「場の形成と社会的受容性の醸成」と社会イノベーション　14

5　「場の形成と社会的受容性の醸成」モデルの一般化　23

第Ⅰ部　ケース研究——地方都市の持続性と社会イノベーション

[1] 低炭素社会アプローチ：飯田モデル

第1章　低炭素社会への模索・飯田モデル————————32
●産業社会と市民社会の2つのイノベーション　　　　[渡邊敏康]

1　飯田市の姿　33

2　低炭素化を推進する環境政策——産業社会と市民社会のアプローチ　33

3　産業社会における低炭素化アプローチ
　　——地域版環境マネジメントシステムの創出　34

4　市民社会における低炭素化アプローチ——日本初の太陽光市民共同発電事業　39

5　社会イノベーションを可能にしたもの——社会的受容性と協働の場　40

6　脱炭素化と地域産業——飯田市のNEXT20　42

第2章　産業社会と社会イノベーションの創造————————46
●南信州環境マネジメントシステム　　　　　　　　　　[中村　洋]

1　環境マネジメントシステム（EMS）　47

2 地域ぐるみ環境 ISO 研究会　52

3 南信州いいむす 21　56

4 南信州から学ぶ　61

第3章　市民社会と社会イノベーションの創造────69
●再生可能エネルギー活用事業　　　　　　　　　　[平沼　光]

1 地域主体の再生可能エネルギー活用事業
──市民と自治体の協働による社会イノベーション　70

2 再生可能エネルギー活用事業創出のプロセス　74

3 地域主体の再生可能エネルギー活用事業を創出する
4 つの段階と場の構築　77

4 飯田市の新しい挑戦　82

第4章　社会的受容性の醸成と社会イノベーション────89
●市民共同発電事業　　　　　　　　　　　　　　[升本　潔]

1 市民共同発電事業と社会的受容性　90

2 全国レベルの社会的受容性の変化　93

3 地域レベルの社会的受容性の変化　97

4 新たな社会イノベーションの可能性　101

[2]　資源循環型社会アプローチ：掛川モデル

第5章　資源循環型社会への模索・掛川モデル────108
●ごみ減量日本一への途　　　　　　　　　　　[松本礼史]

1 掛川市の姿　109

2 ごみ減量の経緯　112

3 資源循環型社会の形成と住民参加型行政システム　114

4 資源循環型社会形成の社会的受容性　118

5 協働ガバナンスの成功と課題
──行政組織・住民組織・民間企業・近隣自治体　122

第6章　循環型社会形成と社会イノベーション────125
●ごみ減量大作戦と協働ガバナンス　　　　　　　[李　洸昊]

1 循環型社会形成とごみ減量 126

2 まちづくりと協働ガバナンス 128

3 協働ガバナンスが機能する仕組み 130

4 ごみ減量大作戦と協働ガバナンス 134

5 有効な協働ガバナンスの条件 138

6 持続可能な循環型社会への課題 140

[3] 自然共生社会アプローチ：豊岡モデル

第7章　自然共生社会への模索・豊岡モデル———143
●コウノトリ育むお米の開発・普及　　　　　[岩田優子]

1 豊岡市の姿とコウノトリ野生復帰事業 144

2 コウノトリ育む農法の開発・普及過程 147

3 協働ガバナンスと社会的受容性 155

4 持続可能な地域社会に向けて 161

第8章　自然共生社会と社会イノベーション———168
●コウノトリのための水田の湿地転換　　　　　[黒川哲志]

1 コウノトリのための水田の湿地転換の社会的受容性 169

2 加陽湿地の再生 175

3 「ハチゴロウの戸島湿地」の創出 177

4 田結湿地におけるボランティアグループの活動 180

5 ラムサール条約湿地登録と観光競争力の強化 182

第Ⅱ部　「場の形成と社会的受容性の醸成」による
社会イノベーションの創造

第9章　社会イノベーションの起こしかた———186
●場の形成と社会的受容性の醸成　　　　　[松岡俊二]

1 地域社会の持続可能な発展と社会イノベーション 187

2 社会イノベーションと場の形成——知識創造プロセス 191

3 社会イノベーションと社会的受容性——資源動員プロセス 198

4 社会イノベーションの創造モデル——場の形成と社会的受容性の醸成　　202

第 **10** 章　社会イノベーションと技術イノベーション————206
●地域に受容される技術の役割　　　［渡邊敏康・勝田正文・師岡愼一］
1 技術イノベーションの役割　　207
2 3都市モデルにおける社会イノベーションと技術イノベーション　　211
3 地域に受容される技術イノベーション　　213
4 日本に求められる技術イノベーション　　216

第 **11** 章　社会イノベーションと制度的受容性————————218
●欧州の社会イノベーション研究　　　　　　　　　　［鈴木政史］
1 制度的受容性と制度　　219
2 トランジション・マネジメント研究の視点　　222
3 テクノロジカル・イノベーション・システム研究の視点　　227
4 日本の3都市における制度的受容性と欧州からの示唆　　231

第 **12** 章　社会イノベーションと市場的受容性————————235
●地域ブランド論からの考察　　　　　　　　　　　　［岩田優子］
1 社会イノベーションと市場的受容性　　236
2 3都市モデルと市場的受容性　　236
3 3社会アプローチと市場的受容性　　241
4 アクティブな市場的受容性を形成するためのモデル　　245
5 持続可能な地域社会における市場的受容性のあり方　　250

第 **13** 章　社会イノベーションと地域的受容性————————252
●社会関係資本からの検討　　　　　　　　　　　　　［島田　剛］
1 社会イノベーション・地域的受容性・市場　　253
2 協力の始まる条件——うまくいく地域とそうでない地域　　256
3 社会関係資本と社会的受容性　　262
4 社会関係資本が社会イノベーションを引き起こす重要な鍵　　265

第**14**章　場（協働ガバナンス）と持続可能な地域社会────────268
　　●全国自治体アンケートによる指標化　　　　　　　　　［田中勝也］

　1　協働ガバナンスの見える化　　269

　2　協働による環境イノベーション──地方創生に関する自治体調査　　271

　3　協働ガバナンスの指標化　　273

　4　協働ガバナンスの有効性　　276

　5　よりよい協働ガバナンスへ　　282

あ と が き　　287

事 項 索 引　　291

人名・企業名索引　　295

本書のコピー，スキャン，デジタル化等の無断複製は著作権法上での例外を
除き禁じられています。本書を代行業者等の第三者に依頼してスキャンや
デジタル化することは，たとえ個人や家庭内での利用でも著作権法違反です。

序 章

持続可能な地域社会のつくりかた

地方創生と社会イノベーション

松 岡 俊 二

はじめに

　本章は，本書全体の背景と目的を述べ，本書における基本概念である社会イノベーション，場（協働ガバナンス），社会的受容性について明確な定義を行う。少子高齢化の急激な進展による人口減少は，地域社会の持続性に大きな負の影響を与えている。中心市街地の衰退，商店街のシャッター通り化や限界集落の増加などが指摘され，地方創生の必要性が議論されている。人口減少と高齢化が進行することで地方行政サービスが維持できなくなる消滅可能性自治体が，2040 年には基礎自治体の半数以上になるとの予測もある。本章では，本書が持続可能な地域社会構築の研究対象とした低炭素社会アプローチに基づく長野県飯田市，資源循環型社会アプローチに基づく静岡県掛川市，自然共生社会アプローチに基づく兵庫県豊岡市の社会イノベーションを概観し，持続性課題解決のための社会イノベーションを創造するプロセスにおける場（協働ガバナンス）の形成と社会的受容性を醸成することの重要性とそのモデル化について述べる。

1 日本の地域論のあり方——地方創生政策の課題

（1）　少子高齢化・人口減少と地方創生

　地方創生や地域再生を語る地域論が盛んである。背景には急激な人口減少と高齢化の進行がある。2010 年の国勢調査による日本の総人口は 1 億 2806 万人で，65 歳以上の高齢化率は 23.0% であったが，2017 年末（概算値，総務省統計局）には各々 1 億 2670 万人，27.8% となり，わずか 7 年間で総人口は 136 万人減少し，高齢化率は 4.8% 増加した。国立社会保障・人口問題研究所の「日本の将来推計人口（平成 29 年推計）」では，2040 年には総人口は 1 億 1092 万人，高齢化率は 35.3%，2065 年には総人口は 8808 万人，高齢化率は 38.4%，2100 年には総人口 5972 万人，高齢化率は 38.3% と推計されている（いずれも中位仮定推計）。

　さまざまな社会経済動向の将来推計の中で，将来人口や高齢化率の推計は最も確度の高いものといわれており，今後は急激に人口減少と高齢化が進み，今世紀半ば（2053 年頃）には日本の総人口は 1 億人を割り込み，高齢化率は 38.0% に達すると予測されている。

　2014 年 5 月に元建設官僚で元岩手県知事・元総務大臣の増田寛也による『地方消滅』が出版され，2040 年に消滅可能性自治体[1] が市区町村数（1740）の半分以上の 896 もあることが主張され，大きな社会的関心を呼ぶこととなった（増田 2014）。2014 年 9 月に発足した第 2 次安倍（改造）内閣では，ローカルアベノミクスとして地方創生が打ち出された。石破茂が初代の地方創生担当大臣に指名され，「まち・ひと・しごと創生本部」が作られ，2014 年 12 月には「まち・ひと・しごと創生法」が制定された。「地方創生」の名のもとにプレミアム商品券や半額旅行券といった「ばらまき」政策が行われ，地方創生は流行り言葉となり，ある種のブームとなった。

　ところで，こうした急速な少子高齢化の進行の中で，東京圏などの大都市圏では人口増加が続いている。2000 年から 2015 年の人口増減で見ると，東京 23 区は 14.0% の増加，東京圏（23 区除く，東京都，神奈川県，千葉県，埼玉県）では 6.2% の増加であるのに対して，地方圏人口は 2.7% の減少となっている（総務省統計局，2000 年および 2015 年国勢調査結果）。

日本全体で少子高齢化と人口減少が進行する中で，東京圏への一極集中が続いていることが基本問題なのだと考える伝統的な地域論が再び台頭してきている。増田の『地方消滅』のサブタイトル「東京一極集中が招く人口急減」は，中央対地方あるいは東京圏対地方圏という従来型の二項対立思考に基づく地域論の典型である（増田 2014）。

　従来型の地域論を背景として，迷走を続ける政府の地方創生政策は，本筋である地方再生に真正面から取り組むのではなく，手っ取り早い東京悪者論に基づく東京圏抑制政策という，いつかきた道をたどりつつある。K. マルクスの警句「歴史は繰り返す。最初は悲劇として，二度目は喜劇として」を思いおこすのは筆者だけではなかろう（山崎 2015）。

(2) 「政府による解決」・「市場による解決」と「コミュニティによる解決」

　政府の地方活性化政策については，総務省行政評価局（2016 年 7 月）『地方活性化に関する行政評価・監視 結果報告書』およびそのフォローアップをした総務省（2017 年 2 月）「改善措置状況」報告書が興味深い。地方活性化政策は，いわゆる地方活性化 3 法である地域再生法，都市再生法，中心市街地活性化基本法に基づいて実施される。3 法に基づく事業計画の目標達成度の評価を図 1 に示した。

　図 1 について，総務省報告書は「地域再生計画及び都市再生整備計画は一定の効果の発現がみられるものの，中心市街地活性化基本計画は所期の効果が発

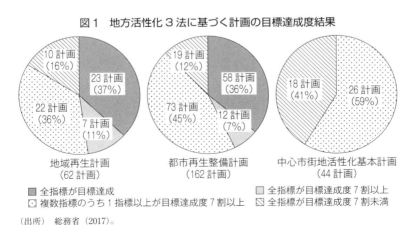

図 1　地方活性化 3 法に基づく計画の目標達成度結果

（出所）　総務省（2017）。

序章　持続可能な地域社会のつくりかた　　3

現しているとみることは困難」（総務省 2017）と評価している。通行量・居住人口・売上高などの数値目標の明確な中心市街地活性化基本計画では，ほとんどの事業計画で目標が達成できていない。イベントなどの事業を実施すること自体を目標としていることの多い地域再生計画や都市再生整備計画でさえ，全指標で目標達成したのは3分の1程度でしかない。要するに，従来の地方活性化政策はほとんど一過性にとどまり，国の補助金が尽きればかえって地方の衰退が進むという悪循環になっている。

　マクロ経済学者・飯田泰之の編集した『地域再生の失敗学』は，こうした現在の地方活性化政策を鋭く批判した書として注目される（飯田ほか 2016）。飯田は，国の補助金に依拠した地方活性化事業の多くは事業の費用便益を無視しており，東京の大手広告代理店やコンサルタント会社などを儲けさせているだけで，地域経済再生の効果はないと主張している[2]。さらに，地方のメインストリートのシャッター商店街にはマンション所有者などの資産家が多く，口でいうほど生活に困っていないし，将来の生活に対する危機感もないとして，以下のように総括している。

　　「これからの地域再生は，インフラ整備型振興とは異なる方針で発想しなければなりません。経済のバラエティ化が進むと，『どの商品が売れるのか』はますます予測不能となっていきます。熟議と合意形成を経て実行される公的なプロジェクトは，このような状況にまったく対応できません」（飯田ほか 2016, p. 9）。

　飯田は，従来の「政府による解決（government solution）」では地域再生はできず，民間事業を重視した「市場による解決（market solution）」によるべきだと主張している。飯田の指摘は重要ではあるが，新自由主義的な市場重視政策で都市開発を進めて社会的格差が拡大したアメリカなどの経験を踏まえると，「市場による解決」だけというような単純化は考えものであろう。

　そもそも少子高齢化の進行の中で，限界集落，シャッター商店街，地方消滅といった日本の地方の衰退現象は，日本社会だけの特異な現象ではない。イタリア，フランスなどの欧州諸国はもとより，今後は韓国や中国などの東アジア諸国においても共通に観察される社会現象である。しかし，それぞれの社会の

対応は異なり，フランスやドイツなどは地域コミュニティを主体とした「歩いて暮らせるまちづくり」などの都市政策により，比較的うまく対応しているともいわれている（ヴァンソン藤井・宇都宮 2016, 松永・徳田 2017）。シアトル，ポートランド，サンフランシスコなど全米で住みたい都市・住みやすい都市ランキングの上位にくる都市は，行政，民間事業者，市民社会組織（CSO）などの連携によってまちづくりを進めてきた都市である（大野・ハベ 1992, 山崎 2016）。こうした OECD 諸国の地域再生の経験は，社会的課題に対する「コミュニティによる解決（community solution）」の重要性を示唆している。

　以上のように考えると「市場による解決」か「政府による解決」なのかといった二者択一の発想ではなく，「市場による解決」と「政府による解決」と「コミュニティによる解決」の 3 者の組み合わせ（policy mix）が重要ではないかという仮説に到達する（金子ほか 2009）。本書はこうした仮説のもとに，日本生命財団・環境問題研究助成・学際的総合研究助成「環境イノベーションの社会的受容性と持続可能な都市の形成」（研究代表者・松岡俊二，2015 年 10 月～2017 年 9 月）により実施した 2 年間の日本の地方都市の調査研究の成果である。

　また，本書は，日本の地域社会の今後のあり方は，持続可能な社会形成というアプローチから論じることが必要だと考える。このことは，サステナビリティ論に基づく環境・社会・経済という 3 本柱の総合的な持続性から地域社会を考えるということであり，国連が 2015 年秋に採択した「2030 年アジェンダ——持続可能な開発目標 SDGs」と日本の地域社会のあり方について考えることでもある（蟹江 2017）。その際，本書は日本の持続可能な地域社会形成の駆動力として住民・企業・地方自治体など多様なアクターによる場（あるいは協働ガバナンス）の形成と社会的受容性の醸成による社会イノベーションの創造について注目する。

2 ｜ 持続可能な社会形成への日本モデルと地方都市

（1）　持続可能な発展と社会イノベーションの重要性

　第 9 章で詳しく述べるが，1987 年秋のニューヨークにおける国連総会に提出されたブルントラント委員会・報告書『我ら共通の未来（*Our Common Future*）』の有名な「環境利用による将来世代のニーズ充足の能力を損なうこと

序章　持続可能な地域社会のつくりかた　　5

なく，現在世代のニーズの充足を図る開発」（WCED 1987, p. 43）という世代間公平性（inter-generational equity）に基づく持続可能な発展の定義には，すぐ続いて重要な2つの条件が付加されている。

第1は，現在世代における貧困の削減に優先順位を置くという世代内公平性の実現である。第2は，現在世代と将来世代のニーズを充足するために環境を利用する社会的能力は，技術と社会組織の状態に規定されているという認識の重要性である（WCED 1987, p. 43）。

日本の地域社会におけるSDGs達成を考える際，第2の条件が鍵となる。地球環境を利用して人々のニーズを満たす社会的能力は，社会の技術と制度のあり方に深く規定されており，技術や制度を無視して持続可能な発展はありえない。地域社会の持続可能な発展にとって，技術イノベーションはもちろんのことであるが，それだけでなく社会組織や制度の革新，すなわち社会イノベーションが不可欠である。

たとえば，北欧のフィンランドは教育制度の改革という社会イノベーションを実行し，そのことがノキアなどの先端企業による技術イノベーションを可能にした重要な要因となったといわれている（堀内 2008, ミエッティネン 2010）。しかし，日本においては規制改革や特区などが試みられてきたものの，社会制度改革による技術イノベーションの推進といった社会システムのデザイン力は弱い。社会イノベーションと技術イノベーションをつなぐ社会的メカニズムの弱さが日本社会の停滞感や閉塞感の根本に存在している。

少子高齢化の急速な進行の中で，地方消滅が議論される日本の地域社会におけるSDGsの達成を考える際，地域の持続性課題を解決する社会イノベーションをどのように創造するのかが重要な鍵となる。さらに，こうした社会イノベーションの波及メカニズムの推進とともに，社会イノベーションと技術イノベーションとが共創される累積的メカニズムを社会的に構築することが重要である。

（2）　日本モデルと地方都市

低炭素社会，資源循環型社会，自然共生社会という持続可能な社会形成への日本独自の3社会アプローチは，第166回国会（2007年）の施政方針演説や中央環境審議会・21世紀環境立国戦略特別部会提言を踏まえ，『21世紀環境立国

図2 3社会モデルと持続可能な社会形成

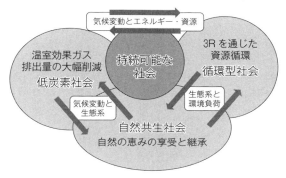

(出所) 環境省 (2008) p.4。

戦略』(閣議決定, 2007年) において提唱された。『環境立国戦略』は21世紀の日本が目指すべき「国のかたち」として提案され, 環境立国のためには持続可能な社会形成の日本モデルの構築が必要であるとされた。

「環境立国戦略」における日本モデルとは, 低炭素, 資源循環型, 自然共生という3社会の構築を通じた持続可能な社会形成の戦略である (図2参照)。また「環境立国戦略」では, こうした3社会アプローチの推進のためには, 技術イノベーションと社会イノベーションを同時に進めることが重要であり,「地域づくり, 人づくり, 仕組みづくり」の必要性が強調された。

その後,「環境立国戦略」における持続可能な社会の日本モデルを実現する3社会アプローチは, 2012年に決定された「第4次環境基本計画」に取り入れられた。「第4次計画」では, 国際的に議論されてきた持続性の3本柱 (環境的・社会的・経済的持続性) と日本モデルとの統合的アプローチの必要性と重要性が強調されている。

しかし, 持続性の3本柱と日本モデルとの統合的アプローチとは具体的に何か, そのための技術イノベーションと社会イノベーションとは何か, こうしたイノベーションを可能にする「地域づくり, 人づくり, 仕組みづくり」とは何かは明らかではない。

本書では, 日本モデルの3つの持続可能な社会へのアプローチである低炭素社会, 資源循環型社会, 自然共生社会をケース選択基準として設定し, それぞれのアプローチの代表的事例として長野県飯田市 (人口10万2020人, 2018年7

序章 持続可能な地域社会のつくりかた　7

月末），静岡県掛川市（人口 11 万 7729 人，2018 年 8 月 1 日），兵庫県豊岡市（人口 8 万 2250 人，2018 年 7 月 12 日）を選択した。

低炭素社会（飯田市），資源循環型社会（掛川市），自然共生社会（豊岡市）の構築から持続可能な地方都市を目指す 3 都市の社会経験を，場（協働ガバナンス）と社会的受容性の視角から分析し，持続可能な地域社会形成のための社会イノベーションの創造メカニズムを明らかにする。

(3) 社会イノベーションとは何か

本書の対象とする社会イノベーション（social innovation）という概念は，2000 年前後から世界各地で注目されるようになったコンセプトである（野中ほか 2014, p. 15）。関連する用語としては，社会起業家，社会的企業，ソーシャル・ビジネス，コミュニティ・ビジネス，地域イノベーション，環境イノベーションなどがある。

そもそも，イノベーション論の大きな源流の 1 つである J. A. シュンペーターのイノベーション論では，イノベーションとは，①新たな商品の生産，②新たな生産方法の導入，③新たな市場（販売先）の開拓，④新たな購入（仕入れ）先の開拓，⑤新たな組織の実現と定義されており，技術イノベーション，製品イノベーションだけでなく，社会イノベーションも含むものであった（シュンペーター 1977）。

また，P. F. ドラッカーのイノベーション形成論では，イノベーション形成の契機（要因）とは，①予期せぬ成功と失敗の活用，②ギャップを見つける，③ニーズを見つける，④産業構造の変化を知る，⑤人口構造の変化に注目する，⑥認識の変化を捉える，⑦新たな知識を活用するものであると述べられている（ドラッカー 1997）。さらに，ドラッカーの社会（ソーシャル）イノベーション論では，「イノベーションは技術に限ったものではない。モノである必要もない。それどころか，社会に与える影響において，新聞や保険をはじめとするソーシャル・イノベーションに匹敵するイノベーションはない」ともいわれている（ドラッカー 1993）。

最近の日本における研究を見ると，谷本ほか（2013）では，社会イノベーションの定義として，「社会的課題の解決に取り組むビジネスを通して，新しい社会的価値を創出し，経済的・社会的成果をもたらす革新」（谷本ほか 2013, p.

8）と述べている。また，野中ほか（2014）においては，社会イノベーションの定義として，「ある地域や組織において構築されている人々の相互関係を，新たな価値観によって革新していく動き」であり，「社会のさまざまな問題や課題に対して，より善い社会の実現を目指し，人々が知識や知恵を出し合い，新たな方法で社会の仕組みを刷新していくこと」であるとされている（野中ほか2014, p. 20）。

以上を踏まえ，本書は，社会イノベーションとは，地域の持続性課題の解決のために新たな社会的仕組みや組織を創出し，新たな社会的価値をもたらす革新であると定義する。

なお，野中らは社会イノベーション研究の3つの対象分野として，①社会イノベーションを起こす人たち（social innovator）を対象にするもので，社会起業家や社会起業精神に関する研究，②社会イノベーションを起こす組織や仕組み，活動に注目する研究で，社会的企業やソーシャル・ビジネスに関する研究，③営利企業が行う社会貢献に注目するもので，CSR や社会貢献活動に関する研究，を指摘している（野中ほか 2014, pp. 32–33）。

本書が対象とするのは，②の社会イノベーションを起こす社会的な組織や仕組み，社会的活動とは何か，を考えるものであるが，同時に，長野県飯田市の多摩川精機を中心とした地域イノベーションにおいては，多摩川精機創業一族である萩本家にも注目するものであり，その意味で①の社会イノベーションを起こす人たちも対象にするものであり，社会起業家や社会起業精神についても考察する。

3 場の形成と社会的受容性の醸成

（1） 場 の 理 論

社会を変革する新たな社会的な組織や仕組みを創造する具体的な社会的メカニズムを考えると，そこには場（Ba, Place）（伊丹 2005）の形成や協働ガバナンス（collaborative governance）（Ansell and Gash 2008）と特徴づけられる社会システムが見出せる。本章は，伊丹の場の理論とその発想の原点となった今井と金子によるネットワーク組織論について紹介し，場の形成と社会的受容性の醸成による社会イノベーションの創造メカニズムについて考える。

序章　持続可能な地域社会のつくりかた　9

伊丹は場の定義として，「場とは，人々がそこに参加し，意識・無意識のうちに相互に観察し，コミュニュケーションを行い，相互に理解し，相互に働きかけ合い，相互に心理的刺激をする，その状況の枠組みのことである」（伊丹 2005, p. 42）としている。そのうえで，場の4つの基本要素として，「A アジェンダ（情報は何に関するものか），B 解釈コード（情報はどう解釈すべきか），C 情報のキャリアー（情報を伝えている媒体），D 連帯欲求」（伊丹 2005, p. 104）を指摘している。つまり場の4つの基本要素とは，「1. アジェンダ・セッテイング，2. ルールの共有，3. フェイスツーフェイスの重要性を含む情報共有，4. 共感に基づく協働意識の醸成」である。

　また，場の機能には場のマネージャーの役割が重要であり，場の形成ステップには，①メンバー選定，②場の基本要素の設定（アジェンダ決定など），③基本要素の共有への働きかけ，④ミクロ・マクロ・ループの工夫があり，こうした4つのステップが繰り返される。さらに，場の形成と場の創発との動態的な相互関係も重要であり（入れ子になった設定と創発），場の創発マネジメントとして，萌芽の創発と成立の創発がある。こうした場の境界を区切るのは，メンバーシップの境界，問題の境界，空間の境界という3種類である（伊丹 2005, p. 234）。

　場の形成と場の創発とのダイナミクスとして，以下のような場のプロセスを伊丹は説明している。すなわち，場が機能することにより，場の情報的相互作用が進み，そのことが参加アクターの個人的学習意欲を刺激し，個人的情報蓄積が生まれる。こうした個人的情報蓄積は，さらに場の情報的相互作用を促進し，参加アクター間のアジェンダの共通理解と課題解決策への統合的努力が高まり，個人的学習意欲のさらなる刺激と個人的情報蓄積の進展を生む。こうした個人的情報蓄積（ミクロ）の進展が，さらに場の情報的相互作用（マクロ）を促進し，参加アクター間の共通理解（課題解決策としての社会イノベーションの共創・創発）を形成する。こうして，個と場全体とを結ぶミクロ・マクロ・ループが形成される。

　ミクロ・マクロ・ループとは自発的に起きている個と全体を結ぶループであり，場における①周囲の共感者との相互作用，②全体での統合努力，③全体から個人へのフィードバックという3つの相互作用を伴ったフィードバック・プロセスである。この場のミクロ・マクロ・ループ・プロセスが効率的に展開す

ることにより，「個人は自律的でありながらしかし全体としての共通理解が生まれ」，「自律的な行動から共通理解という秩序が生まれる」（伊丹 2005, p. 127）。

（2）　ネットワーク組織論

　次に，伊丹の場の理論の発想の原点となった今井賢一と金子郁容によるネットワーク組織論を紹介する（今井・金子 1988）。

　今井・金子は，「市場と組織とを組み合わせて不確実性に対処するシステム」がネットワークであると定義し（今井・金子 1988, p. 155），不確実性に対処するためには静的な形式化された情報ではなく，暗黙知（tacit knowing）[3] なども含む動的情報蓄積の重要性を指摘している。そのためにはネットワークが必要で，多様なコンテクストを持つことが重要である。こうした情報ネットワークは，対立・緊張と共感・承認のプロセスから，あるコンテクストへの共感が増加することにより，相乗効果と動的協力性を生む。

　ミクロ・マクロ・ループが早く回れば，生産者と消費者との双方向的な同時コミュニケーションが可能になり，そのためにも情報ネットワークを基盤としたミクロ・マクロ・ループの効率化が重要であるとしている。また，情報を解釈しあう関係がコミュニケーションであり，共感と感心，交換と交感と交歓，情報の意味の選択，主観のジャンプが閉鎖的共同体を超えて新しい意味のあるネットワークを広げる鍵である。主観のジャンプ，横断的跳躍，ある個人の主観が別の個人の主観を動かすことが重要で，生活者としての自分の実感・主観が重要である。

　ここでネットワーク・プロセスとはミクロ・マクロ・ループであり，主観のジャンプを経験することがネットワーク論の主題である。知のあり方としてヘルメス知に注目する。ヘルメス知とは，「全体の中に一歩があるのではなく，一歩一歩の中に全体がある」（ロムバッハ 1987），「神は細部に宿る」（M. ファンデルローエ，A. ヴァールブルグ）といった知識に対する捉え方であり，最重要なものは飛翔の内でのみ捉えられる（今井・金子 1988, pp. 110–111）。

　また，今井・金子は，上層情報と場面情報の違いと場の情報の重要性を指摘している。そこでは，「時間と場所に制約された特定状況についての知識」（F. ハイエク）が重要である。その場面にいあわせた特定の人の解釈が重要な情報であり，ハイエクのいう man on the spot の持つ on the spot information が重

要であり，人々の相互作用と学習過程に注目している（今井・金子 1988, p. 122）。

こうした今井・金子のネットワーク組織論は，伊丹の場の理論へと展開するとともに，金子らによる社会課題の解決策の第三の道としての「コミュニティによる解決」の提唱へとつながっていく（金子ほか 2009）。

（3）　場と協働ガバナンス

地域社会における多様なアクターによる場の形成プロセスにおいて，地方自治体が重要なアクターとして参加し，地方自治体などの公共アクターと企業・市民団体などの民間アクターによる公民協力（public private partnership）が行われるケースを，本書では協働ガバナンスと定義し，とくに地域経営や地方創生などを対象とする際に協働ガバナンスという概念を用いる（Ansell and Gash 2008, 椙本・井上 2008, Emerson *et al.* 2012, 岩田 2016a）。

多層的かつ多アクターによる多極的な（polycentric）協働ガバナンスの形成・進化と社会的受容性とは，いわばコインの裏表の関係にある。後述する社会的受容性の 4 要素と協働ガバナンスとの関係では，技術的受容性と技術ガバナンス，制度的受容性と政治ガバナンス，市場的受容性と経済ガバナンス，地域的受容性と地域ガバナンスという対応関係になる。

本書における具体的な社会イノベーションの形成・普及と社会的受容性の考察では，以上のような協働ガバナンスの形成も同時に研究対象に入れて分析する。

（4）　社会的受容性

本書のキーワードである社会的受容性（social acceptance）は，もともと 1980年代の原子力発電技術をめぐる研究の中で，技術の科学的合理性と社会における受け入れ可能性をめぐって議論されたものである（坂本・神田 2002, 和田ほか 2009, 松岡 2017）。その後，Wüstenhagen *et al.*（2007）や丸山（2014）などの研究によって，風力発電などの再生可能エネルギー事業の社会イノベーション政策の社会的持続性を計測するキー概念として社会的受容性論が提起された。

Wüstenhagen *et al.*（2007）や丸山（2014）は，風力発電事業の推進などの環境イノベーション政策について，社会全体における最適解と個別事業の最適解を同じ次元で議論することは難しいと主張し，経済面および制度・政策面を評

価するマクロな社会的受容性（市場的受容性と制度的受容性）と，事業が行われる具体的な地域での適合性を評価するミクロな社会的受容性（地域的受容性）という社会的受容性の3つの側面を評価する考えを打ち出した。

本書は，Wüstenhagen *et al.*（2007）や丸山（2014）の先行研究を受けて，ある社会技術（環境イノベーション）が社会に受け入れられ，環境イノベーションにつながるためには，さまざまな価値基準がある中で，誰が誰と，どのように意見交換し，社会的合意を形成していくのか，という社会的プロセスに着目する必要があると考える。その際，社会的プロセスを，①技術，②制度・政策，③市場，という3つの全国（マクロ）レベルから検証し，どのような技術や制度・政策や市場が整うことによって，どのような社会技術が社会に受け入れられ，社会イノベーションにつながるのかを明らかにする。

先行研究において制度的受容性の中に含められていた技術的側面を別要素として独立させたのは，社会技術が持つ複雑性・不確実性（リスク）・曖昧性といった特性に着目し，リスク規制機関に対する人々の社会的信頼の形成に関する科学技術社会論やリスク・ガバナンスの議論と絡めることにより，より学際的・総合的なアプローチへと発展させることが可能となると考えるためである。もう1つは，地域レベルというミクロ的側面からも検証し，どのような地域特質（ハード・ソフト面）によってどのような社会技術が地域社会に受容され，社会イノベーションにつながるのかも探求する。

これら4つの社会的受容性の要素を，本書では，①技術的受容性，②制度的受容性，③市場的受容性，④地域的受容性と呼ぶ。さらに，地域的受容性は，地域的技術受容性，地域的制度受容性，地域的市場受容性から構成されると考える（図3参照）。

従来の社会的受容性論は，原子力発電所であれ，風力発電であれ，基本的に地域外の科学者・技術者や専門家が研究開発した科学技術システムの施設立地について，地域社会への受け入れを可能にする要因や条件として議論する，いわば「受け身の受容性論」であった。しかし，本書の対象とする社会イノベーションの創出過程は，地域の行政（政府），民間（企業），住民（市民）が科学者や専門家と協働して地域の持続性課題に取り組む協働ガバナンス・プロセスである。したがって，本書は，従来の「受け身の受容性論」ではなく，「さまざまなレベルのさまざまなアクターによる相互関係的・協働的なガバナンスを特

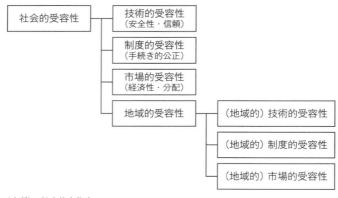

図3 社会的受容性の分析フレーム

(出所) 松本礼史作成。

色とする動態的な社会的受容性論」を構想する[4]。

4 「場の形成と社会的受容性の醸成」と社会イノベーション

　従来の長野県飯田市の研究の多くは，地域自治会（公民館）活動をベースとした社会関係資本に注目し，こうした社会関係資本を活用した「おひさま進歩」などの地域組織の形成と市民ファンドによる太陽光発電の普及を，社会イノベーションとして注目してきた。しかし，本書では，多摩川精機などを中心とした地域中核企業による「地域ぐるみ環境 ISO 研究会」の形成と研究会活動による地域版環境認証制度「南信州いいむす 21」の構築とその普及プロセスにも着目した。地域の中核企業群と市役所との協働による，地域中小企業への社会イノベーションの普及プロセスは，さまざまなアクターの協働ガバナンスによる地域の持続性課題の共有と制度イノベーションの飯田モデルとして注目される。

　静岡県掛川市は榛村純一元市長以来のまちづくりの長い歴史を持ち，平成の大合併による一市二制度というごみ収集制度のもとで，行政と地域自治区との協働により，民間業者の活用も含め，ごみ減量日本一を達成するなどの資源循環型社会形成の社会イノベーション・モデルを提示している。

　コウノトリの野生復帰事業に成功した兵庫県豊岡市は，県・市，地域農業者，

JA，市民社会組織，科学者・専門家などの多くの地域内外のさまざまなアクターの協働の場の設置が注目される。また，野生復帰の前提となるコウノトリ育む農法（無農薬，減農薬栽培，水管理）の普及は，県普及センター，土木事務所，農民組織の協働による栽培技術のイノベーションを形成しただけでなく，収穫されたコウノトリ育むお米を豊岡市，JA たじま，栽培農家が協働してブランド化することに成功した。こうした取り組みは社会イノベーションの豊岡モデルと評価できる。

　本書は，持続可能な地域形成を目指す3つの都市の事例研究を踏まえて，「場の形成と社会的受容性の醸成」モデルによる社会イノベーションの創造を論じる。

（1）　3都市における社会イノベーション

　3都市における社会イノベーションと社会的受容性の定義を表1に示した。

　低炭素社会アプローチを通じた持続可能な地域社会の形成を目指す長野県飯田市のケースでは，「地域ぐるみ環境 ISO 研究会」（前身1997年発足，名称変更2000年）を中核とした産業社会における「地域独自の環境マネジメントシステムによる環境調和型の生産活動の普及・拡大を推進する仕組みの形成」という産業社会イノベーションと，「おひさま進歩」（NPO として2004年設立，2007年に株式会社）を中核とした「日本初の市民出資型の太陽光発電・省エネ事業の推進による低炭素型都市の形成」という市民社会イノベーションの2つの社会イノベーションを創り出している。

　資源循環型社会アプローチから持続可能な地域社会の形成を目指す静岡県掛川市のケースでは，2006年のごみ減量大作戦に見られるように「官民協働によるごみ減量システムの形成による資源循環型都市の形成」という社会イノベーションを生み出している。

　自然共生社会アプローチから持続可能な地域社会の形成を目指す兵庫県豊岡市では，2005年のコウノトリの放鳥とその後の順調な野生個体数の増加に見られるように（2017年には豊岡盆地における野生コウノトリは，戦前・戦後の個体数とほぼ同じ100羽に達した），「多様な主体の協働がもたらしたコウノトリ育む農法の開発・普及による自然共生型都市の形成」という社会イノベーションを創った。

表1　3都市の社会イノベーションと社会的受容性の定義

	飯田市 産業社会	飯田市 市民社会	掛川市	豊岡市
社会イノベーション	地域独自の環境マネジメントシステムによる環境調和型の生産活動の普及・拡大を推進する仕組みの形成	日本初の市民出資型の太陽光発電・省エネ事業の推進による低炭素型都市の形成	官民協働によるごみ減量システムの形成による資源循環型都市の形成	多様な主体の協働がもたらしたコウノトリ育む農法の開発・普及による自然共生型都市の形成
技術的受容性	環境調和型の生産技術の浸透	再生可能エネルギー技術の浸透	官民協働（分別やリサイクル他）でごみが減る実例（知見）の蓄積	他地域での環境保全型農業の実践
制度的受容性	通産省（当時）のエコタウン事業	法律・制度で低炭素指向を位置づけ（FIT，環境モデル都市）	法律で資源循環型指向を位置づけ（2000年循環型社会形成推進基本法）	法・政策による生物多様性保全や環境保全型農業の推進
市場的受容性	海外市場（とくに欧州）におけるISO14001認証の必要性	再生可能エネルギー利用者の増加	資源循環が経済的合理性を持つ（処理処分施設の立地難）	環境保全型農業で栽培した米に対する消費者の選好
地域の技術	環境マネジメントシステムの構築，審査，支援	家庭向け太陽光発電システム確立	分別やリサイクル等への掛川市民の信頼・協力（住民説明会）	コウノトリ育む農法の体系化
地域の制度	「南信州いいむす21」（地域独自の環境マネジメントシステム）を創設	「再生可能エネルギーの導入による持続可能な地域づくりに関する条例」制定	掛川市が資源循環（ごみ減量）政策を位置づける（2006年ごみ減量大作戦）	コウノトリ育むお米の認証制度の確立
地域の市場	グリーン調達方針による優遇	日本初の市民出資型太陽光発電・省エネ事業	「設備拡充せずにごみ減量」が，掛川市や市民にとって経済的合理性を持つ	コウノトリ育むお米のブランド確立

（出所）　渡邊敏康作成。

（2） 3都市モデルにおける場の形成と社会的受容性の醸成

（2.1） 飯田モデル

飯田市の産業社会イノベーションにおける「場の形成と社会的受容性の醸成」のメカニズムを図4に示した（渡邊ほか 2017）。

飯田市の産業社会イノベーションでは，全国レベルの制度的受容性が京都議定書（1997年）や通産省（当時）のエコタウン事業採択（1997年）として確立し，市場的受容性についても，リオデジャネイロの地球環境サミット（1992年）以降，しだいにISO 14001認証取得が欧州市場などの参入条件となるなどとして確立していった。

地域レベルの社会的受容性としては，飯田市の環境文化都市構想（1996年）および「21'いいだ環境プラン」策定（1996年）などが制度的受容性の確立として大きく作用したと考えられる。こうした制度的受容性の上に，生産技術研究会設立（1996年）やエコタウン事業採択（1997年）を契機に，多摩川精機などの地域の中核企業と行政（飯田市役所）との協働の場が形成された。こうした場を踏まえて産業社会イノベーション組織である「地域ぐるみでISOへ挑戦しよう研究会」の発足（1997年），その発展形態としての「地域ぐるみ環境ISO研究会」（2000年）へと展開していった。

こうした社会イノベーションの形成によって，多摩川精機などの地域中核企業に納品をする下請けの中小零細企業の環境マネジメントの強化を目的とした南信州いいむす21という地域版環境認証制度が作られ，地域の産業社会の低炭素化と同時に技術的能力の向上につながった。

飯田市の市民社会イノベーションにおける「場の形成と社会的受容性の醸成」のメカニズムを図5に示した（渡邊ほか 2017）。

市民社会イノベーションを可能にした全国レベルの制度的受容性としては，環境省・まほろば事業（2004年）が大きかった。このまほろば事業に飯田市が採択されたことが社会イノベーション組織であるNPO法人南信州おひさま進歩の設立（2004年），さらにおひさま進歩株式会社設立（2007年）へと展開していった。

こうした市民社会イノベーションを促進した協働の場づくりとしては，2001年の全国各地域の住民が参加したおひさまシンポジウム開催が大きく，これが

序章　持続可能な地域社会のつくりかた　17

図4 飯田市の産業社会イノベーションと「場の形成と社会的受容性の醸成」モデル

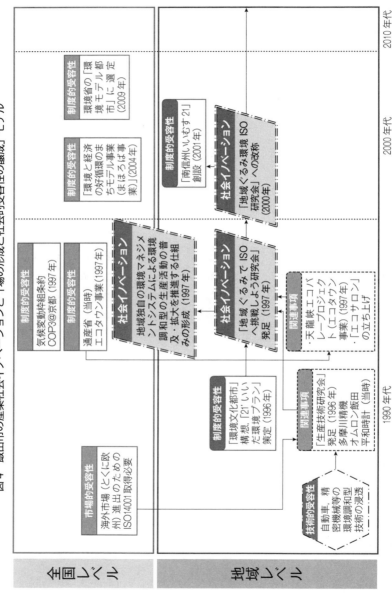

(出所) 渡邊ほか (2017)。

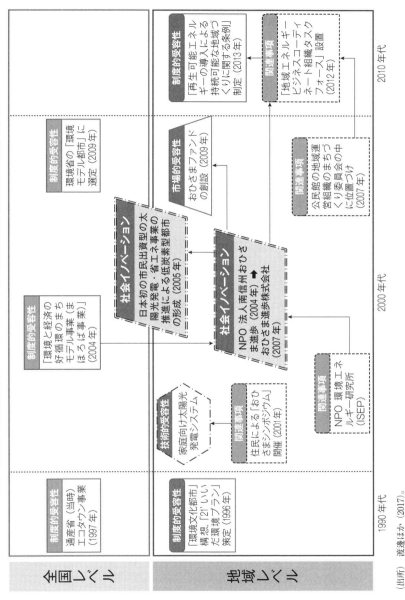

図5　飯田市の市民社会イノベーションと「場の形成と社会的受容性の醸成」モデル

(出所)　渡邊ほか（2017）。

序章　持続可能な地域社会のつくりかた　19

ベースとなりNPO法人南信州おひさま進歩，おひさま進歩株式会社と協働の場が展開していった。

さらに2010年代に入ると，地域の自然資源や自然エネルギーは地域住民のものであるとした，いわゆる地域環境権を規定した飯田市条例の制定（2013年）などの新たな制度的受容性の展開を見せている（白井 2012，丸山ほか 2015，諸富 2015ab）。

(2.2) 掛川モデル

掛川市の社会イノベーションにおける「場の形成と社会的受容性の醸成」のメカニズムを図6に示した（松本ほか 2017）。

掛川市の社会イノベーションとしての公民によるごみ減量システムの構築は，2007年のごみ減量大作戦の成功（目標の超過達成）と，そのことによるごみ焼却工場である環境資源ギャラリーの追加設備投資（約30億円）の回避成功として，市民の新たな財政負担を不要にしたという点で大きなものであった。こうした地域の取り組みを支えた全国レベルの制度的受容性は循環型社会形成推進基本法（2000年）であった（植田・喜田川 2001）。

しかし，掛川市の事例では，榛村元市長の1970年代以来のまちづくりシステムの形成や生涯学習都市宣言や地域学の提唱といった市民参加型まちづくり制度の蓄積が大きなベースとなっていると考えられる（榛村 1987，大西・榛村 1996）。

(2.3) 豊岡モデル

豊岡市の社会イノベーションにおける「場の形成と社会的受容性の醸成」のメカニズムを図7に示した（岩田・黒川 2017）。

豊岡市のコウノトリの野生復帰事業の成功に見られる自然共生社会の形成への営為は，国の生物多様性国家戦略（1995年）や自然再生推進法（2002年），兵庫県のコウノトリ野生復帰計画（1992年）といった全国レベル（県を含む）の制度的受容性の確立を前提とし，コウノトリ育む農法の体系化（2005年）という地域農法の技術イノベーションやコウノトリ育むお米の認証制度の整備（2003年）とブランド米としての市場的受容性の確立（2006年）などにより，社会イノベーションの形成と普及プロセスが進展したと考えられる（菊地 2006・2017，大沼・山本 2009，本田 2008，鷲谷 2007）。

こうした豊岡市の社会イノベーション・プロセスを支えた協働の場や協働ガ

図6 掛川市の社会イノベーションと「場の形成と社会的受容性の醸成」モデル

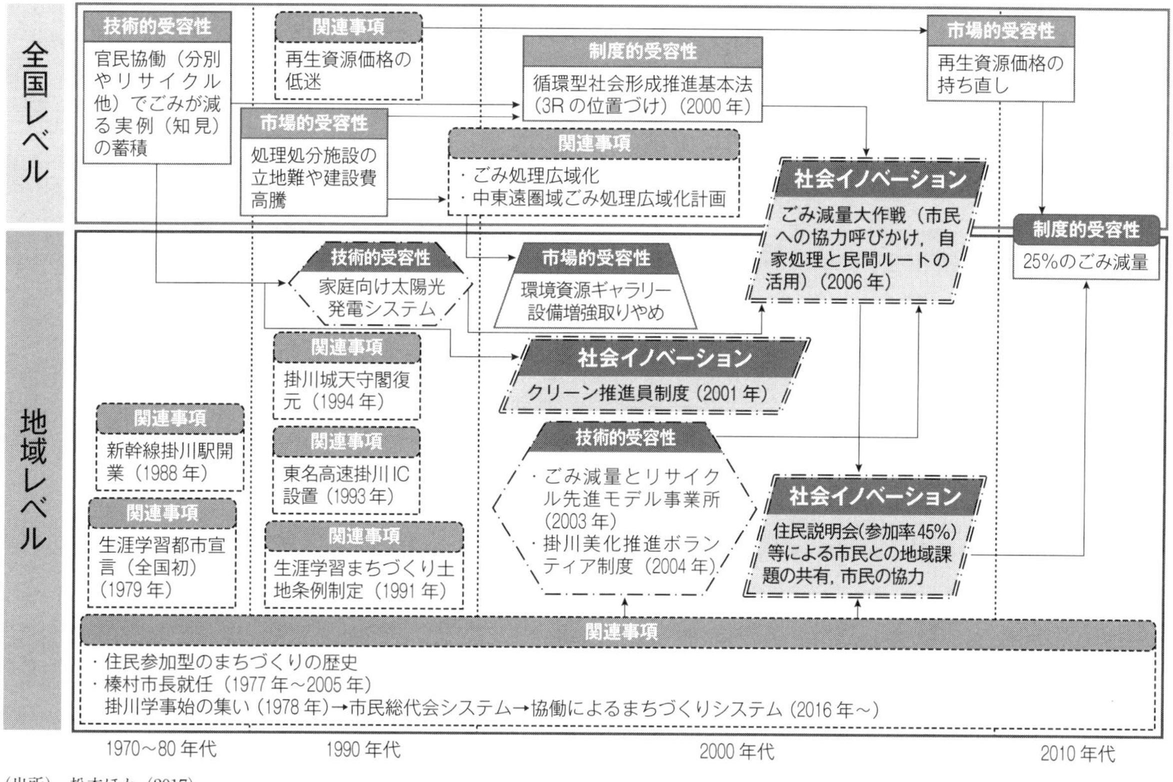

全国レベル

- 技術的受容性：官民協働（分別・リサイクル他）でごみが減る実例（知見）の蓄積
- 市場的受容性：処理処分施設の立地難や建設費高騰
- 市場的受容性：再生資源価格の低迷
- 制度的受容性：循環型社会形成推進基本法（3Rの位置づけ）（2000年）
  - 関連事項：ごみ処理広域化／中東遠州域ごみ処理広域化計画
- 市場的受容性：再生資源価格の持ち直し
- 制度的受容性：25%のごみ減量

地域レベル

- 関連事項：新幹線掛川開業（1988年）
- 関連事項：生涯学習都市宣言（1979年）（全国初）
- 技術的受容性：家庭向け太陽光発電システム
- 関連事項：掛川城天守閣復元（1994年）
- 関連事項：東名高速掛川IC設置（1993年）
- 関連事項：生涯学習まちづくり土地条例制定（1991年）
- 市場的受容性：環境資源ギャラリー設備増強取りやめ
- 社会イノベーション：グリーン推進員制度（2001年）
- 技術的受容性：ごみ減量とリサイクル先進モデル事業所（2003年）／掛川美化推進ボランティア制度（2004年）
- 社会イノベーション：ごみ減量大作戦（市民への協力呼びかけ、自家処理と民間ルートの活用）（2006年）
- 社会イノベーション：（住民説明会参加率45%）等による市民との地域課題の共有、市民の協力（2016年〜）

関連事項
- 住民参加型のまちづくりの歴史
- 榛村市長就任（1977年〜2005年）
- 掛川学事始の集い（1978年）→行政総代会システム→市民総代会システム→協働によるまちづくりシステム

1970〜80年代　1990年代　2000年代　2010年代

（出所）松本ほか (2017)。

序章　持続可能な地域社会のつくりかた　21

図 7 豊岡市の社会イノベーションと「場」の形成と社会的受容性の醸成 モデル

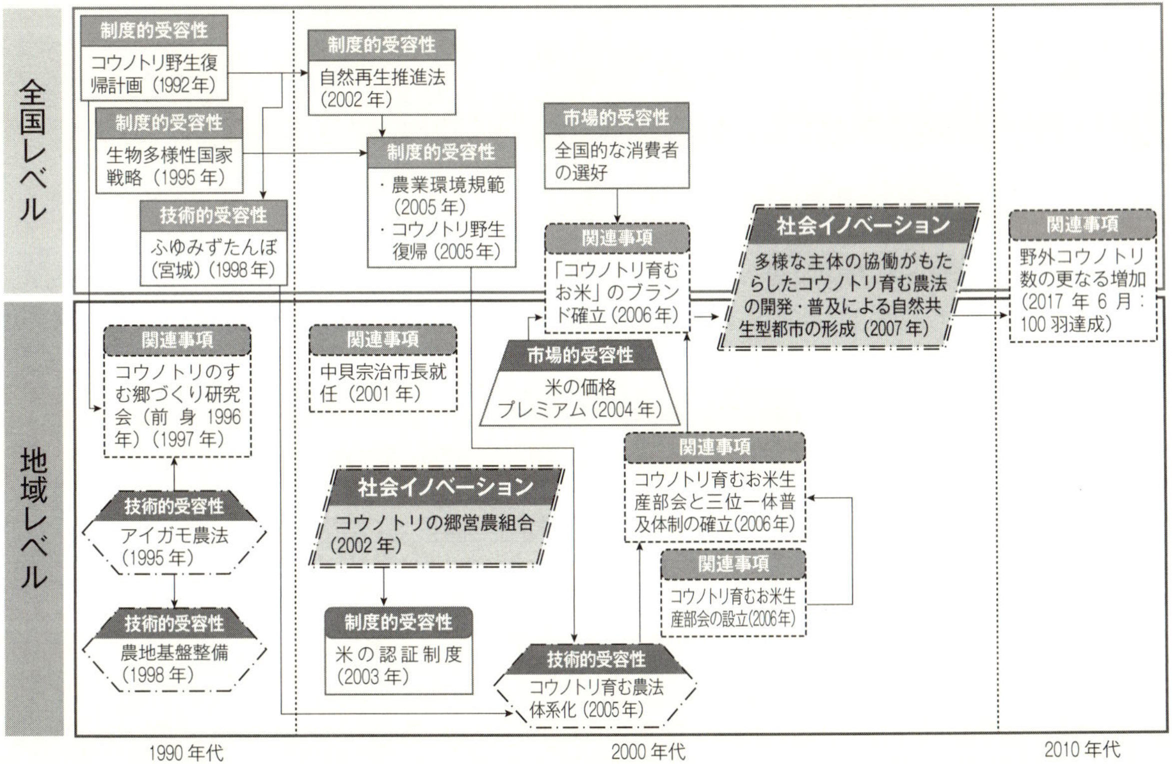

1990 年代　　2000 年代　　2010 年代

全国レベル

- 制度的受容性　コウノトリ野生復帰計画 (1992 年)
- 制度的受容性　生物多様性国家戦略 (1995 年)
- 技術的受容性　ふゆみずたんぼ (宮城) (1998 年)
- 制度的受容性　自然再生推進法 (2002 年)
- 制度的受容性　農業環境規範 (2005 年)・コウノトリ野生復帰 (2005 年)
- 市場的受容性　全国的な消費者の選好

地域レベル

- 関連事項　コウノトリの郷づくり研究会 (前身 1996 年) (1997 年)
- 技術的受容性　アイガモ農法 (1995 年)
- 技術的受容性　農地基盤整備 (1998 年)
- 関連事項　中貝宗治市長就任 (2001 年)
- 社会イノベーション　コウノトリの郷営農組合 (2002 年)
- 制度的受容性　米の認証制度 (2003 年)
- 技術的受容性　コウノトリ育む農法体系化 (2005 年)

- 関連事項　「コウノトリ育むお米」のブランド確立 (2006 年)
- 市場的受容性　米の価格プレミアム (2004 年)
- 関連事項　コウノトリ育むお米生産部会と三位一体制の確立 (2006 年)
- 関連事項　コウノトリ育むお米生産部会の設立 (2006 年)

社会イノベーション　多様な主体の協働がもたらしたコウノトリ育む農法の開発・普及による自然共生型都市の形成 (2007 年)

- 関連事項　野外コウノトリ数の更なる増加 (2017 年 6 月：100 羽達成)

(出所)　岩田・黒川 (2017)。

バナンスとしては，コウノトリの郷営農組合の設立（2002年），コウノトリ育むお米生産部会の設立（2006年）などが重要であった（岩田 2016ab）。

　以上の3都市の「場の形成と社会的受容性の醸成」による社会イノベーション創造の詳しいメカニズムは，本書の第I部を参照されたい。

5 「場の形成と社会的受容性の醸成」モデルの一般化

　低炭素社会アプローチとしての飯田モデル，資源循環型社会アプローチとしての掛川モデル，自然共生社会アプローチとしての豊岡モデルを分析し，持続可能な地域社会の形成を目的とした社会イノベーションを創造する社会的メカニズムとして「場の形成と社会的受容性の醸成」の抽出を試みた。

　3都市モデルにおける社会イノベーションの創造は，行政（市役所など）や民間企業（多摩川精機など）や市民組織（環境NPOや農協など）などのさまざまなアクターによる地域の持続性課題（飯田市：CO_2の削減，掛川市：ごみの削減，豊岡市：コウノトリの野生復帰）の「共有と共考の場（協働ガバナンス）」が創られたことが大きな契機となっている。こうした場の形成を契機とした，地域の持続性課題と将来ビジョンの共有・共考のプロセスにおける地域的受容性が効果的に作用するためには，3都市のケース分析から，全国レベルの制度的受容性要素が大きく作用していることが示唆される。

　しかし3都市の分析からは，全国レベルの技術的受容性や市場的受容性は必ずしも大きな役割を果たしていないという結果であり，こうした分析結果がロバスト（頑強）なのか，妥当なのか，一般化が可能なのかについてはより慎重な検討が必要であろう。

　また，地域的受容性の3要素については，3都市ともに，地域の制度的受容性と市場的受容性（全国レベルとも関連する）は大きな要素であったが，豊岡モデルにおける技術的受容性を例外とし，飯田モデルでは地域の技術的受容性要素はあまり大きな要素でなく，掛川モデルでも「地域住民の技術への信頼」はあったものの，アクター間における双方向的な技術的受容性プロセスはなく，技術的受容性要素は積極的要素ではなかったようであるが，この点についてもさらに検討が必要である。

　また，3都市の分析から，社会イノベーションの創造において，マルチ・ア

序章　持続可能な地域社会のつくりかた　　23

クターによる場の形成は重要であることが確認できたが，こうした場を一般的に「協働ガバナンス」（従来の公共経営的な議論では公共部門の役割が不可欠）と見てよいのかどうかは，協働ガバナンスの定義の問題にも関わることであるが，まだ十分な結論は得られていない。

　最後に，本書の分析フレームからはみ出すことであるが，日本の地域社会の持続性と社会イノベーションに関する共同研究を通じて考えてきた3つのことを記しておきたい。

　第1に，本書は，地域における社会イノベーションの創造メカニズムを分析したが，地域における社会イノベーションが社会全体における技術イノベーションの形成につながり，さらにマクロの技術イノベーションが地域の社会イノベーションを促すといった技術イノベーションと社会イノベーショントとのダイナミックな好循環は観察できなかった。豊岡市のコウノトリ育む農法の開発のように環境保全型農業の技術イノベーションという事例はあるものの，3都市モデルは社会全体として大きな技術イノベーションを創り出すまでには至っていない。

　第2に，本書は，長野県飯田市，静岡県掛川市，兵庫県豊岡市の事例を分析したが，これら3都市の社会イノベーションがなぜ成功したのかという必要条件と十分条件という点では，本書の主張する「場（協働ガバナンス）と社会的受容性」は社会イノベーションの必要条件であるが十分条件ではない。全国の多くの地域で3都市に類似した取り組みはあるが，必ずしも顕著な成果を生み出しているわけではない。飯田市における多摩川精機の萩本範文元社長，掛川市における榛村純一元市長，豊岡市における中貝宗治市長という社会イノベーションを起こす人たち（social innovator）の存在は，社会イノベーションの十分条件として重要な要因であったように考えられる。

　こうしたイノベーター（革新者）のパーソナリティや個人史は大変興味深いが，社会科学的にはこうしたイノベーターが育ち，活躍できる地域的・社会的な条件や空間は何なのかということを解明することが重要であろう。かつてアメリカの都市学者R.フロリダは，Creative City の条件として3Tを指摘し，Technology（新技術）と Talent（才能）とともに Tolerance（寛容）という条件を重視した（フロリダ 2008）。地域社会の空間において，地域の持続性への社会的挑戦が奨励され，たとえ失敗しても再挑戦を可能にするような寛容な社会

条件や社会空間の存在がイノベーターの育成には不可欠だと考えられ，分析対象とした時期の飯田市，掛川市，豊岡市にはそうした社会条件が揃っていたように思われる。

　第3に，飯田市，掛川市，豊岡市はそれぞれの成功体験を持っているが，今後の地域社会の持続性という点では必ずしも持続力があるとはいえない。たとえば，豊岡市の2010年の人口8万5592人は，2017年末には8万3179人と2413人減少しており，今後は2040年には5万7608人，2060年には3万8044人に減少するという豊岡市自身の将来人口推計となっている（豊岡市 2015）。人口指標だけでは持続性の評価はできないが，豊岡市はコウノトリの野生復帰事業を成功させ，「コウノトリも暮らせる」地域づくりには成功したものの，社会的・経済的にも持続可能な地域づくりに成功したとは評価しにくい。こうした点は，飯田市も掛川市も同じである。

　日本の地域社会が持続可能な社会となるためには，地域レベルの取り組みと同時に，全国レベルの社会イノベーションと技術イノベーションの両輪による好循環の形成が不可欠である。こうした地域レベルと全国レベルの相互関係をどのようにデザインするのかは，地方分権の推進なども含めた「この国のかたち」をどうするのか，明治以来の中央集権型国家構造や高度成長期に形成された利権型国家構造をどのように改革するのかというハイポリティクスな課題も含めて考えることが必要であろう。

◆ 注

1) 増田の主張する消滅可能性自治体とは，2010年から2040年に若年女性（20歳から39歳）が半減すると推計された市区町村数である。なお，2014年の市区町村数は1799であった。現在の市町村数（区除く）は1718である（総務省調べ 2016年10月現在）。

2) 朝日新聞の『AERA』（2018年2月19日号）は，地方創生をテーマとした特集を組み，地方創生の問題点を多角的に論じている。特集記事の1つの「交付金食い潰しトンズラも──地方創生コンサルタント匿名誌上座談会」という記事では，地方自治体が地方創生事業で頼るコンサルタントの専門家とは名ばかりのいい加減な仕事内容や，そうしたコンサルタントに丸投げをする地方自治体の実態が語られている。その中では，国の地方創生加速化交付金に基づいて滋賀県が実施した事業費の3分の1以上が，県外の企業や団体に支出されているといった驚くべき事実も明らかにされており，この特集は飯田らの主張する「地域再生の失敗」を裏付ける多くの「エビデン

ス」を掲載している。

3)　暗黙知（tacit knowing）は，M. ポランニーの "We can know more than we can tell."（私たちは言葉にできるよりも多くのことを知ることができる）（ポランニー 2003, p. 18）という議論が出発点であるが，社会イノベーション研究との関係では新たな展開が必要とされているように思われる。著名な野中郁次郎の暗黙知と形式知の二分法に基づく SECI モデル（表出化・連結化・内面化・共同化）などの一連の業績は，日本の経営学が世界に誇りうる大きな学術的功績であったが，あまりにも綺麗に明快に暗黙知を論じ，知識創造のプロセスを単純化しすぎたのではなかろうか（野中・竹内 1996 の第 3 章「組織的知識創造の理論」参照）。たとえば，「ポランニーは『明示的知識 explicit knowledge』だけが知識を成り立たせているのではなく，その背後に作動する『暗黙に知ること tacit knowing』の重要性を繰り返し指摘した」とし，形式知とは別に暗黙知という知識が存在するのではないこと，そもそも暗黙知（tacit knowledge）というタームが誤解を生んでいるとの安富の主張は，再評価されるべきものである（安富 2006, pp. 32-33）。

4)　丸山らも近著では，「受容性という用語は再生可能エネルギーが地域に解釈される文脈や過程といったダイナミズムを分析的に捉えるための概念と定義したい」（丸山ほか 2015, p.17）と社会的受容性の動態的理解の必要性を強調している。

◆ 参考文献

飯田泰之・木下斉・川崎一泰・入山章栄・林直樹・熊谷俊人（2016）『地域再生の失敗学』（光文社新書）光文社。

伊丹敬之（2005）『場の論理とマネジメント』東洋経済新報社。

今井賢一・金子郁容（1988）『ネットワーク組織論』岩波書店。

岩田優子（2016a）「協働ガバナンス・アプローチによるコウノトリ米とトキ米の普及プロセスの比較研究」『環境情報科学学術研究論文集』30, 25-30。

岩田優子（2016b）「協働ガバナンス・アプローチによるコウノトリ米とトキ米の普及プロセスの比較研究」2016 年環境経済・政策学会全国大会（青山学院大学）・企画セッション・バックペーパー。

岩田優子・黒川哲志（2017）「自然共生社会と社会イノベーション——兵庫県豊岡市のケース」2017 年環境経済・政策学会全国大会（高知工科大学）・企画セッション・バックペーパー。

ヴァンソン藤井由美・宇都宮浄人（2016）『フランスの地方都市にはなぜシャッター通りがないのか——交通・商業・都市政策を読み解く』学芸出版社。

植田和弘・喜田川進監修（2001）『循環型社会ハンドブック——日本の現状と課題』有斐閣。

大西珠枝・榛村純一（1996）『まちづくりと生涯学習の交差点——掛川市教育長の 2 年 6 か月』ぎょうせい。

大沼あゆみ・山本雅資（2009）「兵庫県豊岡市におけるコウノトリ野生復帰をめぐる経済分析——コウノトリ育む農法の経済的背景とコウノトリの野生復帰がもたらす地域経済への効果」『三田学会雑誌』102（2）, 191-211。

大野輝之／レイコ・ハベ・エバンス（1992）『都市開発を考える——アメリカと日本』

（岩波新書）岩波書店。

蟹江憲史編（2017）『持続可能な開発目標とは何か――2030 年へ向けた変革のアジェンダ』ミネルヴァ書房。

金子郁容・玉村雅敏・宮垣元（2009）『Community Solution・コミュニティ科学――技術と社会のイノベーション』勁草書房。

環境省（2008）『循環型社会への新たな挑戦』。

菊地直樹（2006）『蘇るコウノトリ――野生復帰から地域再生へ』東京大学出版会。

菊地直樹（2017）『「ほっとけない」からの自然再生学――コウノトリ野生復帰の現場』京都大学学術出版会。

坂本修一・神田啓治（2002）「高レベル放射線廃棄物処分地選定の社会的受容性を高めるための課題に関する考察」『日本原子力学会和文論文誌』1（3），270-281。

白井信雄（2012）『環境コミュニティ大作戦――資源とエネルギーを地域でまかなう』学芸出版社。

シュンペーター，J. A.（1977）『経済発展の理論（上）（下）』（塩野谷祐一・中山伊知郎・東畑精一訳，原書 1912 年，岩波文庫）岩波書店。

榛村純一（1987）『さまざまなる生涯学習――掛川学事始』清文社。

椙本歩美・井上真（2008）「コミュニティを基盤とする森林管理における協働型ガバナンス――フィリピン共和国キリノ州を事例として」『日本森林学会全国大会論文集』119。

総務省行政評価局（2016）『地方活性化に関する行政評価・監視 結果報告書』（http://www.soumu.go.jp/menu_news/s-news/106278.html）。

総務省（2017）「改善措置状況」（2017 年 2 月）（http://www.soumu.go.jp/main_content/000477099.pdf）。

谷本寛治・大室悦賀・大平修司・土肥将敦・古村公久（2013）『ソーシャル・イノベーションの創出と普及』NTT 出版。

豊岡市（2015）『豊岡市人口ビジョン』（http://toyooka-community.city.toyooka.lg.jp/wp-content/uploads/2016/01/vision.pdf）。

ドラッカー，P. F.（1993）「イノベーションとは何か」『ポスト資本主義社会』（上田惇生訳，原著 1993 年）ダイヤモンド社。

ドラッカー，P. F.（1997）『イノベーションと企業家精神』（上田惇生訳，原著 1985 年）ダイヤモンド社。

野中郁次郎・竹内弘高（1996）『知識創造企業』（梅本勝博訳）東洋経済新報社。

野中郁次郎・廣瀬文乃・平田透（2014）『実践ソーシャル・イノベーション――知を価値に変えたコミュニティ・企業・NPO』千倉書房。

フロリダ，R.（2008）『クリエイティブ資本論――新たな経済階級の台頭』（井口典夫訳，原著 2002 年）ダイヤモンド社。

堀内都喜子（2008）『フィンランド――豊かさのメソッド』（集英社新書）集英社。

本田裕子（2008）『野生復帰されるコウノトリとの共生を考える――「強いられた共生」から「地域のもの」へ』原人舎。

ポランニー，M.（2003）『暗黙知の次元』（高橋勇夫訳，原書 1966 年，ちくま学芸文庫）筑摩書房。

序章 持続可能な地域社会のつくりかた　27

増田寛也編（2014）『地方消滅——東京一極集中が招く人口急減』（中公新書）中央公論新社。

松岡俊二（2017）「原子力政策におけるバックエンド問題と科学的有望地」『アジア太平洋討究（早稲田大学大学院アジア太平洋研究科紀要）』28, 25-44。

松岡俊二・田中勝也・勝田正文・師岡愼一（2017）「持続可能な地域を創る社会イノベーション——社会的受容性と協働ガバナンス」2017年環境経済・政策学会全国大会（高知工科大学）・企画セッション・バックペーパー。

松永安光・徳田光弘編（2017）『世界の地方創生——辺境のスタートアップたち』学芸出版社。

松本礼史・島田剛・鈴木政史・李洸昊（2017）「資源循環型社会アプローチと社会イノベーション——静岡県掛川市のケース」2017年環境経済・政策学会全国大会（高知工科大学）・企画セッション・バックペーパー。

丸山康司（2014）『再生可能エネルギーの社会化——社会的受容性から問いなおす』有斐閣。

丸山康司・西城戸誠・本巣芽美（2015）『再生可能エネルギーのリスクとガバナンス——社会を持続していくための実践』ミネルヴァ書房。

ミエッティネン, R.（2010）『フィンランドの国家イノベーションシステム——技術政策から能力開発政策への転換』（森勇治訳, 原書2002年）新評論。

諸富徹（2015a）『「エネルギー自治」で地域再生！——飯田モデルに学ぶ』（岩波ブックレット）岩波書店。

諸富徹編（2015b）『再生可能エネルギーと地域再生』日本評論社。

安富歩（2006）『複雑さを生きる——やわらかな制御』岩波書店。

矢部光保・林岳編（2015）『生物多様性のブランド化戦略——豊岡コウノトリ育むお米にみる成功モデル』筑波書房。

山崎福寿（2015）「都市集中のメカニズムと地方創生の問題点」『土地総合研究』2015年夏号, 113-120。

山崎満広（2016）『ポートランド——世界で一番住みたい街をつくる』学芸出版社。

ロムバッハ, H.（1987）『世界と反世界——ヘルメス智の哲学』（大橋良介・谷村義一訳, 原書1983年）リブロポート。

鷲谷いづみ編（2007）『コウノトリの贈り物——生物多様性農業と自然共生社会をデザインする』地人書館。

和田隆太郎・田中知・長崎晋也（2009）「高レベル放射性廃棄物処分場の立地確保に向けた社会受容プロセス」『日本原子力学会和文論文誌』8（1）, 19-33。

渡邊敏康・升本潔・平沼光・中村洋（2017）「低炭素社会アプローチと社会イノベーション——長野県飯田市のケース」, 2017年環境経済・政策学会全国大会（高知工科大学）・企画セッション・バックペーパー。

Ansell, C. and A. Gash（2008）"Collaborative Governance in Theory and Practice," *Journal of Public Administration Research and Theory*, 18（4）, 543-571.

Emerson, K., T. Nabatchi and S. Balogh（2012）"An Integrative Framework for Collaborative Governance," *Journal of Public Administration Research and Theory*, 22（1）, 1-29.

WCED（World Commission on Environment and Development）（1987）*Our Common Future*, Oxford University Press.

Wüstenhagen, R., M. Wolsink and M. J. Bürer（2007）"Social Acceptance of Renewable Energy Innovation: An Introduction to the Concept," *Energy Policy*, 35（5）, 2683–2691.

第 **I** 部

ケース研究

地方都市の持続性と社会イノベーション

[1] 低炭素社会アプローチ：飯田モデル

第 1 章　低炭素社会への模索・飯田モデル

第 2 章　産業社会と社会イノベーションの創造

第 3 章　市民社会と社会イノベーションの創造

第 4 章　社会的受容性の醸成と社会イノベーション

[2] 資源循環型社会アプローチ：掛川モデル

第 5 章　資源循環型社会への模索・掛川モデル

第 6 章　循環型社会形成と社会イノベーション

[3] 自然共生社会アプローチ：豊岡モデル

第 7 章　自然共生社会への模索・豊岡モデル

第 8 章　自然共生社会と社会イノベーション

[1] 低炭素社会アプローチ：飯田モデル

第1章

低炭素社会への模索・飯田モデル
産業社会と市民社会の2つのイノベーション

渡邊 敏康

はじめに

　本章は，1996年に環境文化都市を宣言して以来，低炭素なまちづくりに向けた取り組みを推進している長野県飯田市の「姿」について概観する。飯田市における市民社会と市役所との協働による市民出資型太陽光発電事業は，再生可能エネルギーの普及・利用促進に向けた先進的な事例として先行研究でも多く取り上げられている。この市民出資型太陽光発電事業に加え，飯田市の地域社会の中核企業との協働によって運用している地域版環境マネジメントシステム・南信州いいむす21の取り組みも注目される。そして精密機械産業の発展をもとに，航空宇宙産業を地域の産業競争力の向上に向けた産業クラスター形成に向けて地域内外への取り組みへと発展させてきている。飯田市は，低炭素化推進のための環境政策と産業政策を通じた経済成長と環境との両立に向けて脱炭素化という新たなビジョン・目標を共有していくことで，新たな協働の場の形成を目指している。

1 飯田市の姿

長野県の南部，伊那谷を流れる天竜川の中流域に位置する 10 万人都市である飯田市は，養蚕や水引などの伝統産業により発展し，現在は，精密機械，電子等の産業が盛んな地方都市である。りんご並木の街としても知られており，りんご並木が飯田市のシンボルとなっている。1947 年に発生した飯田大火の復興の過程で，飯田市立飯田東中学校の生徒たちによって植えられたものである。現在もそのりんご並木を中学生が手入れを行っており，日本の道百選（国土交通省）やかおり風景百選（環境省）にも認定されている。

産業面では，近年，アジア No. 1 の航空宇宙産業クラスター形成特区の自治体としても指定され，中部から信州へと連携した産業クラスターの重要地域としても位置づけられている。また，リニア中央新幹線の新駅の設置によって，品川 - 飯田間は約 40 分，名古屋 - 飯田間は約 20 分となることで，人の流れが大きく変わる可能性を秘めている。

2 低炭素化を推進する環境政策——産業社会と市民社会のアプローチ

長野県飯田市は，1996 年に環境文化都市構想を立ち上げて以来，低炭素なまちづくりに向けた取り組みを推進している。地域の民間企業とも連携して，1997 年に発足した「地域ぐるみで ISO へ挑戦しよう研究会」を母体として，2000 年に「地域ぐるみ環境 ISO 研究会」を発足させている。その後，環境マネジメントシステム「南信州いいむす 21」を創設させて，飯田市のみならず南信州地域への展開を果たしている。

このように飯田市では，産業社会における地域中核企業との協働および市民社会の協働による市民出資型太陽光発電事業の 2 本柱での低炭素化の推進という環境政策が進められてきたと解釈できる（図 1-1）。

第 1 章　低炭素社会への模索・飯田モデル　33

図 1-1 飯田市の環境政策

（出所）　近藤（2015）。

3 産業社会における低炭素化アプローチ ——地域版環境マネジメントシステムの創出

(1) 地域ぐるみの環境マネジメントシステム

　飯田市を中心とする南信州では，ISO 14001 取得企業が参画した地域ぐるみ環境 ISO 研究会（事務局：多摩川精機，飯田市役所）が，事業者（点）から地域（面）に展開する「ぐるみ」運動により，独自の環境マネジメントシステム・南信州いいむす 21 を構築し，普及させている。これは多摩川精機などの地域貢献を目的とした事業者が地域の環境マネジメントシステムの開発から普及まで担う珍しい事例である。

　地域ぐるみ環境 ISO 研究会は，企業と市役所との協働によって運営されている南信州いいむす 21 の運用組織である。主に飯田市の 30 前後の中核企業で構成されている。従業員数規模では 7000 名にもなる。

　南信州いいむす 21 は，ISO 14001 の認証取得が費用上の問題で困難な中小零細企業向けの地域版環境マネジメントシステムであり，主に地域ぐるみ環境 ISO 研究会に参加している中核企業と取引のある中小零細企業が名を連ねてい

る。認証は初級・中級・上級・ISO 14001 南信州宣言と段階ごとに区分されており，取り組みへの着手のしやすさも大きな特徴の1つとなっている。

　こうした形をとることで，飯田市の中核企業と中小零細企業が一体となって「地域ぐるみ」で環境問題に取り組むことを可能とする体制を整えている。地域ぐるみ環境 ISO 研究会と南信州いいむす 21 は，よく見られる地域版の環境マネジメントシステムとは異なり，企業間の協働がベースとなって，市も参画した経緯をたどっている。

　研究会の前身組織である地域ぐるみで ISO へ挑戦しよう研究会の会員の増加に伴って，1999 年に事務局が設置され，市役所と多摩川精機の共同運営の形をとった。また，「地域の自然を残し，持続可能な地域づくりのため，新しい環境改善の地域文化を創造する」ことが活動理念として掲げられた。2000 年になると，地域ぐるみで ISO へ挑戦しよう研究会は地域ぐるみ環境 ISO 研究会へと名称変更を行った。2001 年からは，地域ぐるみ環境 ISO 研究会は南信州いいむす 21 の運用主体となり，ISO 14001 を認証取得している事業所の内部監査員が監査などの実務的な側面を担うようになっている。地域ぐるみ環境 ISO 研究会に参加している事業所の大半は，ISO 14001 の認証取得を獲得することが可能な規模の事業所であり，飯田市の中核企業が加盟していることがうかがえる。

　地域ぐるみ環境 ISO 研究会設立から1年後の 2001 年に，南信州いいむす 21 が創設された。これは主な対象として想定した中小零細企業の認証取得にあたるハードルを下げるために，認証取得に必要な費用は実質的に無料に抑えられた。南信州いいむす 21 には，主に地域ぐるみ環境 ISO 研究会と取引のある地域中小零細企業が中心に認証された。その中でも製造業の 22 事業所のうち，過半数を占める 12 事業所が多摩川精機と取引関係を有していた。

　地域ぐるみ環境 ISO 研究会に参画している中核企業が ISO 14001 の認証を取得し，取引関係のある中小零細企業が南信州いいむす 21 を取得することで，環境に関わる課題に対応する制度が飯田市を含む南信州全体に波及していったのである（表 1-1）。この地域版環境マネジメントシステムの特徴については第2章で詳述する。

第 1 章　低炭素社会への模索・飯田モデル　　35

表1-1　飯田市の地域版環境マネジメントシステムの取り組みに関連する出来事（産業社会）

年	出来事
1996	「環境文化都市」構想の立ち上げ「21'いいだ環境プラン」策定 生産技術研究会発足
1997	気候変動枠組条約 COP3（京都） 通産省（当時）のエコタウン事業 エコタウン事業（天竜峡エコバレープロジェクト，「エコサロン」の立ち上げ） 「地域ぐるみで ISO へ挑戦しよう研究会」発足
2000	「地域ぐるみ環境 ISO 研究会」に改称
2001	「南信州いいむす 21」を創設
2004	環境省「環境と経済の好循環のまちモデル事業」（通称「まほろば事業」）採択
2009	飯田「環境モデル都市」に選出

（2）　地域ぐるみ環境 ISO 研究会の牽引役としての多摩川精機

このように市役所と多摩川精機の共同運営の形をとった地域ぐるみ ISO 研究会が 2017 年で 20 周年に至る継続的な運営をできた成功要因の 1 つとしては，多摩川精機のリーダーシップによるところが大きい。

多摩川精機と萩本範文元社長は，協働プロセスを機能させるために強力なリーダーシップを発揮した。当時の多摩川精機を取り巻いていた経営状況と，多摩川精機と取引のあった中小企業の現場の状況に対する萩本の問題意識が背景としてあげられる。

萩本は，地域ぐるみ環境 ISO 研究会の創立当初から発足 20 周年にあたる 2017 年に至るまで代表を務めてきた人物である。それ以前にも，研究会の前身である改善研究会や，地域ぐるみで ISO へ挑戦しよう研究会の創設に尽力した（表 1-2）。

1989 年から代表取締役常務に就任した萩本は，海外展開をするのではなく，地域の中でいかに会社を存続させるのかを模索した。東京にあった本社の飯田市への移転など組織のスリム化を推進したが，ほかの企業アクターを巻き込む動きも見せ始めた。これについて萩本は以下のように証言した。

　「地域の事業所を守るのには一社一社じゃ効きませんよ。一社一社が頑張るだけでは守れませんよと。もっと現場力っていうか，この地域の現場力が

表1-2　萩本範文の略歴

年	出来事
1944	長野県で生まれる。
1964	名古屋工業大学に入学。映画研究会に所属。
1968	名古屋工業大学卒業。多摩川精機に入社。設計課に配属。
1987	製造部長として，多摩川精機初の全社をあげての経営改善運動「50UP作戦」のイニシアティブを発揮。以後複数の全社あげての改善運動が展開される。
1992	常務取締役に就任。
1993	バブル崩壊による業績の悪化。常務として，プリウスの高精度部品開発を指揮。本社を長野県飯田市に移す。
1995	このころ，スマートバレージャパン（以下SVJ）の立ち上げに関わる初期メンバーとして，集会に参加する。SVJの場において，後に飯田市役所の要職を務める人物とのコネクションを得る。
1996	6月，改善研究会の立ち上げに尽力。 9月，SVJ発足。
1997	9月，エコタウン事業の会において「地域ぐるみでISOへ挑戦しよう研究会」立ち上げを提案。 11月，同会発足。また同月に多摩川精機内に環境管理室創設。
1998	代表取締役社長に就任。「短冊商品化」戦略の実施。
2005	多摩川精機協同組合解散。 地域の若手経営者向けに萩本経営革新塾を開講。
2006	牧野光朗現市長の選挙活動にあたり顧問に就任。飯田航空宇宙プロジェクト旗揚げに関わる。
⋮	⋮
2014	代表取締役副会長に昇格。
2015	エアロスペース飯田の幹事企業であった株式会社エヌ・イーと株式会社赤羽製作所の合併を仲介し，株式会社NEXUSの立ち上げに尽力。

（出所）　『日経産業新聞』記事，『週刊東洋経済』記事，平沢（2015），萩本範文オーラルヒストリー調査をもとに筆者作成。

　高ければ本社もこの地域をつぶすことにはならんだろうと。だから，現場力っていうのは，各社の生産技術，地域の技術，地域の力を集めた方が力つきますよということで，これまでそれぞれの事業所は閉鎖的でクローズしてね。……（略）……3社の間ではすべて開放して生産技術者に開示して問題点を指摘してもらうっていう改善運動を始めてたんですよ。」（萩本談）

第1章　低炭素社会への模索・飯田モデル　37

萩本が導き出した答えは，多摩川精機が位置している地域全体のレベルを上げることで，経営危機の克服を図るというものだったことがうかがえる。このような問題意識のもと，萩本は1996年にオムロン飯田と平和時計製作所に声をかけ，3社で改善研究会を発足させた（後に三菱電機中津川製作所が研究会に加わった）。改善研究会を立ち上げる段階で，萩本は自社以外の企業アクターを巻き込んでいったのである。ここではISO 9001の認証取得が1つのアウトプットとされ，参加各社はまもなく認証取得を達成した。

　ISO 9001の認証取得に成功すると，多摩川精機を中心とする複数の事業所は次の課題としてISO 14001の認証取得を模索していた。このときの状況について，萩本は次のように証言した。

　　「こういう課題が私の頭の中に出てきたのですよ。今度はお互いにISO 14001をとって輸出ができる環境を整えたいとそれぞれが思ってたから。そんな一社一社で環境やったってしょうがないよと。空気吸えば外からくるのだし，水流せば外へ出ていくのだし。環境問題は一社一社の問題でなくて地域の問題でしょと。せっかく3社改善研究会作ったのだから，その環境バージョンを作ろうよと。」（萩本談）

　ここからうかがえるのは，改善研究会に参加していた各事業所は当初からISO 14001の認証取得に積極的であり，かつそれを研究会ベースで実行しようと考えていたことである。折しも，飯田市はエコタウン事業の採択を受けており，企業と市役所の連携のあり方が模索されていた。1997年9月に，萩本はエコタウン事業の会において地域ぐるみでISOへ挑戦しよう研究会の設立を提案し，11月には飯田市と旭松食品を新たに巻き込む形で研究会を発足させた。この研究会ではISO 14001の認証取得が目的とされ，1998〜2000年にかけて設立時の飯田市を含んだ6事業所が，ISO 14001を取得した。

　このように地域の中核企業の1つである多摩川精機が，事業環境の取り巻く変化から自社ならびに関連企業を成長のステージへと導くために，市役所と連携してISO 14001の認証取得，ならびにその基礎体力を環境マネジメントシステムとして地域の中小企業へと普及させていった。全国レベル・地域レベルの市場的受容性の変化を捉えつつ，市役所と企業が協働の場として，環境マネジ

38　　第Ⅰ部　ケース研究 [1] 低炭素社会アプローチ：飯田モデル

メントシステムという地域の制度的受容性を形成していったケースとして捉えることができる。

4 市民社会における低炭素化アプローチ
——日本初の太陽光市民共同発電事業

飯田市の低炭素化の取り組みの代表例として，地域のエネルギー会社が，行政と連携しつつ，市民自らが出資した市民ファンドに基づいて展開する太陽光市民共同発電事業という先駆的事業がある。詳細は第3章にて述べることとするが，市民出資による太陽光発電事業の実施は飯田市が日本初の事例である。市民が主体となって低炭素型都市を構築する社会イノベーションの事例として取り上げられることが少なくない。

2004年の「まほろば事業」（環境省補助事業）採択を契機に，NPO法人として設立されていた南信州おひさま進歩が，同年に補助事業を行うために「おひさま進歩エネルギー有限会社」を立ち上げた。

その後，2005年に南信州おひさまファンドとして，主に市民ファンドを立ち上げて，太陽光パネルの設置促進を行っている（表1–3）。その際，プロジェクトファイナンスを立ち上げることにより地域金融機関からの融資を得られるように工夫しており，ファンドごとにSPC（特定目的会社）が存在する仕組み

表1–3　飯田市の太陽光市民共同発電・省エネ事業に関連する出来事（市民社会）

年	出来事
1997	通産省（当時）のエコタウン事業
2001	住民による「おひさまシンポジウム」の開催
2004	環境省「環境と経済の好循環のまちモデル事業」（通称「まほろば事業」）採択 NPO法人南信州おひさま進歩設立
2005	おひさまファンド創設
2007	おひさま進歩株式会社 公民館を地域運営組織のまちづくり委員会の中に位置づける
2009	飯田市「環境モデル都市」に選出
2012	「地域エネルギービジネスコーディネート組織タスクフォース」設置
2013	「再生可能エネルギーの導入による持続可能な地域づくりに関する条例」制定

第1章　低炭素社会への模索・飯田モデル　　39

となっている。なお，飯田市は晴天が多い天候に恵まれており，日照量をエネルギー換算したとき，年間合計で大阪府や東京都を上回っているということも特徴の1つである。

おひさま進歩株式会社は初期コスト0円で太陽光パネルが設置できるサービス「おひさま0円システム」を提供している。このシステムは，パネル設置から9年間のパネル所有権はおひさま進歩株式会社にあり，10年目からパネル所有権を個人（住宅所有者）に移すというもので，初期コストは投資家から集めたファンドでまかなうというリース方式を採用している。

5 │ 社会イノベーションを可能にしたもの──社会的受容性と協働の場

序章でも議論したように，地域版環境マネジメントシステムの取り組みについては産業社会のケース，そして太陽光市民共同発電・省エネ事業については市民社会のケースとして整理することができる。ここでの着目点として，さまざまなアクターの関係性としての協働ガバナンスや場と場によって醸成された社会的受容性がどのように社会イノベーションのプロセスに関与したのかを探る。

産業社会のケースとしての地域版環境マネジメントシステムについては，協働の場としての地域ぐるみ環境ISO研究会が果たした役割と，その中で事務局を務める多摩川精機，飯田市職員のリーダーシップが与えた影響が社会的受容性へとつながったと解釈できる。飯田市役所ならびに多摩川精機が地域ぐるみ環境ISO研究会という組織の形成のためにリーダーシップを発揮した。その後，地域の環境に関わる課題に対応する組織を整備し，南信州いいむす21という中小零細企業向けの地域版環境マネジメントシステムという制度を構築した。その結果，地域中核企業と中小零細企業が両輪で地域の環境に関わる課題に対応する仕組みを作り上げることができた。以上に述べた組織の構築と制度の形成・普及が，産業社会ケースにおける社会イノベーションである。その結果として，多摩川精機を中心とした地域企業による一連の地域環境改善の取り組みは，飯田地域の取引のある企業群のレベルアップにもつながり，産業競争力を高めることにもつながっている。

また市民社会のケースとしての地域主体の再生可能エネルギー活用事業創出

40　第Ⅰ部　ケース研究［1］低炭素社会アプローチ：飯田モデル

表1-4 飯田市における社会イノベーションの定義，ならびに社会的受容性

	産業社会	市民社会
社会イノベーション	地域独自の環境マネジメントシステムによる環境調和型の生産活動の普及・拡大を推進する仕組みの形成	日本初の市民出資型の太陽光発電・省エネ事業の拡大による低炭素型都市の形成
技術的受容性	環境調和型の生産技術の浸透	再生可能エネルギー技術の発展
制度的受容性	通産省（当時）のエコタウン事業	低炭素指向の法律，制度（FIT，環境モデル都市）
市場的受容性	海外市場（とくに欧州）におけるISO 14001認証取得の必要性	再生可能エネルギー利用者の増加
地域の技術	環境マネジメントシステムの構築，審査，支援	家庭向け太陽光発電システムの確立
地域の制度	飯田市が「南信州いいむす21」（地域独自の環境マネジメントシステム）を創設	「再生可能エネルギーの導入による持続可能な地域づくりに関する条例」制定
地域の市場	グリーン調達方針による優遇	日本初の市民出資型太陽光発電・省エネ事業

のプロセスモデルとしては，長野県飯田市の市民参加の構造や，飯田市・企業の関係性と協働の場の位置づけを整理することができる。

　これら産業社会および市民社会における社会イノベーションの定義，ならびにそれらを形成するうえでの全国レベルの技術・制度・市場，そして地域の技術・制度・市場の位置づけを表1-4に示した。

　また，序章の図4と図5では，飯田市における産業社会ケースおよび市民社会ケースに対して，社会イノベーションと「場と社会的受容性」モデルがどのように形成されたのかの関係性について，時間軸および全国レベル・地域レベルの社会的受容性のマトリクスとして整理した。このマトリクスを通じて，さまざまなアクターの関係性としての協働ガバナンスや場と場によって醸成された社会的受容性がどのように社会イノベーションのプロセスに関与したのかを明らかにすることができる。

　産業社会のケースにおいては，地域ぐるみでISOへ挑戦しよう研究会の発足を協働ガバナンスとして位置づけ，その過程における全国レベルの制度・技術・市場の受容性を契機として社会イノベーションが形成された。また，市民

社会のケースにおいても，おひさま進歩株式会社の設立を新たな協働の場として位置づけ，その過程における全国レベルの制度，地域レベルの制度・技術・市場の受容性を背景にして社会イノベーションの形成に影響していたことが説明できる。

飯田市における低炭素社会形成のための社会イノベーションの創発と共創のプロセスにおいては，企業・市民・自治体の協働の場（協働ガバナンス）が形成されてきたことで，市民出資型発電事業，ならびに地域版環境マネジメントシステムの社会的受容性が構築できたといえる。その意味で，低炭素社会アプローチとしての飯田モデルは，「場と社会的受容性」モデルに基づく社会イノベーションの創出の有力なエビデンスである。

6 脱炭素化と地域産業——飯田市の NEXT 20

（1） 脱炭素社会に向けた産業の成長との両立

飯田市は，市民社会および産業社会の両側面から低炭素化推進のための環境政策を推進してきた。1996 年の環境文化都市構想の立ち上げ以来，実に 20 年にわたる普及展開の活動が進められてきた。飯田市は，このような環境モデル都市としての低炭素型のまちづくりを推進していることに加えて，近年では地域における産業成長に向けた取り組みを進めている。とくに，東海地区との連携等を見据えた域外との航空宇宙産業クラスター形成に向けた取り組みに積極的に力を入れている。

低炭素社会アプローチとしての飯田市のケースを考えた場合，地域独自の環境マネジメントシステムによる環境調和型の生産活動の普及・拡大を推進する仕組みを形成していくことで，産業活動の CO_2 の低減に寄与していくことを目指しているとも解釈できる。一方で，産業クラスターの形成を梃子にした産業成長を目指している状況においては，地域における産業活動を活発にしていくことで，ある程度の CO_2 増大の要素が内在しているとも捉えることができる。

産業成長（経済成長）と低炭素化をどのように両立させていくかという点に着目して，行政と企業との間でどのような共通の目標を掲げていくことで，飯田市の環境政策を推進しようとしていくのかが今後の課題として浮上している。

図1-2 南信州いいむす21および地域ぐるみ環境ISO研究会の登録数推移

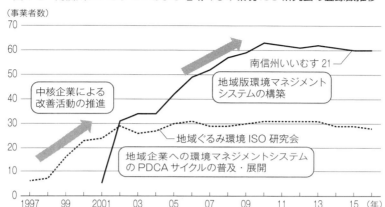

その課題の解決に向けて，飯田市における低炭素化推進のための環境政策と産業成長を通じた経済成長との両立について，脱炭素化という新たなビジョン・目標を共有していくことで，新たな協働の場を形成しようとしている。

(2) 脱炭素化に向けた新たなステージ

脱炭素化に向けた産業社会のケースに着目すると，社会・環境イノベーションである地域ぐるみ環境ISO研究会および南信州いいむす21は協働ガバナンスにより，その社会的受容性を向上させたものと考えられる。ただし，地域貢献を心のよりどころにした企業経営者，その思いを具現化し，協働のダイナミクスを動かした地域の企業や行政の職員など，どの地域にも存在するとはいいにくいリーダーたちが存在していたという特異性がある。さらに地域ぐるみ環境ISO研究会は，その前身組織の設立から20年目を迎え，次世代のリーダーにバトンタッチが行われようとしている。リーダーの交代に伴う協働ガバナンスの変化も危惧される中，今後とも継続的な調査を行う必要があろう。

さらに南信州いいむす21の取得事業所は60社程度で増加しなくなっている（図1-2）。これは地域ぐるみ環境ISO研究会内での認証を行える人材の不足などの問題によるものである。協働ガバナンスをさらに動かすためにも，高いランクの認証を取得した事業所が認証する側に回るなどの，協働のダイナミクスを継続的に回すための模索が必要な時期を迎えている。

産業クラスター形成の取り組みを推進している飯田市において，これまでの低炭素型モデル都市の取り組みと，どのように整合性を図りながら持続可能な都市を形成していこうとするのかが直近の抱える課題としてあげられる。これまでの飯田市における低炭素社会形成のための社会イノベーションの創発と共創のプロセスは，企業・市民・自治体の協働の場（協働ガバナンス）が形成されてきたことで，市民出資型発電事業，ならびに地域版環境マネジメントシステムの社会的受容性が構築できたものといえる。そして，脱炭素化という新たなビジョン・目標を共有していくことで，新たな協働の場を形成しようとしている社会イノベーションの第2ステージNEXT 20に差し掛かった段階といえる。

　現在，飯田市では脱炭素化に向けたビジョン策定の検討に着手し始めた段階である。これまでの産業社会と市民社会との間を協働させているキードライバーとして，市役所や地域の中核的な企業の果たす役割が大きかった。今後は，その地域の舞台となる市民・市役所・企業に加えて，産業クラスターや街の果たす機能や役割を補完し，技術的にも制度的にも全国レベルと地域レベルの両側面から，大学や研究機関等が連携していく姿がいっそう重要になってくるものと想定される。飯田市においても，その取り組みとして，信州大学との連携や地域の高等教育機関の設置を模索している姿がうかがえる。このような，低炭素から脱炭素へと動きつつあるなか，飯田市においても産官学の連携による新たなまちづくりのあり方を模索し，その回答を導き出していくことが，第2ステージNEXT 20の重要な道筋になるといえよう。

◆　参考文献────

岩田優子（2016）「協働ガバナンス・アプローチによるコウノトリ米とトキ米の普及プロセスの比較研究」『環境情報科学学術研究論文集』30，25-30。

近藤明人（2008）「新しい地域環境マネジメントシステムの枠組みと機能化に関する研究」『ビジネス・マネジメント研究』(4)，18-38。

近藤明人（2009）「地域環境マネジメントによる環境モデル都市の取組み──飯田市の事例から」『経営実務研究』(4)，63-77。

近藤明人（2015）「飯田市の温暖化・エネルギー対策」（野村好弘先生追悼号／特集 自治体温暖化・エネルギー対策の最前線）『環境法研究』(40)，115-138。

白井信雄・樋口一清・東海明宏（2012）「地縁型組織を基盤とした地域環境力の形成──環境モデル都市・長野県飯田市を事例として」『社会・経済システム』(33)，135

-148。

東京都市町村自治調査会（2010）『環境マネジメントシステムに関する調査報告書』東京都市町村自治調査会。

野中侑次郎・廣瀬文乃・平田透（2014）『実践ソーシャルイノベーション——知を価値に変えたコミュニティ・企業・NPO』千倉書房。

平沢照雄（2014）「『地域に拘る企業』の創業理念と経営改革——多摩川精機の取組みを事例として」『経営史学』49（2），28-50。

平沢照雄（2015）「オーラルヒストリー地域貢献型企業における経営改革への取組み——多摩川精機株式会社・萩本範文氏に聞く」『筑波大学経済学論集』（67），107-149。

松岡俊二（2016）「都市環境イノベーションと社会的受容性——持続可能な地方都市とは何か？」2016年環境経済・政策学会全国大会（青山学院大学）・企画セッション・バックペーパー。

Woodhill, J.（2010）"Capacities for Institutional Innovation: A Complexity Perspective," *IDS Bulletin*, 41（3），47-59.

[1] 低炭素社会アプローチ：飯田モデル

第**2**章

産業社会と社会イノベーションの創造

南信州環境マネジメントシステム

中 村 　洋

は じ め に

　第 1 章では，飯田市を中心とした南信州独自の環境マネジメントシステム（environmental management system：EMS）である南信州いいむす21 と，その創出と普及を担った地域ぐるみ環境 ISO 研究会について概観した。本章は，同時期に開発された他の中小企業向けの EMS と比較しながら，南信州いいむす 21 の特徴を整理する。また地域ぐるみ環境 ISO 研究会は，地域中核企業経営者の地域貢献への思いから設立された非営利の組織である。なぜ経営者は地域貢献への思いを強く持っていたのか，なぜ地域貢献への思いから地域独自の EMS の創出と普及を目指したのかを紹介する。最後に，本事例から得られた教訓として，南信州いいむす 21 の社会的受容性，それを生み出す土壌となった情報や知識を共有する場，社会イノベーションを生み出す企業の姿勢を考える。

1 環境マネジメントシステム（EMS）

（1） ISO 14001──世界規格の EMS

　EMS[1] とは環境に配慮した企業[2] の行動を促す手法であり（森下 2012），
代表的な世界規格が ISO 14001[3] である。ISO 14001 は Plan（方針・計画の策
定），Do（実施・運用），Check（点検），Act（継続的改善）の PDCA サイクルで
構成される。Plan では環境方針の策定，環境側面や法的およびその他要求事
項の確認，目的・目標および実施計画の作成が要求される。Do では，資源・
役割・責任および権限，教育訓練，コミュニケーション，文書類の作成や管理
運用，緊急事態への対応が求められる。Check では監視や測定，評価，記録
の管理，内部監査が求められ，代表者による全体の評価と見直しを経て，改善
（Act）を行って最初の Plan に戻り，継続的な改善・向上を目指す。これらの
要求事項を満たしていることを第三者である認証機関[4] が確認する仕組みで
ある（鈴木 2008，JAB ウェブサイト，環境省ウェブサイト）。

　ISO 14001 取得は環境負荷の低減（森ほか 2005），生産効率や社会的評価の向
上（森下 2012），社会的信頼の獲得や取引先からの要請への対応（井口ほか
2014）などから世界全体の認証数は 34 万 6189 件[5] に達している。日本では
2009 年をピークに減少に転じている（山本 2017）ものの 2 万 7372 件が認証を
受けている（2018 年 3 月時点）（ISO Survey ウェブサイト）。

　しかし 100 ページを超える運用手順の文書化や管理といった作業負担，新規
登録で 120 万円程度かかるといわれる費用負担などから日本の企業数の 99％
を占める中小企業[6] には浸透していない（長澤 2004，松本・二渡 2005，石飛
2009，井口ほか 2014，高・中野 2016）。

（2） 中小企業向け EMS の必要性

　EMS は中小企業でも環境負荷の低減効果がある（森ほか 2005，井口ほか 2014）。
さらにイノベーションの形成につながる（Horbach 2008，Pinget *et al.* 2015）とさ
れ，日本でも EMS を導入した中小企業はそうでない企業に比較して環境負荷
の小さい製品や生産方法を開発する傾向がある（高・中野 2016）。

　そのため，中小企業が導入しやすい EMS の開発・運用が 2000 年前後から

第 2 章　産業社会と社会イノベーションの創造　　47

始まった。代表的な例は環境省がガイドラインを策定したエコアクション 21 (EA21), 京都発祥の KES・環境マネジメントシステム・スタンダード (KES), 中小企業の経営改善につながるコンサルティングを重視したエコステージ, 輸送関係を中心にした交通・エコロジー・モビリティ財団のグリーン経営などがある。これらは中小企業向け ISO 14001 と呼ばれ, 取り組みやすい, 維持・更新しやすい, 経費が安いという特徴がある (資源環境対策編集室 2009)。

本章では南信州いいむす 21 の特徴を明らかにするために, 国主導の EA21, 民間発祥で全国に広まった KES, 地域独自の板橋エコアクション (IEA)[7] の仕組みや特徴を整理する。

(2.1) エコアクション 21——環境省が定めた中小企業向け EMS

エコアクション 21 (EA21) は, 環境庁 (当時) が 1996 年に始めた中小企業が環境活動に自主的に取り組むための簡易なシステム「環境活動評価プログラム」に端を発する (石飛 2009)。当初は省エネ活動を計画し, 運用結果をまとめて報告すると, 参加企業として公表される仕組みであり, 認証・登録を前提としたものではなかった (服部 2011)。

2004 年の全面改定時に環境経営システム・環境活動レポートのガイドラインとなり, 組織体制における PDCA サイクルの明確化, CO_2 排出量の把握の必須化, 環境報告書の簡易版として環境活動レポートの発行の必須化などを備えた認証・登録制度となった[8] (石飛 2009)。なお EA21 は国の第 4 次環境基本計画においても「引き続き一層の取組が必要」と位置づけられており (環境省 2012), 国による普及が進められている。

PDCA サイクルを踏まえていること, 第三者による認証が行われるという大きな枠組みは ISO 14001 と同じであり, 国や約 30 の都府県での建設等の公共工事入札での加点があることなどのメリットも共通している (鈴木 2008, EA21 ウェブサイト)。新規の認証・登録費用が 5 万〜30 万円, 更新登録審査で 15 万〜35 万円 (EA21 ウェブサイト) と ISO 14001 の新規登録 120 万円, 更新登録審査 35 万〜50 万円 (松本・二渡 2005) と比べて安い。また ISO 14001 はプロセスを重視しているが, EA21 は CO_2, 廃棄物, 水使用量の削減などのパフォーマンスを重視している。さらに, 環境コミュニケーションの促進と社会的評価を企業が得るために, 環境活動レポートの作成・公表を必須にしている (地球環境戦略研究機関エコアクション 21 中央事務局 2009, 森下 2012)。また業種に

より取り組みの内容や効果が異なることから産業廃棄物処理業，食品関連事業，建設業，大学等高等教育機関，地方自治体などの業種別のガイドラインを定め，業種に合った認証を行っている（森下 2012）。ISO 14001 では審査時に助言を行うことは禁じているが，EA21 は中小企業の環境行動にプラスになる助言をできる（西村 2012）。中小企業にとって取り組みやすいことから，全国で 7946 が認証を取得している。業種割合は多い順に建設業 34%，製造業 24%，廃棄物処理・リサイクル業 20% である（2018 年 5 月時点）（EA21 ウェブサイト）。

EA21 はガイドラインを環境省が定め，運用を中央事務局である一般財団法人持続性推進機構が担う[9]。地域事務局が 38 都道府県に 51 団体あり，独立した審査員が 669 名登録されている（いずれも 2018 年 3 月時点）。地域事務局は審査の受付から審査員の選定，中央事務局への審査結果の報告を行い，中央事務局は審査結果の通知や登録料の請求，登録証の送付を担う。

自治体が域内の企業に EA21 への参加を呼びかけ，EA21 事務局が認証取得を支援する「自治体イニシアティブ・プログラム」もある。同プログラムは 2005 年に始まり，2006 年には 34 自治体の 650 企業の参加を得るまでに広まった。ただし 2016 年には 21 自治体 190 企業へと減少している（EA21 ウェブサイト）。

普及している EA21 であるが課題も指摘されている。安田ほか（2012）は石川県で EA21 の認証を取得した企業にアンケートを行い（配布 277，回答 86），その結果から企業が感じている課題を整理した。課題として多くあげられた順に，環境活動レポートの作成が負担である（86 企業のうち 39），審査対応の負担が大きい（同 27），意識の盛り上がりの欠如（同 25），目標の進捗管理が困難（同 22），審査費用の負担が大きい（同 22），紙・ごみ・電気だけでいいのだろうかという疑問（同 20）であった。

金沢で EA21 の地域事務局を務める金沢商工会議所は，2005 年 4 月に地域事務局となった当初に認証・登録をしたのが 84 企業で，7 年後も 93 とほとんど増加していなかったことを報告している（炭 2012）。この地域を含む上越・富山・金沢・福井で更新審査を申し込んだ 148 企業に調査を行った西村（2012）は，認証を取得した企業が抱える課題として，期待した効果がなかった，改善活動が行き詰まる，仕事量の変動により削減効果が打ち消されて評価しにくいという面があると報告している。

第 2 章　産業社会と社会イノベーションの創造　49

EA21 地域事務局ひろしまが 2010 年に全国の地域事務局に行ったアンケート結果からは 84% の地域事務局が赤字であり，審査人が高齢化するなど問題があげられており，資金面・人材面で継続性に課題が見られる（服部 2011）。

これらの課題に対して，今後は経営効率の改善や環境負荷の削減などの経営に役立つ支援ができるような審査人の力量の向上，制度の継続的な改善，製品・サービスに関する取り組みの推進，会社の規模・業種に合わせて効果を上げられる EMS の提案，環境効果の見える化，重箱の隅をつつくような審査でなくパフォーマンスを改善する審査，環境活動レポートの活用が必要とされている（森下 2012）。

（2.2） KES──京都から全国に広まった民間 EMS

気候変動枠組条約第 3 回締約国会議（1997 年）の開催地である京都市は，市民生活や経済活動を消費型から循環型に変える環境共生型都市・京都を目指し，1997 年に京のアジェンダ 21 を策定した。その計画を実現するために市民，企業，行政などあらゆる主体が参加する組織として京のアジェンダ 21 フォーラムが設立された（京都市ウェブサイト）。

同フォーラムの一環として設置された企業活動ワーキンググループでは中小企業の ISO 14001 取得支援を行った。しかし，取得が進まなかったために中小企業にアンケートをしたところ，環境問題への取り組みが重要だと 70% が認識していたが，90% は ISO 14001 が複雑で費用がかかるため取得に消極的であった。そのため 1998 年からシンプルで安価な地域版 EMS の検討を始め，京都市内での試行を経て，2001 年に KES の運用を始めた（津村 2006, KES ウェブサイト）。

KES は民間規格であり，ISO 14001 と PDCA サイクルにおける要求事項はほぼ同じであるが，用語をシンプルにし，2 ステップ用意している。ステップ 1 は PDCA サイクルが循環することがベースであり，ステップ 2 [10] は ISO 14001 と同じレベルである（KES ウェブサイト）。

また第三者による審査登録を行っているが，低コストを実現するためにボランティアベースで行われている（津村 2006）。その結果，ステップ 1 で約 10 万円，ステップ 2 でも約 30 万円でコンサルティングおよび審査を受けることができる（KES ウェブサイト）。

KES は NPO 法人 KES 環境機構 [11] が規格を策定し，運用しているが，

「KESの資料やノウハウはオープン」という基本スタンスにより，2003年からは全国21の協働活動組織（2018年3月時点）とともに，それぞれの地域で普及が進んでいる（KESウェブサイト）。

このような費用の安さやわかりやすさ，全国の組織との連携などにより，2018年3月末時点で認証を受けた企業は京都市内だけでなく47都道府県4864件にまで広がっている。業種割合は多い順に製造業63%，販売・卸売15%，サービス業15%である。

そのほかにも認証取得企業間での情報交換の機会の提供や，KESを取得した企業が地域の学校に出向いて環境教育を行い，地域における企業の信頼性向上を図るなどの社会的活動の機会の提供といった地域との共生機会の提供も行っている（座間 2010, KESウェブサイト）。

（2.3）　板橋エコアクション [12]
──企業のエネルギー消費の見える化を簡易に実現するシステム

板橋エコアクション（IEA）は2005年に板橋区が独自に開発し，運用を続けているシステムである。当初は毎月，活動を記入するようになっており，企業の負担が大きいため2008年に簡素なシステムに改善された。板橋区資源環境部環境戦略担当課が事務局を務めている。

IEAを利用したい企業は同課に書類を提出し，同課が書類を確認し，不備がなければ区から企業に活動確認書が交付される。費用はどの段階でも無料である。

活動確認書が交付されると，板橋区の公共工事の入札時にISO 14001と同レベルの加点が得られる。そのほかにも板橋区新エネルギー・省エネルギー機器導入補助金の上限額の加算（50万円→100万円），工場変更認可手数料の免除（7600円→0円），産業融資制度利子補給を優遇（利子補給割合加算率：1割），板橋区施工能力審査型総合評価方式における企業の地域貢献評価への加点，区施設における自動販売機設置にかかる入札参加資格が得られるなどの複数のメリットが用意されている。

無料で簡易で，多くのメリットがあるため，区内の61企業が登録している（2018年3月）（板橋区ウェブサイト）。

A〜Cの3段階のレベルがあり，初級にあたるレベルAはエネルギー消費量の記入と目標設定が中心であるが，上級にあたるレベルCはISO 14001の

構成に近づく。2017 年度の実績でレベル A は 50 企業，同 B は 4 企業，同 C は 7 企業が IEA を利用している。複数のレベルを設けたのは，より多くの企業にエネルギー使用量の削減に取り組んでもらうためであった。ただし，入札時の加点はどのレベルでも同じであるため，2016 年の聞き取り調査をした時点では登録後に取り組みながらレベルを上げた企業は見られなかった。

IEA は認証というよりは登録に近い。ただし，自社の環境負荷の把握は環境負荷の小さい製品や生産方法の開発につながるため（高・中野 2016），EMS の有用な部分を残した仕組みである。また，事務局である板橋区の作業は企業への書類提出の催促や提出された書類の不備や記入漏れなどの確認が中心であり，専門的な知識を必要としない。IEA はエネルギー使用量の見える化に特化した高い継続性を有する仕組みといえる。

2 ｜ 地域ぐるみ環境 ISO 研究会

飯田市を中心とした南信州では，ISO 14001 取得企業が参画した地域ぐるみ環境 ISO 研究会（以下，研究会）が，事業者（点）から地域（面）に展開する「ぐるみ」運動として，地域独自の中小企業向けの EMS「南信州いいむす 21」を構築し，審査や支援などの中心的な役割を担っている。

研究会は多摩川精機と飯田市の職員が共同で事務局を務めている。東京都市町村自治調査会（2010）が東京都・埼玉県・千葉県・神奈川県の 157 市区町村に対して行った調査によると，自治体の 65％ は企業の EMS 取得を支援しているが，その支援において EMS を取得した企業の協力を得ているのは 4 自治体のみであった。その 4 自治体においても地域の企業が制度の構築，認証，助言などの中心的かつ総合的に役割を担っている事例は見られなかった。

研究会のように地域の企業が中心となり，EMS の構築・普及を中心的に担っているのは非常に珍しい事例である。本節は先行文献や研究会から提供を受けた資料，飯田で行った聞き取り調査などから研究会の設立の経緯や背景，特徴を整理する。

（1） 設立の経緯と概要

研究会の前身は 1996 年にオムロン飯田，平和時計製作所（当時），多摩川精

機の3社で異業種間の技術交流を目的に設立された3社改善研究会（文献によっては「生産技術研究会」）である [13]。そして，1997年に通産省・厚生省（当時）のエコタウン事業 [14] に飯田市の天竜峡エコバレープロジェクト [15] が選定される（通商産業省 2000）。エコタウン事業の一環として多摩川精機の萩本範文が飯田市に対して，ISO 14001 の取得を地域の企業が共同で目指す地域ぐるみでISO へ挑戦しよう研究会の設立を提案して設置された。この研究会には改善研究会の4社に加え，萩本範文が呼びかけ，飯田市，旭松食品も参加した。飯田市を巻き込んだのは ISO 14001 を自治体で初めて取得すればマスコミがたくさん来て，インパクトがあるだろうと考えたためであったという [16]。

　2000年1月に飯田市が ISO 14001 を取得し，地域ぐるみでISO へ挑戦しよう研究会の設立メンバー6者すべてが同規格を取得したことを機に名称を地域ぐるみ環境 ISO 研究会に変える。研究会の理念は「地域の自然を残し，持続可能な地域づくりのため，新しい環境改善の地域文化を創造する」ことであった。活動は① ISO 14001 を認証取得し，維持するための技術および知識を共有し，支援すること，②事業所内の環境改善活動を通じて従業員・職員意識を市民意識までに高めること，③飯田版 ISO を構築し，小規模・個人事業所へ環境改善プログラムを提供し，支援すること，④飯田市の展開する環境行政を支援することであった（地域ぐるみ環境 ISO 研究会ウェブサイト）。自社での ISO 取得から，飯田版 ISO の構築へと歩を進めたのは，「環境問題は，点ではなく面でやる地域活動，一事業者がそのサイト内で取り組んでも，本来の環境問題の解決にはならない。地域の事業所，自治体がその枠を超え，連携して『ぐるみ運動』を展開することによって地域全体がレベルアップする」という設立者の萩本範文の思いがあった（地域ぐるみ環境 ISO 研究会 2001）。

　設立後，地域独自の中小企業向け EMS 南信州いいむす21の構築・審査，取り組み企業への助言，企業見学会の開催，プロジェクトチームによる温室効果ガス削減事業（研究会参加企業間で省エネ診断実施）の実施，里山保全作業，環境イベントの参加，ISO 相互内部監査の実施，環境講座の開催，研修会・セミナーの開催，「ぐるみ通信」というメールマガジンの発行など幅広い活動を行っている。また飯田市が行う地球温暖化防止一斉行動（ノーマイカー，ライトダウン，ノーレジ袋等について年2・3回）への参加などの行政の施策にも協力している。

第2章　産業社会と社会イノベーションの創造　　53

地域ぐるみで ISO に挑戦しよう研究会当時を含めると研究会の参加企業数は 6 から 31 にまで増加し，2016 年時点では 28 である。うち 26 は企業であり，27 は ISO14001 などの EMS の規格を取得している。研究会参加企業の総従業員数は 7000 人であり，飯田市の労働力人口 5 万 4000 人（2015 年国勢調査。e-stat ウェブサイト）の約 13% にあたる。現在の代表は多摩川精機の 4 代目社長である関重夫であり，事務局は多摩川精機と飯田市が共同で務めている。飯田市の担当者は異動により変わるが，多摩川精機はベテラン職員とともに，次世代を担う中堅・若手職員が継続的に事務局を担っている。

(2) 設立の背景——地域に貢献する多摩川精機と経営者の思い

研究会の事務局を務める多摩川精機[17] はプリウスの電動モーターを高精度で制御する「角度センサー」をほぼ一手に担い，ボーイングに B737MAX の飛行制御装置用センサーユニットを供給し，製品サポートをする契約を結ぶなど高い技術力を有する中小企業である（山岡 2015）。

同社経営者が地域ぐるみ環境 ISO 研究会を設立し，同社が運営を担ってきた背景には歴代社長と同じ地域貢献への思いがあった。

飯田市周辺地域は第 2 次世界大戦前には養蚕が盛んであったが大恐慌により停滞し，村を二分して一方を満州に送った村もあるほど地域経済は苦境に陥った。創業者で同地域出身の萩本博市は，地域の経済再生を目的として教師を辞し，東京高等工業学校（現東京工業大学）で学び，北辰電気を経て，1938 年に蒲田に航空計器（油量計）を主要製品とする多摩川精機を設立した。萩本博市は 30 年構想を持っていた。最初の 10 年は飯田周辺の出身者を蒲田に集めて育成し，次の 10 年は飯田に進出して工場を設立し（実際は 1944 年に飯田工場の操業開始），その後の 10 年は飯田周辺に協力工場を育成し，スイスのごとき世界に誇る精密工業を定着させて生活の安定を図るとするものであった（1994 年に本社も飯田に移転）（平沢 2014, 2015, 平野 2016）。

2 代目社長（1968〜1998 年）の萩本博幸も「共存共栄の精神のもと，この地域全体を面でとらえ，うちだけが点にならない体制」（長野県経営者協会労使関係研究所 1992）を目指した経営を行い，地域貢献の理念が継承された[18]（平沢 2014, 2015）。

3 代目社長（1998〜2014 年）であり，研究会を設立した萩本範文も地域への

貢献をエネルギーにして企業経営を行った。ただし，地域貢献への思いは先代
社長から直接引き継がれたものではなかった。萩本範文が社長に就任する直前
の 1991 年には，同社はバブル崩壊の影響で赤字に転落し，1993 年には史上最
高額の赤字を出し，周辺地域で「多摩川あやうし」という噂が流れるほどの経
営危機に陥っていた。経営を立て直す時期に社長に就任した萩本範文は，その
時の思いを次のように語っている。

　「私のようにオーナーでもない人間には特別のエネルギーが必要でした。
　大変な苦境を乗り切るためには，高い志を自らの中に据えていないとつぶれ
　てしまう気がしました。私が自分の背中を押すエネルギーに求めたのは地域
　への貢献だったのです。創業社長の目指した地域産業の振興という哲学を自
　分の中に持ち込んで，自分自身を鼓舞するエネルギーにしました」（平沢
　2015，平野 2016）。

　まとめると研究会を設立した理由は，環境問題へ取り組もうとしたわけでは
なく，多摩川精機の経営に取り組むモチベーションを地域貢献に求めていたと
ころに，中小企業が ISO 14001 に取り組みにくいという社会的な課題があった
ためであった。

（3）　研究会の特徴

　研究会の特徴は次の 6 点に整理できる。

　1 点目は地域の中核となる企業経営者が旗をふったことにある。萩本範文
（多摩川精機元社長）が発案し，点から面の「ぐるみ運動」を進めるという明確
なミッションを掲げ，地域の企業のトップに参加を呼びかけた。

　2 点目は設立後の運営も企業が中心的な役割を担っていることである。地域
の企業である多摩川精機が飯田市とともに事務局を担うなど中心的な役割を担
い，かつ従業員数の多い主要企業も研究会に参加している。

　3 点目は企業を通じた自治体の環境施策への協力である。飯田市の環境月間
に研究会が協力することにより，従業員を含めて 1 万人が参加する活動となっ
ており，市民の環境に関する社会活動への参加を高めている（白井 2012）。飯
田市は公民館活動が活発であり，高齢者は飯田市の環境関連の活動に参加する
機会が多く，おひさま進歩などの活動により 30 歳代などの子育て世代の環境
への関心も高い。しかし，20 歳代を中心に環境への関心を高める役割を担っ

たのが研究会であったとの分析もある（白井 2012）。

4 点目は研究会が中小企業，大手企業，自治体，支援機関などが目標を共有し，情報や知識を交換する場として機能したことである。

5 点目は地域内外の情報交換・共有が活発なことである。同研究会の事務局が発行しているメールマガジン「ぐるみ通信」は 378 号（2018 年 3 月時点）に達し，研究会内の情報共有とともに，地域外の人たちにも発信することで，内外のつながりを維持している。

6 点目は仕掛けが多いことである。環境大臣表彰などの受賞回数が多く（12回），外部の組織と協力したイベントの開催，専門家を招いてのイベントの開催などが活発に行われている。研究会内での取り組みへの認識向上や外部からさまざまな知識や情報を得る努力がなされてきた。

ただし，多摩川精機や研究会創設時のメンバー企業へのヒアリングからは課題も見える。まずは研究会メンバーの立場の変化である。本社が飯田市に立地しない研究会メンバーは徐々に本社中心に意思決定を行うようになり，地域貢献に労力を割くことに本社の了解が得にくくなっている。また，研究会が異業種の集まりであるために新たな取り組みについて合意が得にくい。2016 年には前身となる組織の設立から 20 年目を迎え，設立から要所要所で尽力してきた萩本範文が代表を退いた。さらに，これまで同研究会の実務を支えてきた多摩川精機の沢柳俊之，飯田市の小林敏昭が第一線から退く時期も近づきつつある。傑出した人材の跡を継ぐのは大変な労力がかかると思われるため，活動の継承や次の展開に向けた体制整備が必要である。

3 ｜ 南信州いいむす 21

（1） 南信州いいむす 21 の仕組み

研究会は 1999 年から中小企業向けの独自の EMS の検討を始め，2001 年に「南信州いいむす 21」の審査・登録が行われた。「いいむす 21」とは EMS を親しみやすく，E（いい）M（む）S（す）とし，仕組を 21 世紀に展開したいという願いが込められている（小林 2004）。

南信州いいむす 21 は，ISO 14001 と比較すると，PDCA サイクルを回すことおよび各段階での要求事項はほぼ同じである。ただし 4 つのステップ（初級，

56　第 I 部　ケース研究 [1] 低炭素社会アプローチ：飯田モデル

中級，上級，ISO 14001 南信州宣言）を設けている。最上位の ISO 14001 南信州宣言は ISO 14001 の要求事項と同等な水準であるが，国際規格と同様の内容を行っているという「自己宣言」を南信州広域連合と研究会が確認するものである（南信州広域連合ウェブサイト）。初級は最低限の要求事項しか求めておらず，ISO 14001 の要求事項に組織の状況に応じて無理せず取り組めるようになっている。これは ISO 14001 の要求事項をすべて満たす企業を少数生み出すよりも，10% しか満たしていなくても，より多くの企業で取り組めるようにするためと，10% の取り組みをその後 20%，30% にレベルアップさせることは難しくないという思いからであった（小林 2004）。

　登録数は 2018 年 3 月時点で 53 事業所である（初級 26，中級 14，上級 7，ISO 14001 南信州宣言 6）（南信州広域連合ウェブサイト）。2001 年の 5 から 2010 年に 63 となるまで増加を続け，その後は 60〜61 で推移し，直近ではやや減少している。しかし 4 つのレベルを設けたことにより，22 事業所がレベルアップしている[19]。業種割合は製造業 39%，建設業 17%，サービス業 13%，電気・ガス・水道業 6%，卸売・小売業 2%，運輸・通信業 2%，その他[20] 21% である。

　南信州いいむす 21 の取り組み宣言や登録審査の受付や登録証の発行などを担うのは南信州広域連合[21] である（南信州広域連合・地域ぐるみ環境 ISO 研究会 2013）。同連合が登録証の発行などを務めるのは，それが権威づけになり，小さくても賑々しくしてもらい，新聞に載れば，地域の企業が元気になるだろうとの萩本範文の思いがあった。そして研究会は南信州いいむす 21 の構築，PDCA の各段階で支援，登録審査を担う（小林 2004）。研究会には ISO 14001 の審査員補の有資格者が 10 人程度いることから，EMS の登録・更新審査や助言を行うことが可能である。また，行政が認証を取得した企業にアドバイスすると行政指導と捉えられかねないが，独立した民間の団体である研究会だからこそ助言しやすい。

　費用は審査・登録の際に初級・中級で 3000 円，上級で 5000 円，ISO 14001 南信州宣言で 1 万円である。南信州広域連合は業務として位置づけ，研究会の活動はボランタリーに行われることで費用が抑制されている。審査は研究会のメンバーが行うが社内で内部環境監査を 2 回以上経験したメンバーが初級・中級の審査を担当し，内部環境監査員の外部講習を受講したメンバーが上級まで

担当する。さらに，ISO 14001 南信州宣言の審査は環境審査員[22]補以上の資格を保有しているメンバーが担当するが，この資格を有するメンバーは多摩川精機と飯田市役所を中心とした 10 人程度である。

　長野県や飯田市の入札時に加点される仕組みも有している。飯田市の建設工事総合評価落札方式では，環境対策として ISO 14001 南信州宣言は，ISO 14001 や EA21 と同様の 1.0 点，上級は 0.7 点，中級は 0.5 点，初級は 0.3 点が加点される（飯田市ウェブサイト）。多摩川精機もグリーン調達ガイドラインにおいて，納入先に対して南信州いいむす 21 を含む EMS 取得を要求している（多摩川精機ウェブサイト）。

　南信州いいむす 21 は，萩本範文によるほかの企業経営者への呼びかけ，担当者による地域の組合等への説明などの広報，長野県などの公共工事における入札時の加点などのインセンティブもあり，認証数が増えてきた。さらに入札時，高いレベルの認証を受けるほど，高い加点を受けられる工夫はレベルを上げるインセンティブとなっている。

　ただし認証に専門性が必要であること，認証の取得や更新などの事務的な作業を担うのは現在の数が精いっぱいであるため，現在は認証数を増やすための積極的な広報は行っていない。

(2)　地域の人が審査をすることの効果——地域貢献の思いの普及

　ISO 14001 から南信州いいむす 21 に変えた企業への聞き取り調査によると，両者の審査には大きな違いがあるとのことであった。前者は書類の整備を重視しており，さらに法律など特定の専門分野を持つ人が来ると，その特定分野の質問だけで 1 日かかることがあり，重箱の隅をつつかれている気持ちだったという。しかし，後者は地域に住む人たちが審査をするので心理的な距離も近く，気兼ねなく質問でき，異業種の新鮮な話も聞け，審査といっても一緒に勉強しているような感覚であるという。

　また，書類などの形式的な面ではなく，実際にマネジメントシステムが回っているかという実態を重視した審査が行われている。地域の人たちの集まりである研究会による審査は，ごみ分別による金属くずなどの販売，省エネ機器による経費削減などの本業への好影響のある助言をするとともに，それぞれの企業が地域で求められる役割に応じた助言も行われている。たとえば，認証を取

得した自動車教習所は当初は紙，ごみ，電気を減らすという計画を立てていた。しかし，研究会はドライバーを育てるのが本業であれば，地域でエコドライバーを育てたらどうかという提案を行った。提案を受けた企業は無料でエコドライブの講座を開催するようになり，これまでの受講者は1000人を超え，地域におけるエコドライバーの育成を担っている。そのほかにも認証取得後にAEDを設置して地域の人たちにも使ってもらえるようにした企業や，地域の花壇で花を育てるなどの活動をするようになった企業もある。南信州いいむす21は地域貢献への思いを広めている側面も見られる。

(3) 南信州いいむす21の特徴

表2-1に南信州いいむす21の特徴をISO14001，EA21，KES，板橋エコアクションと比較して整理した。ほかの事例と比較して南信州いいむす21は次の8点の特徴を有する。

1点目は「地域ぐるみ」で顔の見える審査・登録が行われることである。審査をするのも受けるのも地域の人であるため，地域でその会社が求められる役割に応じた助言がなされている。省エネや省資源などのEMSで達成を目指す目的だけでなく，企業は地域とともにあり，地域に貢献するという設立者の地域貢献の思いも広めている。

2点目は地域でISO14001を取得した企業の従業員がボランタリーに審査や助言を行っていることである。

3点目は地域の行政を効果的に巻き込んでいることである。南信州広域連合という地域の行政組織が最終的な認証を行い，広域連合長（現在は飯田市長）から認定証を直接手渡されることで，ニュースにもなりやすい。助言や審査は民間の組織である研究会が行うことで，行政指導と捉えられない。行政が主導した地域版EMSと自称する仕組みは，実際には登録制度に近いものが多いが，南信州いいむす21は独立した研究会が助言や審査をすることで認証制度の形式も備え，南信州広域連合という行政の信頼を活用できる工夫がなされている。

4点目は始めやすく，徐々にレベルを上げるきめ細かなステップが用意されていることである。EA21は1ステップ，KESは2ステップ，IEAは3ステップであるが，南信州いいむす21は4ステップで構成される。そして，加点を高めるなどの工夫によりレベルアップが起こっている。

表 2-1　南信州いいむす 21 と世界規格である ISO 14001，中小企業向け EMS の比較

	ISO14001	EA21	KES	板橋エコアクション (IEA)	南信州いいむす 21
設立年	1996 年	2004 年 (注1)	2001 年	2005 年	2001 年
規格	国際規格	国内規格	民間規格	地域規格（板橋区）	地域規格（南信州広域連合）
規格発行主体	国際標準化機構	環境省	民間（NPO 法人 KES 環境機構）	板橋区	南信州広域連合
事務局	日本では、日本適合性認定協会	持続性推進機構（地域事務局も 51 ある）	NPO 法人 KES 環境機構（全国に 21 の協働活動組織がある）	板橋区	南信州広域連合
審査	審査登録機関に所属する審査員	独立した審査員	ボランティアの審査員	なし	地域の企業である研究会メンバー（ISO 14001 の審査員の有資格者も所属）
支援	不可（審査の中立性のため）	審査員から助言を得られる（有償）	審査員から助言を得られる（有償）	認証取得企業が活用できる仕組みなどの情報提供が行われる（無償）	地域における企業の役割を踏まえた経営面の助言を審査員から得られる（無償）
段階	1 段階	1 段階	2 段階（ステップ 1、2）	3 段階（レベル A、B、C）	4 段階（初級、中級、上級、ISO14001 南信州宣言）
認証・登録費用	約 120 万円	約 5〜30 万円	約 10 万〜30 万円	無料	3000〜1 万円
更新登録費用 (注2)	約 35〜50 万円	約 15〜35 万円（全国）	約 3 万円〜10 万円	無料	無料
認証取得数 (注3)	27,372（日本）5,622,238	7,946（全国）5,622,238	1,749（京都、全国 4,864）京都の総事業所数 114,238	61（区内）板橋区内の総事業所数 19,146	54（南信州広域連合内）（南信州広域連合内の総事業所数 9,057）
取得割合	0.49%（日本）	0.14%（日本の総事業所数。5,622,238）	1.53%（京都。京都の場合。）	0.32%（板橋区内の総事業所数 19,146）	0.60%（南信州広域連合内の総事業所数 9,057）
優遇	国や自治体の公共工事の入札時の加点	国や自治体の公共工事の入札時の加点	国や自治体の公共工事の入札時の加点	板橋区の入札時の入札に関わらず一律、補助金の上限額の拡大など	長野県、飯田市の公共工事等の入札時の加点（レベルが高くなると加点を増加）
その他		環境負荷低減のパフォーマンス、環境活動レポート発行義務	認証取得企業間での情報交換、地域の学校に出向き、環境教育を行うなどの社会活動の機会の提供も行う	エネルギー使用量の把握に重点。活動レポートの提出を省いた簡易な仕組み	地域企業による研究会によるランダリーに中心的な役割を担う。くるみ通信の発行による情報共有

（注1）PDCA サイクルの明確化、CO₂ 量の把握。環境活動レポートの必須など、現在の形で運用が始まった時期（石飛 2009）。
（注2）2018 年 3 月時点。
（注3）取得割合は、認証取得数をそれぞれの対象地域内の事業所数で除して算出。事業所数は 2016 年経済センサス（総務省統計局ウェブサイト）。

5点目は価格の安さである。あえて無料にしなかったのは認証を取得する企業の責任感を高めたいというねらいからであった。

　6点目は負担が少ないことである。ISO 14001 は作業負担が大きく，EA21 でさえ環境報告書の作成を重荷に感じる企業もある。それに対して南信州いいむす21 では書類の作成よりもマネジメントが回るかといった実態を重視した審査により，作業負担を増やさない配慮がなされている。

　7点目は南信州いいむす21 の取得企業も，研究会と同様に市が主催する市民の環境行動普及活動に任意で参加していることである。研究会と南信州いいむす21 の取得企業が任意で参加することで，多いときで1万人以上がノーマイカーデーや省エネ活動などの飯田市が呼びかけた環境配慮行動に参加している。EMS の拡大という観点だけでなく，地域に環境活動を幅広く広めることに貢献している。

　そして8点目は，最大の特徴として企業経営者が発案し，地域の企業が中心となって構築から運用までがなされていることである。

　ただし課題もある。ISO 14001 南信州宣言などの審査を行えるスタッフの人数は10名程度であり，審査・登録において多摩川精機や飯田市の職員の負担が大きくなっている。前述のように本社が飯田にない企業の研究会メンバーの協力が得にくくなっており，認証数を増やすことが難しくなっている。

4 ｜ 南信州から学ぶ

　野中ほか（2014）は社会イノベーション[23] を「社会のさまざまな問題や課題に対して，より善い社会の実現を目指し，人々が知識や知恵を出し合い，新たな方法で社会の仕組みを刷新していくこと」と定義している。

　本事例は中小企業が EMS を導入しにくいという社会の課題を，研究会という協働を行う場においてメンバーが知恵を出し合って地域独自の EMS を作り，地域の中小企業が受容することで，事業活動における環境負荷の低減と地域貢献という思いを広めていることから，社会イノベーションといえる。最後にこの事例から得られた教訓として，南信州いいむす21 の社会的受容性，それを生み出す土壌となった情報や知識を共有する場，社会イノベーションを生み出す企業の姿勢を考える。

(1)　社会的受容性を高めた工夫

　南信州いいむす 21 の社会的受容性について，企業レベル，南信州レベル，全国・世界レベルにおける受容性を考察する。企業レベルではほかの EMS と同様に自社の経営改善などによる社内での好影響があることで市場的受容性が高まり，取り組みやすい仕組みであったことで技術的受容性が高かった。また南信州広域連合が認証し，飯田市の職員が入った研究会が普及をしていることから制度的受容性が高まった。さらに地域の人が審査を行うことで地域の文化も踏まえられており，社会文化的な受容性も高かった。

　南信州レベルでは萩本範文の飯田市や南信州広域連合への働きかけにより，エコタウン事業での前身組織の位置づけ，飯田市の環境基本計画での位置づけがなされることで，飯田市や南信州広域連合が南信州いいむす 21 という制度を受容することができた。萩本が研究会参加企業のトップに働きかけたことで実務者が研究会に参加しやすくなるなどの企業の制度的受容性も向上した。企業で ISO 14001 の実務を担当するスタッフが研究会に参加したことで EMS を構築し，助言・審査をする技術的な能力もあった。

　長野県，飯田市の公共工事での加点，多摩川精機の調達での位置づけなどにより市場的受容性も高まった。全国・世界レベルでは ISO 14001 の導入促進は技術的側面から南信州レベルの受容性を高める背景となった。国や多くの地方自治体における ISO 14001 の取得要請などの市場的側面，民間ではあるものの ISO という世界基準があるなどの制度的側面も同様に南信州・企業レベルでの受容性を後押しした。

(2)　情報や知識を共有する場のデザイン

　全国的な汎用性を持たせた EMS（EA21 や KES など）に比較して導入数が際立っているわけではないものの研究会および南信州いいむす 21 は，飯田市の環境行政への協力などの地域の環境面の取り組みへの貢献に加え，地域貢献の思いを広めている。

　座間（2010）は地域において中小企業，大手企業，自治体，支援機関などが目標を共有し，情報や知識を交換する場をデザインすることは，持続可能な地域社会を形成するために重要であると指摘している。研究会と南信州いいむす

21 は，点から面にという目標を共有し，EMS という手法を用いて情報や知識を交換する場をデザインしており，持続可能な地域社会の形成にとって重要な土壌づくりに貢献している。

（3）　地域に貢献する企業がもたらす社会イノベーション

　本業以外の社会貢献活動が中心の CSR（corporate social responsibility：企業の社会的責任）では，大きな価値創造や社会変革を起こすことは難しい（尹・野口 2015）。社会イノベーションの目的は企業の収益性といった狭い範囲から社会的な課題の解決を考えるのではなく，究極的には社会をよくする，地域や組織の人々の生活の質を向上させ，よりよく暮らせるようにしたいという共通善が本質にある（野中ほか 2014）。利益の一部を使って守りの社会貢献としての CSR を行っている企業が多い（野中ほか 2014）中で，本事例は自社の短期的な利益ではなく，地域全体のポテンシャルを上げることを目的にすることで，協働の場を作り，協働が動き始め，社会イノベーションが創造された。

　さらに EMS による企業経営における環境負荷低減だけでなく，地域貢献の文化を広めている。自社の経営だけでなく，地域との共存共栄を目指す姿勢が広まることは SDGs のような幅広い目標，ターゲットの達成に地域の企業の貢献を得る基盤強化につながる。

　ただし，地方の企業が中央の本社を向いた経営を行うようになり，南信州いいむす 21 の社会的受容性は低下しつつある。萩本範文は「地域こそが経営の大本。会社は人がすべて。飯田では社員イコール地域で暮らす市民です。企業と地域は共同体ですよ。だから地域のポテンシャルが高くなければいい企業は育たない。そういうことは今の経営者の多くはわかっていないので。株主におべっかばかり使っているのでこの国はダメになってしまったのです」と述べている（山岡 2015，平野 2016）。企業経営者が株主を向いて自社の目先の利益を最大化するのではなく，地域に向き合い，地域社会とともに新しい文化を築き，ともに成長するという姿勢を持つことから持続可能な社会を作るイノベーションが生まれることを南信州の事例が示している。

第 2 章　産業社会と社会イノベーションの創造　　63

◆ 注

1) 2015年に改訂されたISO 14001の用語解説によれば環境マネジメントシステムとは，組織の方針・目的，それを達成するためのプロセスを確立するための組織の一連の要素であるマネジメントシステムのうち環境側面を管理するものである。法律や自らのルールを順守し，可能性のあるプラス・マイナス両面の影響に取り組むことが求められる（ISO 2015）。

2) 環境マネジメントシステムの対象は企業だけではない。地方公共団体（自治体），公益法人なども含まれる事業者全般を対象としている。本章の位置づけから「企業」と書いたが，事業者全体を対象としている。

3) ISO 14001は世界経済人会議がビジネスにおける持続可能な技術の導入促進に向けて環境に関する国際的な規格が必要であるとの認識から，1991年にISO（国際標準化機構）に世界共通のEMSの規格づくりを依頼し，検討が始まった。ISOは1991年に専門家によるグループを設置して検討を始め，1993年には環境マネジメントに関する技術委員会を設置した。同委員会での検討を経て1996年に発効した（2004年，2015年に改訂）（桑山 1998，鈴木 2008，JISC ウェブサイト）。

　　なお，持続可能な開発のための世界経済人会議（World Business Council for Sustainable Development: WBCSD）とは1992年の地球サミット（国連環境開発会議，リオデジャネイロ）を産業界として成功させるために，その1年前の1991年に世界のビジネスリーダーが集まって設置された会議（日本からは京セラ，王子製紙，日産自動車，新日鉄，三菱コーポレーション，東ソーなどの会長が参加した）。会議に参加する約200社の連結決済額は8.5兆USドル，社員は1900万人である。本部はジュネーブにある（鈴木 2008，桑山 1998，WBCSD ウェブサイト，JISC ウェブサイト，EIC ネットウェブサイト）。

4) 認証機関とは，ISO 14001の認証を取得したい企業等が，ISO 14001の基準を満たしているかを外部の第三者として審査し，満たしていれば，その企業等に認証を取得したことを証明する書類を発行する組織である。日本には約50社程度ある。なお認証機関は，各国に原則1つある認定機関による認定を得て認証を行っている。日本には日本適合性認定協会と情報マネジメントシステム認定センターの2つの認定機関がある（JQA ウェブサイト）。

5) 国別の認証数は多い順に中国13万7230件，日本2万7372件，イタリア2万6655件，イギリス1万6761件，スペイン1万3717件である（ISO Survey ウェブサイト）。

6) 中小企業とは製造業その他では資本金・出資額が3億円以下または従業員数が300人以下，卸売業では同1億円以下または同100人以下，小売業では同5000万円以下または同50人以下，サービス業では同5000万円以下または同100人以下である（中小企業庁ウェブサイト）。

7) 板橋区は主な調査地域である南信州地域の人口（16万人）と桁が変わらない程度の人口規模であり，関東甲信越地域にある自治体のうち地域独自のEMSを有し，情報提供に協力してくれたため対象とした。

8) エコアクション21という名称は1999年の改定時から使用されている。

9) 2011年10月からであり，それ以前は地球環境戦略研究機関が中央事務局を務めた。

10) ステップ 2 には持続可能な発展への貢献を最大化するための「ステップ 2SR」，エネルギーパフォーマンスの改善を行う「ステップ 2En」も用意されている（KES ウェブサイト）。

11) 2007 年に京のアジェンダ 21 フォーラムから独立した。

12) 板橋区には 2016 年に筆者らが聞き取り調査を行った。その結果から板橋エコアクション（IEA）の仕組みを整理した。

13) 後に三菱電機中津川製作所飯田工場が参加し，4 社改善研究会となる。この活動は 20 年間継続した。

14) 地域における環境産業の振興と地域振興を，廃棄物の発生抑制やリサイクルの推進を通じた循環型社会の形成を通じて目指した事業である（通商産業省 2000）。

15) 天竜川の治水対策によってできた広大な平地にペットボトルや古紙のリサイクル施設などを設置するもので，環境文化都市を掲げる飯田市が 1996 年に策定した第 4 次基本構想でも重点プロジェクトとされた（山藤 2009）。

16) 飯田市は全国で最初にはならなかったが，長野県で初めて自治体として ISO 14001 を取得した。

17) 設立：1938 年，資本金：1 億円，売上高：387 億円（2017 年 11 月決算），社長：関重夫，従業員数：750 名，本社：長野県飯田市，事業所：飯田市内に第 1・第 2 事業所，民間航空機事業本部，下伊那郡松川町に第 3 事業所，青森県八戸市に八戸事業所と八戸第 1 工場がある。また飯田市内に 4 つ，青森県内に 1 つの研究所を有する（多摩川精機ウェブサイト）。

18) 多摩川精機の歴代社長は「地域に拘り地域に貢献する」ことを強い理念とし，地域経済の発展・成長に貢献してきたことから，地域貢献型中小企業とも評される（平沢 2014，2015）。

19) 現在登録していない事業所含む。

20) そのほかには南信州広域連合，松川町役場，高等学校などが含まれる。

21) 同連合は飯田下伊那の 14 市町村で構成される特別地方公共団体であり，消防，ごみ処理などの広域的な行政事務を担当している。

22) 環境審査員には環境マネジメントシステムの審査員認証機関である産業環境管理協会・環境マネジメントシステム審査員評価登録センター（CEAR）の研修コースを受講し，筆記試験に合格することが求められる。業務経験は 7 年以上，環境業務経験が 2 年以上必要となる。環境審査員は ISO 14001 の審査を行うことができる（産業環境管理協会ウェブサイト）。

23) ソーシャル・イノベーションという用語が用いられることもあるが，ソーシャルに含まれる「社会的」と「社交的」の意味のうち，本研究では「特定の地域において人々が集団・組織としてより善く生きることを目的とし，構築される相互関係の全体」（野中ほか 2014）を意味する「社会」を対象とするため，社会イノベーションと表記した。

◆ 参考文献

井口衡・呉暁芸・有村俊秀（2014）「ISO 14001 認証取得のインセンティブとその有効性——大企業と中小企業の比較分析」『環境科学会誌』27（6），347-353。

石飛博之（2009）「環境省における EMS 制度の推進方策とエコアクション 21」『資源環境対策』45（1），34-37。

奥野麻衣子（2007）「企業の環境経営格差に関する一考察」『季刊政策・経営研究』1（4），56-72。

高安栄・中野牧子（2016）「中小企業における環境負荷の把握と環境イノベーションの関係」『環境科学会誌』29（5），250-261。

環境省（2012）「環境基本計画（閣議決定 別冊本文）」（https://www.env.go.jp/policy/kihon_keikaku/plan/plan_4/attach/ca_app.pdf）。

桑山広司（1998）「環境マネジメントに関する国際規格――ISO 14000 シリーズについて」『表面技術』49（5），445-451。

小林敏昭（2004）「南信州いいむす 21 の展開を地域ぐるみで」『環境技術』33（5），354-358。

座間敬子（2010）「中小企業の環境経営に対する支援の現状と課題――地域社会における環境コミュニケーションデザインに向けて」『社会・経済システム』31，45-58。

資源環境対策編集室（2009）「企業から自治体，教育機関にまで浸透する中小企業向け環境マネジメントシステムを探る」『資源環境対策』45（1），33。

白井信雄（2012）『環境コミュニティ大作戦――資源とエネルギーを地域でまかなう』学芸出版社。

白井信雄・樋口一清・東海明宏（2011）「飯田市民の環境配慮意識・行動の形成要因――環境施策等と社会関係資本に注目して」『土木学会論文集 G（環境）』67（6），Ⅱ 19-Ⅱ 28。

鈴木敏央（2008）『新・よくわかる ISO 環境マネジメントシステムと内部監査（改訂第 2 版）』ダイヤモンド社。

炭哲男（2012）「第 6 回エコアクション 21 全国交流研修大会 in 金沢を終えて」『資源環境対策』48（1），88-90。

多摩川精機（2006）『生誕 100 年記念 多摩川精機株式会社 創業者萩本博市』多摩川精機。

地域ぐるみ環境 ISO 研究会（2001）『ぐるみ通信 No.1』地域ぐるみ環境 ISO 研究会。

地球環境戦略研究機関エコアクション 21 中央事務局（2009）「エコアクション 21 認証・登録制度のいま」『環境資源対策』45（1），38-47。

通商産業省環境立地局環境政策課環境調和産業推進室（2000）「地域における循環型経済システムの構築に向けたエコタウン事業」『環境管理』36（7），701-706。

津村昭夫（2006）「KES 環境マネジメントシステムの概要と今後の展開」『資源環境対策』42（12），41-46。

東京都市町村自治調査会（2010）『環境マネジメントシステムに関する調査報告書』。

長澤幹（2004）「岩手環境マネジメントシステム・スタンダード（IES）について」『環境技術』33（5），350-353。

長野県経営者協会労使関係研究所（1992）『県内 55 企業トップの素顔』。

西村三郎（2012）「環境保全が企業利益に直接結び付くアドバイス」『資源環境対策』48（1），91-94。

野中郁次郎・廣瀬文乃・平田透（2014）『実践ソーシャルイノベーション――知を価値

に変えたコミュニティ・企業・NPO』千倉書房。

服部宏（2011）「環境マネジメントシステムとしてのエコアクション21」『日本情報経営学会誌』31（4），63-69。

平沢照雄（2014）「『地域に拘る企業』の創業理念と経営改革——多摩川精機の取組みを事例として」『経営史学』49（2），28-50。

平沢照雄（2015）「オーラルヒストリー 地域貢献型企業における経営改革への取組み——多摩川精機株式会社・萩本範文氏に聞く」『筑波大学経済学論集』（67），107-149。

平野喬（2016）「20周年を迎えた地域ぐるみ環境ISO研究会代表を務める多摩川精機株式会社副会長の萩本範文さん」『グローバルネット』（312），1-3。

松本克彦・二渡了（2005）「ISO 14001とエコアクション21による環境パフォーマンス改善手法の検討——廃棄物処理事業者における適用事例」『環境科学会誌』18（5），519-533。

南信州広域連合・地域ぐるみ環境ISO研究会（2013）『南信州いいむす21 取り組みマニュアル』。

森下研（2012）「エコアクション21の課題と今後のあり方」『資源環境対策』48（1），110-114。

森保文・E. W. Welch・吉田早苗（2005）「ISO 14001を含む環境マネジメント手法の環境負荷管理への影響」『環境科学会誌』18（3），277-289。

安田吉輝・三津野真澄・石野和幸（2012）「EA21事業者に役立つ審査——審査人のみなさんの思いは」『資源環境対策』48（1），95-99。

山岡淳一郎（2015）「地方企業のすごい技術力『次は航空機部品で勝負』」『東洋経済』（2015年12月5日号），90-95。

山藤竜太郎（2009）「飯田市——天竜峡エコバレープロジェクト」『地域開発』536，15-19。

山本芳華（2017）「持続可能なまちづくりをめざして——環境マネジメントシステムとのかかわりから」『環境経済・政策研究』10（2），32-44。

尹敬勲・野口文（2015）「共有価値の創造（CSV）の概念の形成と課題」『流経法學』14（2），A41-A58。

Horbach, J.（2008）"Determinants of Environmental Innovation: New Evidence from German Panel Data Sources," *Research Policy*, 37（1），163-173.

ISO（2015）Terms and Definitions in ISO 14001: 2015 - Where Did They Originate from ？（https://committee.iso.org/files/live/sites/tc207sc1/files/Terms%20and%20definitions%20in%20ISO%2014001_2015%20-%20where%20did%20they%20originate%20from.pdf）.

Pinget, A., R. Bocquet and C. Mothe（2015）"Barriers to Environmental Innovation in SMEs: Empirical Evidence from French Firms," *M@n@gement*, 18（2），132-155.

ISOウェブサイト：https://www.iso.org/structure.html

ISO Surveyウェブサイト：https://isotc.iso.org/liv

EICネットウェブサイト：http://www.eic.or.jp/

e-statウェブサイト：https://www.e-stat.go.jp/

飯田市ウェブサイト：https://www.city.iida.lg.jp/
板橋区ウェブサイト：http://www.city.itabashi.tokyo.jp/
EA21（エコアクション 21）ウェブサイト：http://www.ea21.jp/
環境省ウェブサイト：https://www.env.go.jp/
京都市ウェブサイト：http://www.city.kyoto.lg.jp/
KES ウェブサイト：http://www.keskyoto.org/
産業環境管理協会ウェブサイト：http://www.jemai.or.jp/
JAB（日本適合性認定協会）ウェブサイト：https://www.jab.or.jp/
JISC（日本工業標準調査会）ウェブサイト：http://www.jisc.go.jp/
JQA（日本品質保証機構）ウェブサイト：https://www.jqa.jp/
総務省統計局ウェブサイト：http://www.stat.go.jp/data/e-census/2016/
WBCSD ウェブサイト：https://www.wbcsd.org/
多摩川精機ウェブサイト：https://www.tamagawa-seiki.co.jp/
地域ぐるみ環境 ISO 研究会ウェブサイト：https://www.city.iida.lg.jp/site/kankyousei
　sakujouhou/isokenkyuukai.html
中小企業庁ウェブサイト：http://www.chusho.meti.go.jp/
南信州広域連合ウェブサイト：http://minami.nagano.jp/

[1] 低炭素社会アプローチ：飯田モデル

第**3**章

市民社会と社会イノベーションの創造

再生可能エネルギー活用事業

平 沼 　光

は じ め に

　再生可能エネルギーは地域を照らす太陽光や吹く風などをエネルギーと
する地域由来のエネルギーである。そのため，再生可能エネルギーの普及
には地域の理解のもとに地域自らが主体的にその活用を担っていくことが
重要になる。しかし，日本では大手電力会社以外の地域や民間などでは電
力事業を行うノウハウや経験に乏しく，地域主体の再生可能エネルギー発
電事業はまだ一般的なものではない。一方，長野県飯田市では地域住民が
主体となり，日本初となる市民出資による太陽光発電・省エネ事業を事業
化するという社会イノベーションを達成している。飯田市では，どのよう
にしてこのような社会イノベーションが実現されたのか。本章では第1
章で概観した飯田市の市民社会の協働による市民出資型発電事業について，
その事業創出プロセスの分析を通して社会イノベーション創出のメカニズ
ムとその発展について考察した。考察により，飯田市における再生可能エ
ネルギー活用による社会イノベーションの背景には場の構築があることが
確認された[1]。

69

1 地域主体の再生可能エネルギー活用事業
――市民と自治体の協働による社会イノベーション

(1) 再生可能エネルギー普及に必要な地域の理解

　世界的な気候変動問題への対処や福島第一原子力発電所事故の影響を背景に，日本においても再生可能エネルギーの普及が急速に進みつつあるが，再生可能エネルギー発電設備の設置地域ではさまざまな問題も浮上してきている。とくに，発電容量が1メガワット以上になるいわゆるメガソーラーのような大規模な太陽光発電施設については，地域の自然環境・生活環境や景観の悪化を懸念した地域住民による反対運動が起こり，計画に支障をきたした事例も発生している[2]。

　こうした状況を懸念して，長野県のように太陽光発電設置による自然環境や景観への悪影響，災害発生の懸念に対処するため条例を改正し，一定規模以上の太陽光発電所の設置を環境アセスメントの対象事業に加えるなど（長野県ウェブサイト），独自の対処を行っている地域も出てきている。

　2017年12月末現在，日本の再生可能エネルギー設備認定量の約90%が太陽光発電であり，そのうちの約50%をメガソーラーが占めている状況にある。今後もメガソーラーは増加していく傾向にあるが，メガソーラーは設置地域外の資本が行ういわゆる外部資本型の事業が多い（茅野 2015）。メガソーラー設置における地域トラブルの多くはいわゆる外部資本型の案件で発生しており[3]，再生可能エネルギーの普及が進むにつれて地域外の資本が行う再生可能エネルギー発電事業の課題が見えてきている。

　たとえば，地域としては自分たちの周りにある再生可能エネルギーを活用することで，CO_2の削減と雇用創出などの経済効果を期待して地域外の大手事業者の資本による風力発電事業やメガソーラー事業を受け入れる。しかし発電設備のメンテナンスなどの仕事は地元の業者ではなく設置者である大手事業者が請け負い，地元にはさしたる雇用を創出せず，売電益は外部資本の利益となり，法人税は外部資本の事業本社がある自治体の税収になるなど，外部資本型の再生可能エネルギー発電事業で地元の住民や企業，自治体がメリットを得ること

はあまりないことが指摘されている（西城戸 2015）。再生可能エネルギー発電施設の設置による地域の環境や景観への影響が問題視されるなか，再生可能エネルギー発電事業による地域のメリットが見出せなければ苦情や反対運動が増加し，再生可能エネルギーの普及に影響を及ぼすことが懸念される。各地で起きているメガソーラーに対する「自分の裏庭ではやらないで（not in my back-yard）」という NIMBY 的な反対の動きを回避するには，再生可能エネルギー活用においては地域住民の理解を得ることがきわめて重要である（平沼 2016）。

(2) 地域主体の飯田市の取り組み

地域住民の理解をもとにした再生可能エネルギー普及が求められるなか，長野県飯田市の「おひさま進歩エネルギー株式会社」（以下，おひさま進歩エネルギー）では，福島原発事故や再生可能エネルギーの固定価格買取制度（以下，FIT 制度）が施行される以前から，地域主体の官民協働の事業として日本初となる大規模な市民出資による太陽光発電・省エネ事業が行われている。

おひさま進歩エネルギーの事業は匿名組合契約により市民から募った出資をもとに，飯田市の公民館，保育園などの行政施設，また私立保育園などの市民が集う施設と協力し，その屋根に太陽光発電パネルを設置することで再生可能エネルギーの普及を促し，設置施設からの電気料金とグリーン電力販売による収入を得ることで出資者に配当を還元する事業となっている（図3-1 参照）。

本来，行政施設に太陽光パネルを設置して発電を行うことは行政財産の目的外使用となってしまいなかなか認められるものではないが，この事業はおひさま進歩エネルギーという市民が主体となって行う活動に飯田市が協力することで成り立っている。

おひさま進歩エネルギーでは，地元金融機関からの融資をもとにして地域の住宅に太陽光発電パネルを設置する「おひさま 0 円システム」という事業も行っている。この事業は，おひさま進歩エネルギーが初期投資なしの 0 円で太陽光発電パネルを顧客となる個人の住宅に設置することで太陽光発電の普及を進めるとともに，設置した個人の住宅から 9 年間定額の支払いを受けるというものである。

個人住宅にとっては 10 年目以降からは設置した太陽光発電設備が譲渡され

図 3-1　おひさま進歩エネルギーの太陽光発電事業の概観

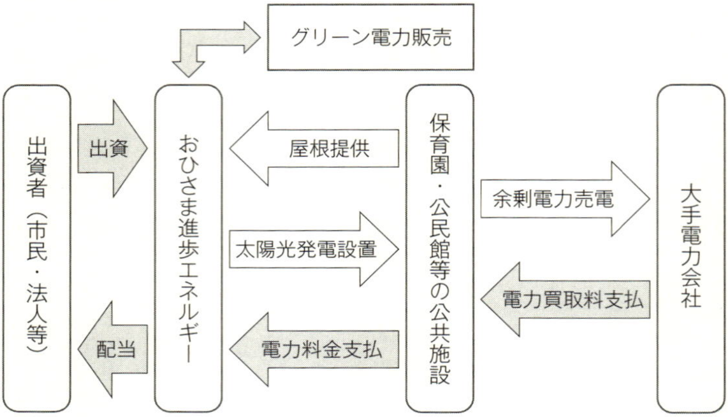

グリーン電力販売

出資者（市民・法人等）

出資

おひさま進歩エネルギー

屋根提供

保育園・公民館等の公共施設

太陽光発電設置

余剰電力売電

大手電力会社

電力買取料支払

配当

電力料金支払

自分のものになるほか，余剰電力は売電できるというメリットがある。また，余剰電力による売電がインセンティブとなり，売電益を増やすため顧客自らが進んで省エネを実践することで温暖化防止にもつながる効果もある。

　この事業ではパネル費という原資が必要であるが，それは市民出資や飯田市からの補助金，そして地域金融機関からの低金利融資により調達する仕組みになっている。飯田市が事業に補助金を出すなどの協力により，おひさま進歩エネルギーの事業に対し公的信用が付与されることで，とくに地域金融機関からの融資が得やすくなっていると考えられる。おひさま進歩エネルギーが行う市民主体の再生可能エネルギー普及活動に行政が協力することで地域のお金を地域内で循環させるという効果をもたらしている。

　おひさま進歩エネルギーではこのほかにも，商店街のエネルギーコスト削減事業や FIT 制度を利用した全量売電の太陽光発電事業などが行われている。こうしたおひさま進歩エネルギーの太陽光発電は，保育園，児童館，公民館などの地域の行政施設，事業所や個人住宅などに設置され，2017 年 3 月現在，357 カ所，出力合計 7020.57 kW にまで広がっている（おひさま進歩エネルギー株式会社ウェブサイト）。

　さらに，飯田市では地域主体の再生可能エネルギーの普及活動を一過性のものとせず持続的なものとするため，単なる行政の方針や基本的な考え方などを条文化した理念条例ではなく，政策法務として地域主体の再生可能エネルギー

図 3-2 従来の市民参加手法と飯田市の手法の違い

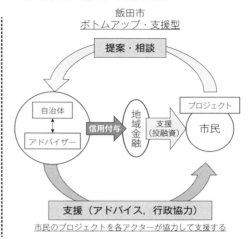

事業を図 3-2 のように実際に支援するための条例，「飯田市再生可能エネルギーの導入による持続可能な地域づくりに関する条例」（以下，「飯田市再生可能エネルギー条例」）を全国に先駆けて 2013 年 4 月 1 日に施行している。

この条例の第 3 条では「飯田市民は，自然環境及び地域住民の暮らしと調和する方法により，再生可能エネルギー資源を再生可能エネルギーとして利用し，当該利用による調和的な生活環境の下に生存する権利（以下「地域環境権」という。）を有する。」と定められている。そして，地域住民が構成する住民組織（認可地縁団体など）が自ら行う新エネ事業，およびそうした住民組織が，社会的企業（営利企業が公共的な事業を行う場合を含む）と協力して行う新エネ事業を「地域環境権」の行使として支援し，地域住民が地域づくりに主体的に取り組むことを後押しすることが記されている。

この条例が意図するところは，自治体が行う事業に，環境影響評価や公聴会，パブリックコメントなどにより市民を"参加させる"という従来のトップダウン型の手法ではなく，地域の住民や NPO，企業など地域市民が主体的に行う活動を自治体が"支援"するという新しいボトムアップ型の手法により，住民による地域づくりを持続可能なものにするところにある（平沼 2016）（図 3-2 参照）。このように飯田市では，日本初となる市民出資型の太陽光発電・省エネ事業を地域市民と自治体との協働で実現し，さらにその活動を持続的なものと

第 3 章 市民社会と社会イノベーションの創造　　73

するため地域市民によるボトムアップの事業を自治体が支援する条例を全国に先駆けて策定するという社会イノベーションを実現している。

2 │ 再生可能エネルギー活用事業創出のプロセス

(1) 地域の問題意識

飯田市では FIT 制度が施行される以前から，地域市民主体の再生可能エネルギー発電事業の創出に地域市民と自治体との協働で取り組み，日本初の市民出資による太陽光発電・省エネ事業を立ち上げ，それを地域に定着させるという社会イノベーションを実現しているが，それはどのようなプロセスを経て成し遂げられたのか。

飯田市では 1996 年には地球温暖化問題をはじめ地域全体で環境問題に取り組み，持続可能なまちづくりを進める「21' いいだ環境プラン」が策定されている。市民においては 2001 年に地球温暖化防止と地域づくりのために太陽光発電の普及を進めようとするシンポジウムが，住宅用太陽光発電の無利子融資制度など，飯田市の補助を受けて太陽光発電を設置した市民が中心となり開催されている。

そして，シンポジウムをきっかけとして廃食用油や使用済み箸の処分問題に取り組む飲食店の経営者やグリーン・コンシューマー活動に取り組む人々など地域の環境問題意識を持つ人々も集い，2004 年 2 月には地球温暖化防止と地域づくりを目的に，エネルギーの地産地消により資源循環型社会の構築を目指す NPO 法人南信州おひさま進歩（以下，NPO 南信州おひさま進歩）が，中心的に活動を行っていた原亮弘を中心に設立された。

原は環境問題の専門家ではなかったが，1997 年の気候変動枠組条約京都会議（COP3）のころから地球温暖化防止などの環境問題に興味を持ち地域の公民館の学習会などで学ぶとともに，公民館や自治会などの活動に積極的に参加していたことが NPO 法人の立ち上げに必要な人脈の構築につながったという。

このように飯田市では，自治体，市民とも地球温暖化問題と地域づくりという共通の問題意識を持ち，その解決に向けて思索していた。

（2） まほろば事業の採択

こうした飯田市における自治体と市民の活動は，飯田市が申請していた環境省の公募事業「環境と経済の好循環のまちモデル事業（平成のまほろばまちづくり事業）」（以下，まほろば事業）に飯田市の計画が採用されたことで転機を迎えることになる。

環境省・まほろば事業は，全国の市町村から，住民や事業者などの参加による CO_2 排出削減等の環境保全と地域の経済活性化を実現する優れた事業を募集し交付金を交付するもので，飯田市が申請した計画は NPO 南信州おひさま進歩が設立されたのと同年の 2004 年に採択されている。

飯田市の申請内容は，自治体（飯田市）が市民と協力し，太陽光発電の導入や商店街の省エネ事業などを市民出資により実施するというもので，具体的には 2 億円規模の出資を集めて市民共同発電事業を行うというものであった。しかし，飯田市は申請にあたって事業を担うアクターとなる市民側の主体者は誰で，具体的にどのような事業をどのような形態で実施すべきかを事前に決定していなかった。

そのため，飯田市は採択後に中部電力や飯田信用金庫，飯田証券，市内の廃棄物処理等の環境関連事業者，そして NPO 南信州おひさま進歩など，地域のアクターを集めて事業の担い手となる市民の主体者を誰にするかを話し合う会議（以下，検討会議）を急遽設けている。

検討会議で議論がされたものの，そもそも経験したこともない電力事業を市民が担うことは可能なのか，多額の市民出資を集められるのか，事業の採算性確保などの事業リスクは誰がとるのか，といった疑問や不安から，検討会議が始まってからおよそ半年間も事業の実施者となる市民主体者がなかなか決まらず膠着状態に陥ったという経緯がある [4]。飯田市ではこうした膠着状態も乗り越えて事業の実現に至っているが，そこには地域外の NPO の協力が大きく関わってきている。飯田市がまほろば事業へ申請するにあたっては，環境省への申請段階から自然エネルギーの普及啓発に専門的に取り組んでいる東京のNPO 法人環境エネルギー政策研究所（以下，ISEP）の協力を得ていた。ISEPはまほろば事業採択後の市民の事業主体者を決める飯田市主催の検討会議にも参加し，事業実施におけるアドバイスやノウハウの提供，そして事業の採算性

第 3 章　市民社会と社会イノベーションの創造　　75

を専門的知見から示すなどの協力を行っている。

　専門集団である ISEP からのアドバイスや情報提供により，事業は大きく儲かることはないが損もしない，つまり赤字を発生せずに実施できることがわかり，最終的に原が理事事務局長を務めていた NPO 南信州おひさま進歩が自分たちの志を実現するために事業の主体者，すなわち主体的なアクターとなることを了承するに至っている。原によれば，事業を行っても損はしないということが ISEP の協力によりわかったことが，事業主体になることの決断を促した大きな要因であったという。

（3）　株式会社の設立と条例化

　事業の主体者となった NPO 南信州おひさま進歩は，市民から出資を集め太陽光発電事業を運営し，事業で得られる利益から配当を出資者に還元するという市民出資型のファンドによる事業を計画していた。そのため，NPO という非営利活動法人の形態では配当を分配するという事が難しいことから，事業を具体的に運営する組織として 2004 年 12 月におひさま進歩エネルギー有限会社を設立し，日本初の市民出資による太陽光発電・省エネ事業の開始に至っている（谷口 2015）。

　その後，おひさま進歩エネルギー有限会社は 2007 年 11 月には株式会社化され，おひさま進歩エネルギー株式会社となった。そして，市民出資によるさまざまな太陽光発電事業を実施し，その取り組みは社会からも評価され，2012 年 12 月には環境省・地球温暖化防止活動環境大臣表彰を受賞している。

　さらに，飯田市ではこうした市民の活動を一過性のものとせず持続的なものにするため，市民による再生可能エネルギー活用事業を支援する条例の策定にとりかかった。条例を検討するための場として，再生可能エネルギーや法律の専門家，学者を交えた「地域エネルギービジネスコーディネート組織タスクフォース」（以下，タスクフォース）を 2012 年に設置。タスクフォース内で検討が進められ，2013 年 4 月 1 日，地域主体の再生可能エネルギー事業を支援するための条例「飯田市再生可能エネルギー条例」を全国に先駆けて施行している。

　飯田市ではこうした一連のプロセスを経て日本初となる市民出資による太陽光発電・省エネ事業を創出し，それを持続的なものとして地域に定着させるための条例を全国に先駆けて施行するという，市民と自治体の協働による社会イ

76　　第 I 部　ケース研究 [1] 低炭素社会アプローチ：飯田モデル

ノベーションの実現に至っている。

3 地域主体の再生可能エネルギー活用事業を創出する 4つの段階と場の構築

飯田市における地域主体の市民出資による太陽光発電・省エネ事業の創出は日本における先駆的な事例であり，その取り組みはゼロからスタートしている。そうしたゼロからスタートして地域主体の再生可能エネルギー活用事業の創出までに至ったプロセスは，①思索期，②計画期，③実施・普及期，④確立期という4つの段階に大きく分けることができ[5]，さらに各々の段階では必要となる要件が獲得されている。

（1） 思索期と必要となる要件

まず，取り組みが開始される最初の段階では，地域で再生可能エネルギーを活用しようとする意識を持った人々が，漠然とした意識を具体化しようとしてあれこれと思索をすることから始まっており，この時期が思索期となる。

飯田市においては，地域市民が太陽光発電普及のためのシンポジウムを開催し，NPO南信州おひさま進歩を立ち上げていた時期にあたり，この時期に思索を行うことで漠然とした意識を具体的なものとする方向性を見出している。

思索期では，NPO南信州おひさま進歩など地域の再生可能エネルギーを活用しようとする意志を持った地域市民がアクターとして思索を行っているが，そもそもなぜ地域の再生可能エネルギーを活用しようと考えたのか。その背景には，地域が抱える問題を再生可能エネルギーの活用で解決しようとする考えがあったからにほかならない。

前述したように飯田市では2001年には地球温暖化防止と地域づくりのために太陽光発電の普及を進めようとする市民中心のシンポジウムが開催され，それをきっかけとして2004年には地球温暖化防止と地域づくりを目的にエネルギーの地産地消に取り組むNPO南信州おひさま進歩が設立されていることから，地球温暖化対策と地域活性化という問題意識を地域市民というアクターが当初より持っていたことになる。

思索を行った地域市民はそれぞれ地域の問題意識を持っていたからこそ再生

可能エネルギー活用の思索を行っており，地域の問題意識を持ったアクターの存在は思索期における要件である。

(2)　計画期と必要となる要件

　思索の段階を経て次にくるのが具体的な事業計画を策定する計画期である。飯田市では市の申請が環境省の公募事業・まほろば事業に採択され，具体的な事業計画と主体的アクターとなる市民の担い手を決める市主催の検討会議が開催された時期となる。計画期では地域市民団体である NPO 南信州おひさま進歩を中心として具体的な事業計画の策定が進められているが，そこでは再生可能エネルギーを活用するために必要なノウハウへのアクセスが重要な要件となっている。

　そもそも日本では戦後約 60 年間の長きにわたり電力事業は大手電力会社 10 社の独占体制が続いてきたため，地域や市民に電力事業を行う知識も経験もなかった。ましてや現状でもわずか数パーセントしか普及していない再生可能エネルギーとなるとその事業ノウハウなくして事業計画の策定は難しい。検討会議においても，不透明な事業の予見性などから当初は進んで事業の主体者になる人は誰もおらず，検討会議開始から半年以上も膠着状態が続いたという経緯がある。

　そうした状況を乗り越えて NPO 南信州おひさま進歩が自ら手を挙げて主体的なアクターとなったのは，当時，NPO 南信州おひさま進歩の理事事務局長を務めていた原が ISEP から事業実施に必要なノウハウを入手し，赤字にならないという判断ができたことが大きな要因となっている。

　NPO 南信州おひさま進歩は地域の社会関係資本である。地域の社会関係資本である NPO 南信州おひさま進歩が主体的アクターとして再生可能エネルギーの担い手となるには事業実施に必要なノウハウへのアクセスが必要であった。ISEP から必要なノウハウを入手できなかった場合には膠着状態は改善されなかったことになる。

　このことからもわかるように計画期において，再生可能エネルギーを活用するために必要なノウハウへのアクセスは欠かすことのできない重要な要件である。

（3）　実施・普及期と必要となる要件

　事業計画が策定されるといよいよ再生可能エネルギー活用事業を実施してそれを地域に広げる実施・普及期となる。

　NPO 南信州おひさま進歩が 2004 年 12 月におひさま進歩エネルギー有限会社（後のおひさま進歩エネルギー株式会社）を設立し，市民出資によるさまざまな太陽光発電事業を開発し顧客を広げていった時期が実施・普及期である。この時期では主体的なアクターとなった NPO 南信州おひさま進歩が事業を実施するうえで出資者への配当や自治体との連携などをより効果的に行うため，おひさま進歩エネルギー有限会社という具体的な活動を執り行う体制を構築している。

　計画した事業を実際に実施するためにはこうした具体的な活動を執り行う体制は不可欠であり，それを構築することは実施・普及期における必要な要件となる。

（4）　確立期と必要となる要件

　実施・普及期を経て地域に取り組みが浸透し，その有用性が地域で認められるようになると，その取り組みを一過性のものではなく持続的な取り組みに確立しようとする動きが見られる。

　飯田市はおひさま進歩エネルギーのような地域市民主体の再生可能エネルギー活用事業が地域における持続的な活動となるよう，市民の取り組みを支援する飯田市再生可能エネルギー条例を制定している。地域の主体的アクターを中心として行われてきた再生可能エネルギー活用事業の取り組みの有用性が認められ，地域の条例や基本計画などで肯定化されることは，再生可能エネルギー活用の取り組みが地域社会で確立し，社会的に受容されたことを意味し，この時期が確立期となる。

　確立期においては，地域の条例や基本計画など，地域主体の再生可能エネルギー活用の取り組みを持続的にするための仕組みを構築することが必要な要件となる。

(5) 要件の獲得に必要な場の構築

このように飯田市では，①思索期，②計画期，③実施・普及期，④確立期という4つの段階ごとに，思索期では地域の問題意識，計画期では事業実施に必要なノウハウへのアクセス，実施・普及期では具体的な活動を執り行う体制，そして，確立期では自治体の条例化という取り組みを持続的にするための仕組みの構築，という要件を獲得しているが，こうした要件獲得のプロセスにおいては，「人々がそこに参加し，意識・無意識のうちに相互に観察し，コミュニケーションを行い，相互に理解し，相互に働きかけ合い，相互に心理的刺激をする，その状況の枠組みのことである」(伊丹 2005, p. 42) とされる協働の場の存在が確認できる。

思索期には2001年に開催された地球温暖化防止と地域づくりのために太陽光発電の普及を進めようとする市民のシンポジウムが地域市民というアクターの問題意識の共有を促した場となっている。

計画期では，まほろば事業採択後に事業の主体者となる市民を決めるため，中部電力や飯田信用金庫，NPO 南信州おひさま進歩，そして ISEP などの各アクターを集めて開催した検討会議が事業実施に必要なノウハウを獲得する場となっている。

実施・普及期では NPO 南信州おひさま進歩が具体的な再生可能エネルギー発電事業を実施する体制としておひさま進歩エネルギー株式会社を立ち上げている。NPO 南信州おひさま進歩は NPO という組織団体であるが，志を同じくした地域市民が集まり地球温暖化防止と地域づくりに取り組む場として捉えることができる。そうした場である NPO 南信州おひさま進歩がおひさま進歩エネルギー株式会社の設立母体となっている。

確立期においては飯田市のタスクフォースという場において地域の取り組みを持続可能なものとして定着させる飯田市再生可能エネルギー条例が作成されている。

このように，飯田市における日本初の地域主体の太陽光発電事業創出という社会イノベーションの背景には，4つの段階を経る中で構築された地域のアクターによる協働の場の存在があることがわかる。こうした場が構築されたのも，各アクターが再生可能エネルギーの活用による地域の環境問題への対処と地域

表 3-1　地域主体の再生可能エネルギー活用事業創出プロセスとその要件・協働の場

プロセス	要件	協働の場
①思索期 再生可能エネルギーを活用したいという漠然とした意識を具体的な取り組みへと思索する段階。	①地域の問題意識を持ったアクターの存在 ⇒地域市民	太陽光発電の普及を進めようとする市民中心のシンポジウム
②計画期 思索した取り組み内容を具体的な計画として策定する段階。	②再生可能エネルギー活用のノウハウへのアクセス ⇒ ISEP からの情報	市主催の検討会議
③実施・普及期 計画を実施し地域に取り組みを広げる段階。	③具体的活動を執り行う体制の構築 ⇒おひさま進歩エネルギー株式会社設立	NPO 法人南信州おひさま進歩
④確立期 取り組んできた活動を持続的なものに確立する段階。	④活動を持続的にする仕組みの構築 ⇒飯田市再生可能エネルギー条例制定	飯田市タスクフォース

づくりという問題意識を共有していたからにほかならず，共通の問題意識がなければ各アクターが場に集う動機が働かない。

　また，集まったアクターの多様性ということも重要なポイントになる。たとえば，計画期では，中部電力や飯田信用金庫，飯田証券，市内の廃棄物処理等の環境関連事業者，地域外の専門的NPOである ISEP，そして NPO 南信州おひさま進歩など，さまざまなアクターが集まった検討会議という場が飯田市役所により設けられているが，前述のようにおよそ半年間も膠着状態が続いたという経緯がある。

　そうした状況を打ち破ったのは専門的NPO の ISEP によるノウハウと情報の提供である。ISEP が場にノウハウと情報を提供したことで，地域の NPO である NPO 南信州おひさま進歩の事業実施の決断を促し，ほかのアクターもそれぞれの役割からそれをサポートする意思を持つという化学変化を起こしている。すなわち，ISEP をはじめ多様なアクターが共通の問題意識を持って場に集まり，各々が持つさまざまな知恵と経験を持ち寄ったことで場の機能的な運営がなされた。

　こうして，地域主体の太陽光発電事業を創出する 4 つの段階を経る中で場が

構築され，その場を通して必要な要件が獲得され，日本初となる地域主体の市民出資型太陽光発電事業とそれを持続的な活動にするための飯田市再生可能エネルギー条例という仕組みが創出されており，場の構築が飯田市における社会イノベーションの創造に大きく影響している（表3-1参照）。

4 飯田市の新しい挑戦

(1) 地域に利益を還元するシュタットベルケ

前述のように飯田市では，①思索期，②計画期，③実施・普及期，④確立期，という4つの段階を経る中で協働の場が構築され，場を介して必要な要件が獲得されたことで日本初となる地域主体の市民出資型太陽光発電事業とそれを持続的な活動にするための条例が創出されている。こうした取り組みが2004年という早い段階に行われてきたことは飯田市の高い先進性がうかがえる。

一方，主体的アクターであるおひさま進歩エネルギーは発電・小売業を手掛ける新電力ではないことから，電力の地産地消を考えた場合に新電力と比べその事業範囲は限られる。気候変動問題や福島第一原子力発電所事故の影響など，ますます再生可能エネルギーの普及が求められているなか，飯田市のこれまでの取り組みをさらに発展させるためにはどのようなことが考えられるだろうか。

それを考える1つの方向性に欧米で取り入れられているコミュニティパワーという考えとシュタットベルケ（Stadtwerke）という組織体制があげられる。コミュニティパワーとは地域がオーナーシップを持って再生可能エネルギー事業に取り組むという考えである。2011年には世界風力発電協会（World Wind Energy Association：WWEA）がコミュニティパワーの定義づけとして，①地域の利害関係者がプロジェクトの大半もしくはすべてを所有していること，②プロジェクトの意思決定はコミュニティに基礎を置く組織によって行われること，③社会的・経済的便益の多数，もしくはすべては地域に分配されること，という3つの原則を採択し，そのうち少なくとも2つを満たす事業がコミュニティパワーとして定義されている。

こうしたコミュニティパワーは，地域外の計画や技術を地域社会に受け入れさせるという従来の受け身（passive）の社会的受容性論ではなく，地域の行政や企業，住民といったコミュニティのさまざまなアクターが自ら協働して行う

動態的な社会的受容性論の中に位置づけられるものと考えられる。

　コミュニティパワーという考えのもと，地域に利益を還元することを目的に再生可能エネルギー事業を担う組織としてドイツのシュタットベルケがある。シュタットベルケとは，ガス事業や熱供給事業，水道事業，コミュニティバス運営事業など再生可能エネルギー事業だけではなくさまざまな公共サービスを地域住民に提供する地域公共サービス公社と呼べる組織である。

　主にシュタットベルケは自治体の出資により設立されるが，自治体とは独立した組織体制として存在している。自治体からの出資率も自治体が100％出資するケースや自治体と地域の住民・企業の共同出資によるものなどさまざまある。いずれのケースにおいても大手電力会社が株主という不特定多数の出資者を持つのに対し，地域の自治体，住民，企業など地域の人間が出資者であり利用者でもあるシュタットベルケの再生可能エネルギー事業は地域の利益を優先するコミュニティパワーといえる（平沼 2016）。

　シュタットベルケは再生可能エネルギー活用事業だけでなくさまざまな公共サービス事業を提供している点も大きな特徴である。シュタットベルケでは，電力事業，ガス事業，水道事業，熱供給事業，インターネット事業，市内バス事業などさまざまな公共サービスを提供する。そうすることでどれか1つの事業の業績が悪化しても全体として採算を合わせることができ，事業の安定性を高めている点に特徴がある（平沼 2016）。こうした電力事業を手掛けるシュタットベルケはドイツにおよそ900社存在し，電力市場に占めるシェアは自己電源ベースの小売りシェアで20％程度，市場調達を含む小売全体では50％弱を占めている。

　ドイツのハイデルベルグ市（人口15万人）が100％出資して設立されたシュタットベルケ・ハイデルベルグ社（以下，ハイデルベルグ社）もさまざまな事業を展開して地域利益の創出に貢献している（図3-3参照）。ハイデルベルグ社の資本金はおよそ6000万ユーロで傘下にはハイデルベルグ社が出資するエネルギー公社，ネットワーク公社，省エネ・環境関連公社，交通インフラ・登山鉄道運営公社，駐車場運営公社という5つの公社を子会社として抱えている。

　さらにハイデルベルグ社の子会社である公社はサービス内容に応じて孫会社となる公社を設立し公共サービスを提供している。たとえば，ネットワーク公社では電力事業，ガス事業，水道事業，熱供給（暖房）事業，光通信事業のネ

図3-3 シュタットベルケ・ハイデルベルグ社の事業

(出所) ハイデルベルグ社 (2016) 掲載の図に筆者加筆。

ットワークサービスを提供しているが，水道，熱供給事業に関連して公共プールを運営する孫会社となる公社を設立して地域のニーズを満たすサービスを展開している（ハイデルベルグ社 2016）。

こうして多様な公共サービスを担うさまざまな公社が設立されることで地域に雇用が創出されるとともに，公社に対して地域住民が支払う利用料は公社の運営資金ともなり，めぐりめぐって公共サービスという形で地域住民に還元されるという資金の地域内循環が行われている。また，エネルギー事業で得た収益を交通インフラ事業で活用するなど，1つの事業で得られた収益はほかの事業の運営資金としても活用されており，事業の安定性が確保されている（平沼 2016）。

シュタットベルケが地域の利益還元に貢献しているというハイデルベルグ市民の意識も高い。エネルギー公社の電力販売内容を見てみると，市民の高い環境意識が反映され自社発電と外部調達を合わせると約90％が再生可能エネルギーによりまかなわれており，地域における温室効果ガス削減に貢献している。エネルギー公社は大手電力会社よりも1〜2％高い値段で電力販売をすることもあるが，温室効果ガス削減に対する市民の高い意識や地域の雇用創出など，地域への利益還元を重視する住民により市内の84％の需要家がエネルギー公社から電力を購入していることも報告されている（瀧口 2015）。

（2）　シュタットベルケの本質と飯田市の可能性

　このようにドイツのシュタットベルケでは自治体と住民，地域の企業という地域のアクターが高度に連携し，地域由来の資源である再生可能エネルギーを活用して地域振興を促している。しかし，日本では現在，前述のように太陽光パネルを公共施設の屋根に置くだけでも公共施設の目的外使用となり容易に認められるものではない。はたして日本においても同様な取り組みを行うことは可能であろうか。

　再生可能エネルギー普及の機運が高まる中，地域主体による再生可能エネルギー活用事業の発展的事例としてシュタットベルケは日本においても注目されており，日本版シュタットベルケの創出を検討する動きも見られる。

　日本版シュタットベルケの事業計画を検討するポイントとしては，ビジネススキームの構築（出資・採算性確保），送配電網への接続，電源の開発，規制動向，などが注目されるが（経済産業省 2017），それだけでは国や自治体と民間企業が出資して設立する第三セクターと何が違うのか見えにくい。第三セクターとシュタットベルケの違いは，シュタットベルケの事業が地域の環境保全や雇用の創出といった地域利益をもたらすことを市民が十分に理解しているという点にあり，それがシュタットベルケの本質である。

　ハイデルベルグ社の事例で見られるように，市民がハイデルベルグ社から大手電力会社よりも 1〜2% 高い値段で電力を購入するのは，自分が支払ったコストは地域外に流出せず，それがめぐりめぐって再び自分のもとに公共サービスや雇用，環境に配慮した住環境といった形で戻ってくることを理解しているからにほかならない。顧客の獲得に失敗し経営不振に陥った日本の第三セクターの事例などと違い，シュタットベルケは地域市民という継続的な顧客（リピーター）を獲得することで経営を成り立たせている点が大きな特徴である。

　日本版シュタットベルケを考えるとき，ビジネススキームやシステム構築といった事業者側の視点だけではなく，地域市民の視点に立ち，地域にとって何が利益となるのか，サービス提供者である事業者と顧客となる地域市民との間で共通認識を構築し，地域の社会的受容性を醸成するという視点が必要となってくる。

　こうした視点で考えた場合，飯田市では自治体と地域の企業，NPO などさ

まざまな地域のアクターの協働による日本初の市民出資型太陽光発電事業の創出という社会イノベーションを通して，地域主体の再生可能エネルギー事業による地域づくりという地域の社会的受容性がすでに醸成されている。他市との比較において，飯田市のように再生可能エネルギー活用における地域の社会的受容性が醸成されていることは大きな利点である。

たとえば，一般的な地域活動である地域の美化運動や児童の登下校の見守り，防災活動を実施しようと地域市民に提案した場合，それらが具体的にどのような活動で，どのような利益を地域にもたらすかは地域市民にとっておよそ想像が可能である。すなわち，そうした活動を理解し，実施の可否を判断できる地域の社会的受容性があらかじめ醸成されているといえる。

一方，地域活動として，屋根貸太陽光発電事業の実施や再生可能エネルギーを活用した市民発電所の開設などを地域に提案しても，そうした再生可能エネルギー活用の経験も知識も乏しく再生可能エネルギーに対する地域の社会的受容性が醸成されていない地域では実施の可否の判断も難しい。

飯田市はこれまでの経験から得た再生可能エネルギー活用における地域の社会的受容性を背景に，シュタットベルケなど先進的な事例を参考にして，地域に利益を還元する再生可能エネルギー活用の新しい仕組みの構築に改めて取り組むことができる環境にある。

そもそもドイツと日本は歴史的背景や制度の違いなどがあり，日本版シュタットベルケというものがすぐに構築できる環境にはない。送配電網のさらなる自由化，水道事業など事業メニューに関わる規制の緩和，さらには自治体機能の見直しなどさまざまな改革が必要になるだろう。

それは地方自治のあり方そのものにも影響を及ぼす新たな社会イノベーションの創造となるが，再生可能エネルギー活用における地域の社会的受容性というアドバンテージを持つ飯田市は地域に利益を還元する再生可能エネルギー活用の新しい仕組みの構築という次の社会イノベーションを創造する可能性を十分に秘めている。

本章で明らかにしたように，社会イノベーションの創造には場の構築が大きく影響してくる。飯田市が次の社会イノベーションに取り組むには，市民出資型太陽光発電事業の創出で経験した，①思索期，②計画期，③実施・普及期，④確立期という4つのプロセスを道標に新たな道を歩む中で，必要となる場を

構築していくことが重要になる。その第一歩は，現状に甘んじることなく「再生可能エネルギーを活用する次のステップに進まなければならない」と考えている同じ問題意識を持った飯田市のアクターが集う場を構築することであろう。

◆ 注

1) 本章の内容は，主に 2017 年 11 月 11 日，おひさま進歩エネルギー株式会社（飯田市馬場町）にて実施した，当時の同社代表取締役原亮弘への聞き取り調査，および 2016 年 8 月 26 日，飯田市役所にて実施した小川博（飯田市市民協働環境部）からの聞き取り調査をもとにしている。

2) トラブル事例については，山下（2013）に詳細が報告されている。

3) 山下（2013）ではトラブル事例の約 6 割が外部資本によるものになっている。2017 年 12 月 22 日確認。

4) 議論がなかなか進まなかったことは，諸富（2015）p. 61 でも述べられている。

5) 平沼（2016）「地域エネルギーの持続的活用に向けて（下）」では 4 つのプロセスを植物が種子から発芽し，成長して実を結ぶまでの過程にたとえて，種子期，発芽期，成長期，結実期として説明している。

◆ 参考文献

伊丹敬之（2005）『場の理論とマネジメント』東洋経済新報社。

経済産業省（2017）『平成 28 年度 市場競争環境評価調査（平成 28 年度地域エネルギーサービス（日本版シュタットベルケ）導入可能性調査）調査報告書』。

瀧口信一郎（2015）「地方創生とエネルギー自由化で立ち上がる地域エネルギー事業──ドイツ・シュタットベルケからの示唆と地域経済への効果」『JRI レビュー』7（26），97-110。

茅野恒秀（2015）「再生可能エネルギーの意志ある波のゆくえ」小熊英二・赤坂憲雄編『ゴーストタウンから死者は出ない』人文書院，191-219。

西城戸誠（2015）「再生可能エネルギー事業と地域環境の創造──コミュニティ・パワーから考える地域社会の『自立』」『都市社会研究』(7)，32-47.

ハイデルベルグ社（2016）"stadtwerke heidelberg Geschäfts- und Nachhaltigkeitsbericht 2016"。

平沼光（2016）「地域エネルギーの持続的活用に向けて（上）（中）（下）」『地方行政』（10684，10686，10689）時事通信社。

諸富徹（2015）『「エネルギー自治」で地域再生！──飯田モデルに学ぶ』（岩波ブックレット）岩波書店。

谷口彰（2015）「市民出資『おひさまファンド』」『みんなの力で自然エネルギーを』おひさま進歩エネルギー株式会社。

山下紀明（2013）「メガソーラー開発に伴うトラブル事例と制度的対応策について」別表 1 トラブル事例調査結果一覧 認定 NPO 法人環境エネルギー政策研究（http://

www.isep.or.jp/archives/library/9165）。

おひさま進歩エネルギー株式会社ウェブサイト「おひさま発電所」: http://ohisama-energy.co.jp/fund/ohisama-stations/
長野県ウェブサイト「太陽光発電事業に対する長野県の取組」: http://www.pref.nagano.lg.jp/kankyo/taiyoko_torikumi.html

[1] 低炭素社会アプローチ：飯田モデル

第**4**章

社会的受容性の醸成と社会イノベーション
市民共同発電事業

升 本　潔

は じ め に

　第1章では低炭素化に向けた飯田市の取り組みを飯田モデルとして紹介し，第3章では地域主体の再生可能エネルギー事業の創出プロセスの分析を通じて，社会イノベーションの背景にある場の重要性を確認した。本章ではこれらの議論を踏まえ，同市の太陽光市民共同発電事業を社会イノベーションの事例として取り上げ，全国レベルおよび地域レベルの社会的受容性の変化と社会イノベーションとの関係性について分析を行う。全国レベルの社会的受容性の変化が地域レベルの社会的受容性に大きく影響を与える一方，市民共同発電事業のような地域ベースの取り組みでは，直接的に影響を及ぼすのは主に地域レベルの社会的受容性の変化である。本事例では，全国レベルの社会的受容性の醸成を先取りする形で地域が独自の取り組みを行うことで，地域レベルの社会的受容性が高まり社会イノベーションの創出を促すこと，さらに行政とイノベーター，そしてほかのアクターとの協働が地域の社会的受容性を高め，社会イノベーションの拡大につながっていくことがわかった。この成功の背後にある飯田市の特質として，「一貫した環境への取り組みの重視」と「行政・企業・市民の関係の密接性」の2つがあげられる。

1 市民共同発電事業と社会的受容性

(1) 再生可能エネルギーと社会的受容性

　太陽光，風力，地熱といった再生可能エネルギーは，発電プロセスで CO_2 を発生することはなく，地球温暖化対策の切り札として期待されている。そして，この再生可能エネルギーの普及に大きな影響を与える要因として，近年，社会的受容性という考え方が注目されている。序章で述べられているように，社会的受容性とは社会が新たなもの（イノベーション）を受け入れる条件や程度として捉えることができる。従来，社会的受容性の考え方は，原子力発電所や核廃棄物貯蔵施設，あるいは大規模水力発電ダムなどの地域選定の際に用いられてきた（Wüstenhagen *et al.* 2007）が，近年では再生可能エネルギーの導入についても考慮すべき条件として考えられるようになってきている。

　他方，原子力発電所などの巨大施設に対する従来の社会的受容性の議論と，今回対象とする再生可能エネルギー事業における社会的受容性の考え方は必ずしも同一ではない。最大の違いは，従来の社会的受容性論が，外部から持ち込まれるイノベーションを，その地域社会が受け入れるか否かを判断するための受け身の受容性論であったのに対し，再生可能エネルギー事業では，外部から持ち込まれるものに対する受容性を議論するだけではなく，むしろ地域がイノベーションを生み出すための条件を考えるアクティブな受容性論として展開されることにある。

　再生可能エネルギーは，太陽光，風，水の流れなど，さまざまな形で少量ずつどこにでも存在する地域資源である。再生可能エネルギー事業は，小規模かつ多数の事業が，各地域において，地域住民に近い場所で実施される。個々の事業は，外部の大企業だけではなく，地域の中小企業，あるいは市民団体や個人が実施主体となることも多い。

　地域主導の再生可能エネルギー事業の展開は，地球温暖化対策としての社会的な意義のみならず，地域資源の活用による収入や雇用の増大，地域外からの視察や観光客の増加など，地域の活性化にもつながるものとして期待されている。したがって，どのような社会において再生可能エネルギー事業が拡大していくのかを社会的受容性の観点から評価することにより，世界的な課題である

地球温暖化対策と，地域の資源である再生可能エネルギーを活用した地域の活性化を同時に進める道筋を指し示すことが可能となる。

社会的受容性の定義はさまざまであるが，通常3ないし4つの要素（技術・制度・市場・地域）から評価される。本章では，序章の定義に基づき，社会政治的適応性である制度的受容性，技術的影響評価である技術的受容性，経済性を見る市場的受容性，そして地域的適応性を見る地域的受容性という4つの要素で捉える。

再生可能エネルギーの文脈で見ると，制度的受容性は，当該社会における再生可能エネルギーの導入を促す政策や制度のレベルで表すことができる。とくに行政による具体的な導入目標の設定や補助金による支援などは，再生可能エネルギーの普及に直接的な効果があると考えられる。そしてこうした政策や制度は，市場的受容性や地域的受容性にも大きな影響を与える。

技術的受容性とは，新たに導入される技術が当該社会において受容される度合いを示している。再生可能エネルギーの場合，再生可能エネルギー技術に対する社会の信頼性や再生エネルギー技術の導入，普及にかかる技術的課題が含まれる。

市場的受容性は，再生可能エネルギー事業によって生み出されたモノ（電力，熱等）を市場が受け入れることができるかという程度を表す。たとえば，再生可能エネルギーによる発電についての市場的受容性は，電気の消費者や電力市場に関わる人々からの受容性であり，発電事業の採算性や供給における経済性が論点となる（本巣・西城戸 2015）。また，事業資金へのアクセスの容易さも市場的受容性の1つとして考えることができる。つまり，採算性が高く，資金へのアクセスが容易なほど受容性が高いということになる。そして市場的受容性は，新たな制度の導入や技術開発等により変化していく。

地域的受容性とは，対象事業が実施される地域における地域社会レベルの受容性である。原子力発電所などの巨大事業の場合は，地域に対する環境・社会面での影響やリスクが大きな論点となるが，再生可能エネルギー事業の場合，対象地域において事業を受け入れる障壁の高さだけではなく，地域社会が率先して受け入れようとする動きも考慮する必要がある。

前述のとおり，再生可能エネルギー事業は，一般的に地域社会と近接した場所で，比較的規模の小さい事業が多数実施されるというところに特徴がある。

したがって，再生可能エネルギー事業の導入・普及には，地域的受容性が大きな影響を与えると考えられる。

そしてこの地域的受容性を評価するためには，地方自治体や地域の企業，住民組織，さらに個々の住民など，再生可能エネルギー事業の実施に対する地域のさまざまなアクターの役割や姿勢について考える必要がある。本章では，地域的受容性を，地域社会の制度的受容性，地域社会の技術的受容性，そして地域社会の市場的受容性に分けることにより，地域的受容性が，地域の社会イノベーションである市民共同発電事業の導入・普及にどのように影響したのか，そしてそれぞれのアクターがどのように社会的受容性に影響を及ぼしたのかを見ていく。

(2) 社会イノベーションとしての市民共同発電事業

日本の各地域において，近年，さまざまな再生可能エネルギーの導入・普及の取り組みが行われているが，本章では，地域に根差した太陽光発電事業の成功例として全国に広く知られている，飯田市の太陽光市民共同発電事業に着目して分析を行っていく。

市民共同発電事業とは，地域の企業が市民ファンドを設立し，その資金により，クリーンな自然エネルギーの普及を図るとともに，ローカルビジネスとして地域の活性化にも寄与する先駆的な取り組みである。第3章で見たように飯田市では，NPO法人南信州おひさま進歩を母体に設立されたおひさま進歩エネルギー有限会社（おひさま進歩）[1] が2005年に最初のファンドの市民出資を募集し，開始から2カ月あまりで満額（2億150万円）の出資を得ることに成功した。出資者474名中，飯田市内の出資者は60名であった。このファンドにより，市内の公・私立保育園や公民館，児童センターなど38施設に合計208 kWの太陽光発電設備が設置された（原 2015, 谷口 2015）。

さらに，2007年および2009〜2014年に毎年ファンドの募集が行われ，2015年時点で8つのファンドが運営されている。出資者は合計で2350人，出資額は16億2490億円である。これにより南信州を中心に約370カ所に太陽光発電パネルが設置され，総出力は約5240 kWとなっている（谷口 2015）。なお，おひさま進歩のウェブサイトによれば，2017年3月現在で，設置容量は合計7020.57 kWまで拡大している。

92　　第I部　ケース研究 [1] 低炭素社会アプローチ：飯田モデル

この数字はほかの太陽光市民共同発電事業に比べて格段に大きい。地球温暖化防止に取り組むNPO/NGOである気候ネットワークが2017年1月に実施した調査（豊田 2017）によれば，全国でおよそ200団体が市民・地域共同発電所に取り組み，発電所数は1023基に達しているが，そのうち353基が長野県に設置されており，第2位の福島県の92基を大きく引き離している[2]。その多くがおひさま進歩によって設置された太陽光発電施設だと考えられる。

本章では，この太陽光市民共同発電事業の導入・普及を社会イノベーションとして位置づけ，全国レベルおよび地域レベルの社会的受容性の変化と社会イノベーションとしての市民共同発電事業の関係性を明らかにする。そしてそのうえで，飯田市においてこのような社会イノベーションが生まれた要因そして今後の可能性を考察する。

2 全国レベルの社会的受容性の変化

（1） 全国レベルの政策・制度の変遷

日本の再生可能エネルギーへの取り組みは，1970年代の石油危機などを契機に進展した。とくに，1997年の気候変動枠組条約第3回締約国会議で採択された京都議定書で温室効果ガスの排出削減義務が課せられるなど，化石燃料使用に対する圧力が高まったことにより，政策レベルでも再生可能エネルギーの導入が促進されるようになった。

1998年の地球温暖化対策推進法の制定，2005年の京都議定書目標達成計画の制定等により，再生可能エネルギーの導入促進を含む温室効果ガス削減のための政策が打ち出された。当初は太陽光などの再生可能エネルギーよりも，原子力発電の推進に対する記述が目立ったが，2007年に閣議決定された21世紀環境立国戦略では，持続可能な社会を低炭素社会，資源循環型社会そして自然共生社会の側面から追求するとし，低炭素社会への取り組みの1つとして，原子力の推進とともに，再生可能エネルギーの利用促進が明示された。

2011年3月の福島の原子力発電所の事故を契機に，再生可能エネルギーの推進は加速される。民主党政権下の2011年10月に，エネルギー・環境政策の策定のためにエネルギー・環境会議が設置され，2012年9月に革新的エネルギー・環境戦略が策定された。その中では，原子力発電に依存しない社会の実

現を目指し，グリーンエネルギー革命を実現するとしており，再生可能エネルギーについては，2030年までに3000億kWh（対2010年比で3倍）以上開発すると明記された。

2014年に策定されたエネルギー基本計画では，再生可能エネルギーは有望かつ多様で，重要な低炭素の国産エネルギー源であると位置づけられ，「2013年から3年程度，導入を最大限加速していき，その後も積極的に推進していくため，系統強化，規制の合理化，低コスト化等の研究開発などを着実に進める」としている。また，2016年4月からの電力小売りの全面自由化も，再生可能エネルギーの普及の追い風になっている。

こうした政策とともに，再生可能エネルギーの普及を促す具体的な制度の導入も進んできた。2002年には「電気事業者による新エネルギー等の利用に関する特別措置法，2002（平成14）年6月7日法律第62号」（RPS法）が成立し，2003年から電力会社に一定量の再生可能エネルギーの活用を義務づけるRPS制度が導入された。2009年には，「エネルギー供給事業者による非化石エネルギー源の利用および化石エネルギー原料の有効な利用の促進に関する法律」（エネルギー供給構造高度化法）が施行され，住宅や事業所における太陽光発電の余剰電力買取制度が導入された。

さらに，2011年8月に成立した「電気事業者による再生可能エネルギー電

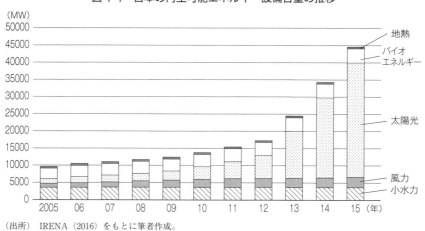

図4-1　日本の再生可能エネルギー設備容量の推移

（出所）　IRENA（2016）をもとに筆者作成。

気の調達に関する特別措置法」に基づき，2012 年 7 月から再生可能エネルギーの固定価格買取制度（FIT 制度）が導入された。この制度は，再生可能エネルギーで発電された電気を政府が定めた価格で電気事業者が買い取るというもので，その結果，太陽光を中心に再生可能エネルギーの導入が一気に進んだ（図 4-1 参照）。

（2） 太陽光発電の市場性と技術的課題

前述のとおり，近年さまざまな再生可能エネルギー利用が進んでいる中で，とくに太陽光発電の導入量の増加が著しい。太陽光発電は，膨大な太陽エネルギーを直接電気に変えるもので，資源枯渇の恐れがなく，CO_2 等の汚染物質の排出がないクリーンな発電システムであり，かつ大規模な設備も不要で世界中ほぼどこでも利用可能である。一方で，現状では太陽光発電は再生可能エネルギーの中でもコストが高く，かつ日照時間に左右されるため，全体として高価かつ不安定という大きな課題がある。

太陽光発電のコストについて見てみると，発電コストは着実に低下しているものの，依然として，LNG 火力や石炭火力のみならず，ほかの再生可能エネルギーに比しても高い状態にある。発電コストの正確な比較は難しいが，政府が 2015 年に設立した発電コスト検証ワーキンググループ[3] の報告によれば，2014 年モデルプラント，割引率 3%，政策経費を含んだ試算として，LNG 火力が 13.7 円/kWh，石炭火力が 12.3 円/kWh なのに対し，太陽光（住宅用）は29.4 円/kWh，風力（陸上）は 21.6 円/kWh，地熱は 16.9 円/kWh となっている（発電コスト検証ワーキンググループ 2015）。

技術面で見ると，太陽電池の発明自体が大きな技術イノベーションであり，現在に至るまで，低コスト化や高効率化・高寿命化に向けた技術開発が進められてきている。太陽電池を中心とする太陽光発電システムの設置や維持管理は比較的容易であり，蓄電を除き大きな技術的な制約は存在しないと考えられるため，いかにしてトータルとしての発電コストを下げるかが最大の技術的課題となっている。

もう 1 つの技術的課題が系統接続の問題である。太陽光発電のように天候による出力変動のある電源が大量に系統に接続された場合，安定的な電力供給に支障をきたす可能性がある。地域によってはすでに限界受け入れ量に近づきつ

つあり，変電所や送電線の増強等の対応策を行わない限り，安価な接続ができなくなりつつある（NEDO 2014）。

これらの技術的課題は，いずれも発電コストに直結するものであり，市場的課題と技術的課題は独立したものではなく裏表の関係にあるといえる。そして，発電コストの問題に対しては，再生可能エネルギー事業に対する補助金や税制，融資による支援，さらには前述の余剰電力買取制度や再生可能エネルギーの固定価格買取制度など，国や地方自治体によるさまざまな支援施策が実施されてきている。つまり，技術面から発電コストの削減を図りつつ，依然として残る既存エネルギー源による発電価格との乖離を，政策的・制度的に埋めていこうとする取り組みが行われているのが現状である。

(3) 全国レベルの社会的受容性の変化

全国レベルの政策や制度の変化，太陽光発電の技術や市場性を社会的受容性の観点から見ると，技術的受容性は従来から高く，制度的受容性と市場的受容性が1990年代後半より一体となって上昇してきていることがわかる。

政策・制度的な側面，つまり制度的受容性は，世界的に気候変動問題に注目が集まった1990年代後半より徐々に高まってきている。もともとはエネルギー安全保障の観点からの国産のエネルギーの開発という視点が中心であったが，その後，国際的な気候変動交渉の進展や福島の原子力発電所の事故により，クリーンな再生可能エネルギーへの関心が高まったことが大きい。とくに，2003年のRPS制度，2009年の太陽光余剰電力買取制度，そして2012年に開始されたFIT制度は，コスト高な再生可能エネルギーによる電力の購入を電力会社に促すもので，制度的受容性の向上とともに，市場的受容性の向上にも直接的に寄与している。

技術的には，太陽光発電はクリーンなエネルギー源として知られており，また，それ自体が大きな社会的あるいは環境的リスクを持つものではない。よって技術的受容性は従来から高いと考えられる。むしろ技術的な課題としては，前述のとおり系統接続の問題があげられる。この問題を解決するには設備投資の増強が必要であり，このコストを誰が負担するかにより，市場的受容性に直接影響を与える。一方，太陽光発電技術に関する技術的な進歩は全般的な発電コストの低下につながり，結果として太陽光発電事業の市場的受容性の上昇に

貢献している。

このように，制度的受容性，市場的受容性および技術的受容性は各々独立したものではなく，それぞれが密接に関係しながら変化してきている。その中でも，制度的な取り組みは，社会的受容性全体に大きな影響を及ぼしている。つまり，新たな制度の導入により，市場的受容性が高まり，また技術開発が促進され，結果として市場的・技術的受容性がさらに高まるということになる。再生可能エネルギーの最大の課題は，発電コストと電力安定供給を実現できる制度，技術あるいは追加的投資の問題であり，再生可能エネルギーの普及・拡大のためには，引き続き政策的な介入により，総合的な社会的受容性を高めていくことが重要となる。

3 地域レベルの社会的受容性の変化

（1） 地域レベルの政策・制度の変遷

今回の分析対象である飯田市は，従前から環境を中心テーマとした都市像を模索してきている。1996 年に策定された第 4 次飯田市基本構想基本計画において，飯田市は，環境が全人類に共通する重要課題であるとの認識に立ち，全国の自治体に先駆けて，環境と共生するライフスタイルや地域社会の実現を目指す環境文化都市という将来都市像を定めた（飯田市 2007）。

2004 年には，環境省の環境と経済の好循環のまちモデル事業[4]（まほろば事業）に，飯田市の提案である環境時代のグローカル（環境と地域経済の融合）推進事業が採択されている。第 3 章で詳しく述べられているように，この取り組みを進めるためにおひさま進歩が誕生し，太陽光市民共同発電事業が展開されることになった。

2007 年に策定された第 5 次飯田市基本構想基本計画においては，環境文化都市を超長期的に目指す都市像として再確認を行い，環境を優先するライフスタイルや地域社会を目指す環境文化都市宣言を行った（飯田市 2014）。

それ以降も 2009 年の環境モデル都市への選定，2013 年の飯田市再生可能エネルギーの導入による持続可能な地域づくりに関する条例の策定等，飯田市では一貫して環境を重視したまちづくりを進めており，再生可能エネルギーに対しても積極的な取り組みを行ってきている。

太陽光発電については，飯田市では日照時間が年間 2000 時間程度あり，年間を通じて晴れた日が多いという恵まれた条件を活かすべく，1997 年度から太陽光発電設備の設置支援を行ってきている。当初は融資あっせんと利子補給に始まった支援制度は，2004 年度以降，1 kW 当たり定額（上限あり）の助成へと転換し，太陽光発電設備の普及を支援している（飯田市 2011）。

（2） 地域レベルの社会的受容性の変化

飯田市では従来から屋根を利用した太陽熱利用が広く行われるなど，太陽光利用に対する地域社会の技術的受容性はある程度高かったと考えられる。また，1990 年代より環境や再生可能エネルギーを重視する政策が実施されてきており，地域社会の制度的受容性も高かった。さらに，前述のとおり太陽光発電設備の設置支援制度が 1997 年から開始されており，地域の市場的受容性を高めるのに貢献していた。こうした取り組みにより，飯田市の住宅用太陽光発電普及率は全国でもトップクラス[5]となっている。

このように，飯田市はもともと太陽光発電に対する社会的受容性の高い地域であったが，太陽光市民共同発電事業という社会イノベーションが生まれた直接的なきっかけは，環境省・まほろば事業に飯田市の提案が採択されたことである。そして，太陽光市民共同発電事業が成功した要因を具体的に見ていくと，市民出資によるファンドという先駆的な制度の導入と事業者としてのおひさま進歩への飯田市の支援がとくに重要であったと考えられる。

前者については，ドイツやデンマークでの取り組みや北海道のグリーンファンドによる風力発電への取り組みなど，先行事例がある程度存在していたこと，そしてファンドへの出資は実際には地域外からの出資者比率が 90％ 以上（都市環境イノベーション研究会 2015）という状況を踏まえると，地域としての社会的受容性というよりは，全国レベルでの社会的受容性がある程度高まってきていたと考える方が妥当であろう。とくに，こうした地域の取り組みに対する全国の市民の支援があるということは，今後の地域ベースの脱炭素化に向けた取り組みを考えるうえで大きな可能性を意味するものである。

飯田市の支援でとくに重要なものとして，諸富（2015）などが指摘しているように，①公共財産の目的外使用の許可，②飯田市における固定価格買取制度，そして③飯田市による信用力の付与，という 3 つがあげられる。

①については，民間事業者であるおひさま進歩が飯田市の行政財産である公共施設の屋根を借りて事業を行うというのが当初のモデルであり，そのためには市の許可を得る必要があった。通常では1年ごとの更新が必要とされるところ，最終的には市長の決断により，事業計画の期間である20年間の無償での使用が認められることになったのである（原 2015）。

②は国の制度に先駆けて実施された全国の自治体初の取り組み（諸富 2015）であり，飯田市はおひさま進歩が発電した電気全量を中部電力の従量電灯単価（当時22円）と同等で20年間買い取る契約を締結した（谷口 2015）。これにより，おひさま進歩は安定した事業を行えるようになった。なお，飯田市が買い取った電気はRPS制度を利用して中部電力に売電された。

③は，このような飯田市の支援が，おひさま進歩の事業に対する信用力を付与したということである。地方の一企業単独の取り組みではなく，飯田市が直接的に関与している事業であるという事実は，事業の実施のみならず，ファンドの募集やその後の地域の金融機関の融資に大きな影響を与えたと考えられる。

おひさま進歩の立ち上げ時に実施されたこれらの支援により，おひさま進歩の取り組みが安定的に拡大することが可能となった。つまり，このような飯田市の支援は，地域社会の制度的受容性，市場的受容性そして技術的受容性の向上に直接影響を与えたということである。

これらを整理すると図4-2のようになる。まず，全国レベルで再生可能エネルギーに対する関心が高まり，再生可能エネルギーの普及に対する政策や制度が徐々に整備され，技術的・市場的受容性も高まってくる。こうした国の取り組みや受容性の変化は，地域レベルでの制度・技術・市場にも影響を与える。

2004年のまほろば事業の採択を契機に，地域での太陽光市民共同発電事業の具体的な取り組みが進んだ。その中で，公共施設の長期の屋根貸や市による固定価格での買い取り，信用力の付与，そして地域金融機関による支援など地域ベースの先駆的な取り組みが実現し，地域レベルでの制度・技術・市場的受容性が一気に上昇したということになる。

もちろん，こうした地域的受容性の変化は自然に生じたものではない。環境省の事業の採択がきっかけとなったにしろ，その後のさまざまな先駆的な取り組みは，本事業に対するおひさま進歩と飯田市役所の強い意欲と工夫，そして関係アクター間の密接な協力によって実現されたのであり，このような地域レ

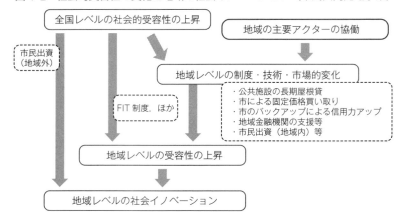

図4-2 社会的受容性の変化と地域の社会イノベーション（市民共同発電事業）

ベルの社会的受容性の高まりが，市民共同発電事業という地域レベルの社会イノベーションを強く後押ししたと考えられる。

さらに全国レベルの政策も，直接的に地域の社会的受容性に影響を与える。2012年のFIT制度の導入は，地域の市場的受容性向上に直接つながっている。地域レベルでの先駆的な取り組みにより創出されたイノベーションが，全国レベルの制度を活用する形で拡大してきているのである。

(3) 地域の主要アクターと社会的受容性

こうした地域の社会的受容性の変化の背景に何があったのか，ここでは市民共同発電事業に関わる地域の主要なアクターの役割と関係性，そして社会的受容性に与えた影響について見ていく。

本事業の実施主体は，おひさま進歩という地元の企業である。環境省のまほろば事業に採択された飯田市の提案を実現するために，2004年に誕生した企業である。おひさま進歩は，それまで日本でほとんど例のなかった市民出資によるファンドを立ち上げ，太陽光発電設備を飯田市の保育園・公民館・児童センターなどに設置し，発電した電力を売電し，出資者に利益を分配していくというシステムを作り上げた。その後も，国の制度の変化等に合わせて新たなシステムを構築し，市民共同発電事業を拡大させていった。まさに，おひさま進歩という地元企業，そしてその代表取締役である原亮弘社長（当時）がこの社

会イノベーションを引っ張ってきた当事者，つまりイノベーターであると考えられる。

地域の政策・制度の主体である飯田市の役割も大きい。おひさま進歩が市民共同発電事業を立ち上げるきっかけになったのは，飯田市の提案が環境省に採択されたことであるが，その提案の中に市民出資によるファンドのアイデアが盛り込まれていた。さらに，飯田市は公共施設の長期の屋根貸や市による固定価格での買い取りなどにより，おひさま進歩の取り組みを強力に支援してきた。こうした飯田市の役割は，イノベーションのための地域の社会的受容性を高める役割を担ったと見ることができる。

資金面では，出資に応じた地域住民に加え，第2号のファンド以降は長野県全体を営業基盤とする八十二銀行や地元の飯田信用金庫が出資や融資を行っている。こうした地域の資金提供者はファイナンス面での地域の市場的受容性を高め，イノベーションを後押しする支援者としての役割を果たしている。

さらに，太陽光発電設備の設置が公共施設のみならず，民間の施設や個人の住宅にも広がっていく中，民間企業や一般市民の協力も重要となる。太陽光発電設備を設置する業者や電力の売却先としての中部電力も関係している。これらのアクターは，イノベーションの協力者として位置づけられる。こうした地域の協力者の理解・支援は，地域における技術的・市場的受容性向上に寄与している。

これらの地域の主要なアクターが初期段階から密接に連携することにより，地域的受容性を高めながら，イノベーションが自律的に拡大していく土壌を作り上げたことが，飯田市の取り組みを成功に導いた大きな要因であると考えられる。

4 新たな社会イノベーションの可能性

（1） 飯田市における社会イノベーションの成功要因

飯田市の太陽光市民共同発電事業の成功を社会的受容性の観点から見ると，太陽光発電事業に対する全国レベルの制度的受容性や市場的受容性が高まりつつある中で，飯田市がより先進的な取り組みを打ち出したことにより，他地域に比べて地域的受容性が高まり，市民共同発電事業という社会イノベーション

の創出・発展につながったということができる。そして，飯田市の先進的な取り組みを可能にしたのが，「一貫した環境への取り組みの重視」と「行政，企業，市民の関係の密接性」という2つの特質であると考えられる。前者はイノベーションの方向性を明確にするものであり，後者はイノベーションに対する地域的受容性向上に寄与するものである。ここでは後者についてより詳しく見ていく。

　飯田市での複数回にわたる関係者へのヒアリングや先行研究の分析結果から，飯田市においては，行政や企業など立場を超えた人のつながりが強い，つまり社会関係資本が豊かであるという特徴があり，それが社会イノベーションの成功に大きな役割を果たしている可能性が高い。もともと地域の社会的受容性がある程度高かったことに加え，主要アクターの協働が進みやすく，その協働を通じて，イノベーションを受容するレベルにまで社会的受容性を高めることができたということが大きい。

　たとえば，おひさま進歩の原社長（当時）は，「飯田市では，市民お互いの距離が近く，自治会や公民館の活動を通じ，さまざまな立場の人とつながる機会が多い。特に市民共同発電事業の最初の構想や事業のスタートに当たり，こうした人々の意見や支援が重要だった」と述べている（都市環境イノベーション研究会 2017, p. 6）。諸富（2015）は，飯田市の先駆的な取り組みの秘密として，同市の公民館活動をあげ，公民館は社会関係資本を蓄積していく場としても機能していると指摘している。第3章でも触れられているように，飯田市という地域全体が立場を超えた人と人とのつながりが強く，相互の理解や働きかけを行う場[6]を創出しやすいという特徴があると考えられる。

　本書の第1章および第2章で言及されている地域ぐるみ環境ISO研究会も，環境分野の官民連携の場の1つである。地域の中核企業である多摩川精機が中心となり，1997年に立ち上げられた「地域ぐるみでISOへ挑戦しよう研究会」は2000年に「地域ぐるみ環境ISO研究会」に改称され現在に至っている。オムロンオートモーティブエレクトロニクス株式会社の飯田営業所（元オムロン飯田株式会社）の屋上にあるメガワット級の太陽光発電設備の設置は，このISO研究会で同社とおひさま進歩が出会ったことが1つのきっかけとなったということである。

　こうした地域内の関係性に加え，地域外の支援者・協力者の存在も，本事例

の大きな特徴となっている。たとえば，市民共同発電事業にかかるファンドの組成やその募集業務など，専門的な知識が要求される課題については，地域外の知識や経験を有する専門家や団体の協力が不可欠であった（原 2015）。具体的には，北海道で市民出資による市民風力発電を成功させていた北海道グリーンファンドやそれをサポートしていた NPO 法人環境エネルギー政策研究所（ISEP）などである。

　そして，特筆すべきは，おひさま進歩の市民出資に応じた出資者の大部分は飯田市などの南信州地域以外に在住しているということである。地域にこだわらずこうした取り組みを支援する人々が全国には存在しているのである。実際に出資に応じた人々は，利回りを最優先に判断するのではなく，地球温暖化防止や脱原発化といった思いから何かしたいという人がほとんどである（谷口 2015）。単なるチャリティとしてではなく，まとまった金額を出資することにより，ある程度の経済的利益を確保しつつ，同時に地球温暖化対策や脱原発にも貢献したいという思いを持つ人が少なくないということである。全国に在住するこうした高い環境意識を有する人々の存在が，地域レベルの環境イノベーションを後押ししているのである。

（2）　今後の課題と新たな社会イノベーションの可能性

　飯田市の太陽光市民共同発電事業は，市民共同出資による再生可能エネルギー事業の展開という先駆的取り組みを確立したという点で高く評価されている。その評価軸は，温暖化対策，地域経済振興あるいは地域内の資源循環などさまざまであるが，いずれの場合も，新たな形の地域の取り組みとして今後の地方都市の取り組みに示唆を与えるものとして評価することができる。一方で，本事例自体はまだまだ小さな取り組みであり，温暖化対策としても，あるいは地方創生という観点でも，その直接的なインパクトはそれほど大きいわけではない。

　たとえば温暖化対策という視点で見ると，本事業は太陽光発電設備の普及に大きく貢献したものの，それによる CO_2 排出削減量はそれほど大きくはない。おひさま進歩の太陽光発電による CO_2 排出削減量は年間 3000 t-CO_2 程度[7]であり，飯田市全体の年間排出量約 70 万 t-CO_2（飯田市 2017）に比べるとほんのわずかである。実際には，「住民への影響力があり，一般住宅での太陽光発電

の設置促進，省エネルギー行動の促進等の間接波及的な面も考えれば数字では捉えきれない貢献度が大きい」（白井・壽福 2017, p. 28）とは考えられるものの，飯田市全体，あるいは日本全国の脱炭素化という視点から見ると，今後のさらなる拡大が期待される。

　社会イノベーションとしての飯田市の市民共同発電事業の今後の拡大の可能性を考えた場合，いくつかの道筋が考えられる。第1は，飯田市における現在の太陽光市民共同発電事業のさらなる拡大，第2は，ほかの再生可能エネルギー源を用いた市民共同発電事業の拡大，第3は，市民共同発電事業の他地域への展開など，他地域との連携，そして第4は，新たなイノベーションの創出である。最初の3つについては，すでにある程度の取り組みが始まっているので，ここでは第4の新たなイノベーションの可能性について考えてみる。

　太陽光市民共同発電事業という社会イノベーションを成功に導いた飯田市の特質はいまだ変化しておらず，社会イノベーションを生み出す地域的な条件は整っている。とくに再生可能エネルギーなど環境分野のイノベーションに対する地域的受容性は，依然として高いと考えることができる。

　さらに地域レベルの社会的受容性に大きな影響を与える全国レベルの社会的受容性を見てみると，環境問題の中でも，気候変動問題に対する制度的受容性は着実に高まりつつある。とくに再生可能エネルギーの普及については，さまざまな課題はあるものの，依然として強い追い風が吹いているといえる。再生可能エネルギーの普及に向けた本格的な取り組みは，まだスタートしたばかりである。2015年9月の国連サミットで採択された「持続可能な開発のための2030アジェンダ」に記載された2030年までの国際目標である，持続可能な開発目標（SDGs）では「2030年までに，世界のエネルギーミックスにおける再生可能エネルギーの割合を大幅に拡大させる」というターゲットが設定されている。

　また，2016年に閣議決定された日本の地球温暖化対策計画では，温室効果ガスの削減目標として，国内の排出削減・吸収量の確保により，2030年度において，2013年度比26.0%減（2005年度比25.4%減）の水準にすることとし，その実現のために「再生可能エネルギーの最大限の導入」を謳っている。このように，再生可能エネルギー普及に対する全国レベルでの制度的受容性はいっそう高まりを見せている。

したがって，再生可能エネルギー利用などの温暖化対策分野で，さらなるイノベーションが生まれやすい状況にあるといえ，飯田市における高い地域的受容性とそれを支える社会関係資本の存在は，新たな社会イノベーションの創出の可能性を高めている。

　一方，こうしたイノベーションは，必ずしも各地域で独自に生み出さなければならないわけではない。第3章のドイツのシュタットベルケの事例のように，他国あるいは他地域で生まれたイノベーションを，その地域に合った形で導入・普及していけばよいのである。つまりイノベーションの種は，すでに至る所に存在しているということになる。あとはその種を実際の社会イノベーションにつなげていくことができるイノベーターをどのように見出すかである。おひさま進歩の原社長（当時）のようなイノベーターを発掘できれば，新たな社会イノベーションを展開できる可能性が高まってくる。そしてイノベーションの創出・普及には，日本全国に存在する潜在的支援者の役割も重要である。地域による主体的な取り組みを基本としつつ，それらの取り組みを全国で支えることにより，こうした取り組みが拡大し，より大きな成果の実現につながると考えられる。

◆ 注

1) 「おひさま進歩エネルギー有限会社」は，2007年に「おひさまエネルギーファンド株式会社」となり，新たに「おひさま進歩エネルギー株式会社」が設立された。本章では，両社を合わせて「おひさま進歩」と表記する。

2) 本章では，「市民・地域共同発電所」を市民や地域主体が共同で再生可能エネルギーの発電設備の建設・運営を行う取り組みであるとする。そのために必要となる資金を，寄付や出資などの形で共同拠出すること，またそこで得られる発電収入は，出資者や地域に配当・還元されることが大きな特徴である（豊田 2017）。

3) 経済産業省資源エネルギー庁の総合資源エネルギー調査会基本政策分科会長期エネルギー需給見通し小委員会のもとに2015年に設置されたワーキンググループで，各電源の発電コストなどについて試算を実施。

4) 地域発の創意工夫と幅広い主体の参加によって環境と経済の好循環を生み出すまちづくりに取り組むモデル地域を支援するために，環境省が2004年に開始した事業であり，平成のまほろば事業とも呼ばれる。

5) 飯田市の世帯当たりの住宅用太陽光発電設備の設置率は10.36％で，10万人以上の都市における世帯当たりの設置率では日本一である（2016年11月末時点）。固定価格買取制度情報公表用ウェブサイト（資源エネルギー庁）のデータと住民基本台帳に

基づく世帯数をもとに算出された数値である。

6) 「場」とは，「人々がそこに参加し，意識・無意識のうちに相互に観察し，コミュニケーションを行い，相互に理解し，相互に働きかけを行い，相互に心理的刺激をする，その状況の枠組みのことである」（伊丹 2005, p. 42）とされるが，本事例では，その機能に着目し，必ずしも具体的な枠組みを意味するものではない。

7) 本推計では，政府が公表している排出係数のデータから中部電力の排出係数を 480 g-CO$_2$/kWh（2016 年度実績，調整後），太陽光発電の排出係数（結晶シリコン）を 45.5 g-CO$_2$/kWh（太陽光発電協会 2014），おひさま進歩の太陽光発電設備容量 7020.57 kW（おひさま進歩エネルギー株式会社ウェブサイト，2017 年 3 月現在）とし，飯田市での太陽光発電による平均発電量は，谷口（2015）のデータに基づき発電容量 1 kW 当たり 1100 kWh で計算した。

◆ 参考文献

飯田市（2007）『第 5 次飯田市基本構想基本計画』。

飯田市（2011）「飯田市の太陽光発電に関する取組み」（https://www.city.iida.lg.jp/site/ecomodel/project-46.html）。

飯田市（2014）『第 2 次飯田市環境モデル都市行動計画』。

飯田市（2017）『飯田市環境基本計画 21′ いいだ環境プラン（第 4 次改訂版）』。

伊丹敬之（2005）『場の論理とマネジメント』東洋経済新報社。

白井信雄・壽福眞美（2017）「再生可能エネルギーによる地域社会構造的再生に関するチェック項目の構築——長野県飯田市・滋賀県湖南市の評価」『環境科学会誌』30 (1), 20–33。

太陽光発電協会（2014）『太陽光発電協会 表示ガイドライン（平成 26 年度）』

谷口彰（2015）「市民出資「おひさまファンド」」『みんなの力で自然エネルギーを』おひさま進歩エネルギー株式会社。

都市環境イノベーション研究会（2015）『第 1 回飯田市調査報告書』都市環境イノベーション研究会（研究代表者：松岡俊二，早稲田大学）。

都市環境イノベーション研究会（2017）『飯田市地域ぐるみ環境 ISO 研究会設立 20 周年記念イベントその 2「低炭素から脱炭素へ——地域ぐるみで新たな挑戦」報告書』日本生命財団・学際的総合研究助成「環境イノベーションの社会的受容性と持続可能な都市の形成」都市環境イノベーション研究会（研究代表者：松岡俊二，早稲田大学）。

豊田陽介（2017）『市民・地域共同発電所全国調査報告書 2016』気候ネットワーク。

発電コスト検証ワーキンググループ（2015）『長期エネルギー需給見通し小委員会に対する発電コスト等の検証に関する報告』。

原亮弘（2015）「おひさま進歩誕生物語」『みんなの力で自然エネルギーを』おひさま進歩エネルギー株式会社。

本巣芽美・西城戸誠（2015）「再生可能エネルギーの社会的受容性」丸山康司・西城戸誠・本巣芽美編『再生可能エネルギーのリスクとガバナンス——社会を維持していくための実践』ミネルヴァ書房，25–55。

諸富徹（2015）『「エネルギー自治」で地域再生！——飯田モデルに学ぶ』（岩波ブック

レット）岩波書店。

NEDO（独立行政法人 新エネルギー・産業技術総合開発機構）編（2014）『NEDO 再生可能エネルギー技術白書——再生可能エネルギー普及拡大にむけて克服すべき課題と処方箋（第 2 版）』（http://www.nedo.go.jp/library/ne_hakusyo_index.html）。

IRENA（2016）*Renewable Energy Statistics 2016*, Abu Dhabi: The International Renewable Energy Agency.

Wüstenhagen, R., M. Wolsink and M. J. Bürer（2007）"Social Acceptance of Renewable Energy Innovation: An Introduction to the Concept," *Energy Policy*, 35（5）, 2683–2691.

おひさま進歩エネルギー株式会社ウェブサイト「おひさま発電所」：http://ohisama-energy.co.jp/fund/ohisama-stations/

資源エネルギー庁ウェブサイト「固定価格買取制度 情報公表用ウェブサイト」：http://www.enecho.meti.go.jp/category/saving_and_new/saiene/statistics/index.html

[2] 資源循環型社会アプローチ：掛川モデル

第**5**章

資源循環型社会への模索・掛川モデル

ごみ減量日本一への途

松 本 礼 史

はじめに

　本章は，資源循環型社会形成の事例として，静岡県掛川市を取り上げる。掛川市はごみ焼却工場の施設制約から，官民協働でごみ減量に取り組み，4年間で約25%のごみ減量を達成した都市である。ごみ減量の結果として，2010年度，2011年度には，ごみ減量（リデュース）日本一の都市となっている（人口10万人以上，50万人未満の都市のランキング）。また，その後もごみ減量を継続し，現在（2016年度）まで，リデュース・ランキング2位を継続している。官民協働のごみ減量が社会的受容性を醸成し，成功した背景として，掛川市が長年取り組んできた，生涯学習都市づくり，住民参加型のまちづくりがある。掛川市は自治区（自治会）を活用し，市役所と市民が意思疎通を図り，情報を共有する仕組みを持っている。まちづくりのシステムを通して，ごみ減量施策が市民に受容されたといえる。また，まちづくりの仕組みが緩やかな場として機能し，焼却工場の施設制約という危機意識を，行政と住民が共有する場となり，行政のごみ減量施策を住民に伝達する場となったと考えられる。

1 掛川市の姿

（1） 掛川市の概要

　掛川市は，静岡県の西部地域に位置し，浜松市と静岡市の間にある人口11万7729人（2018年8月1日現在，外国人含む）の都市である。2005年4月に（旧）掛川市，大東町，大須賀町の3市町が合併して，現在の市域（面積265.69 km²）となった。太平洋岸から内陸に，南北およそ31 km，東西は15 kmの範囲が市域である。国勢調査人口を現在の市域に合わせて合算し，その推移を見ると，1955年調査の9万2072人が最初のピークである。その後は減少に転じ，1970年調査の8万6113人まで減少する。1975年調査から再び増加し，2005年の11万7857人がピークとなる。その後，2010年が11万6363人，2015年が11万4602人と，微減傾向にある。なお，住民基本台帳人口では，2015年以降，増加に転じている（掛川市企画政策部企画政策課編 2018）。

　就業者の産業別割合は，第1次産業7％，第2次産業40％，第3次産業（分類不能含む）53％となっている（2015年国勢調査結果）。静岡県の中では，比較的第2次産業の割合が高い地域である。工業出荷額で見ると，化学工業，電気機械器具製造業，輸送用機械器具製造業，情報通信機械器具製造業の占める割合が高い（掛川市企画政策部企画政策課 2018）。第1次産業では，市内東山地区の山腹に描かれた茶文字に象徴されるように，お茶の栽培が盛んであり，2013年に世界農業遺産に認定登録された茶草場農法が行われている。この農法は，茶園の畝間にススキ等の草を刈って敷きこむ農法であり，茶畑の周囲に生物多様性豊かな草刈場が残されているのが特徴である（掛川観光協会ウェブサイト）。

　合併前の（旧）掛川市は，1979年に全国初の生涯学習都市宣言を行った自治体として有名である。また，生涯学習を社会教育として捉えるだけではなく，まちづくりと結びつけ，生涯学習によるまちづくりを推進してきた。合併前の大東町は1990年に「生涯学習まちづくり構想」を策定し，大須賀町も「生涯学習推進大綱」を1990年に策定している。合併後の2007年12月には，「生涯学習都市宣言」が市議会で決議されている。

第5章　資源循環型社会への模索・掛川モデル　109

(2) 掛川市の社会イノベーション

序章で議論したように，社会イノベーションとは，地域の持続性課題の解決のために，新たな社会的仕組みや組織を創出し，新たな社会的価値をもたらす革新と定義される。掛川市における資源循環型社会形成のための社会イノベーションは，官民協働によるごみ減量の推進である。端緒となった地域の持続性課題は，ごみ焼却工場の施設制約である。この解決のために，官民協働でごみ減量に取り組んだ。後述する「ごみ減量大作戦」を 2006 年 11 月に開始し，2010 年度までの 4 年間で約 25% のごみ減量を達成している。

図 5-1 に示したように，環境省が発表しているリデュース・ランキングにおいて，人口 10 万人以上 50 万人未満の都市の中で，掛川市はごみ減量第 2 位の都市である（1 人 1 日当たり 641 g，2016 年度実績，2016 年度の対象は 237 都市）。掛川市はこのランキングで，2010 年度，2011 年度に第 1 位となっている。また，その後も現在（2016 年度）まで，第 2 位を維持しているリデュース先進自治体である。リデュース・ランキングでは，東京都多摩地区の多くの都市がランキングの上位に位置しており，焼却工場や最終処分場などの廃棄物処理のための

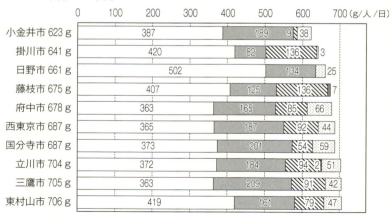

図 5-1　ごみ減量上位 10 都市の 1 人 1 日当たりの排出量 (人口 10 万人以上 50 万人未満，2016 年度)

（出所）　環境省『平成 28 年度　一般廃棄物処理実態調査結果』。

110　第Ⅰ部　ケース研究［2］資源循環型社会アプローチ：掛川モデル

施設制約が，ごみ減量を推進する要因となっていることがうかがえる。

　環境省では，毎年度，リデュース・ランキングとともに，リサイクル率のランキングも発表している。2016 年度のリサイクル率トップ（人口 10 万人以上 50 万人未満の都市）は，岡山県倉敷市の 54.0%，2 位が小金井市の 50.2% である。掛川市は 18.9% であり，237 都市中 108 位である。また，リサイクル率トップの倉敷市は，リデュース・ランキングでは，195 位となる。小金井市がリデュース・ランキング，リサイクル率ランキングの両方で上位に顔を出すのに対して，掛川市の取り組みはごみ減量に，倉敷市はリサイクルに特化しているように見える。このように，リデュース，リサイクル双方で，上位に位置する都市がある一方，両者の順位が大きく異なる都市もある。

　図 5-1 に登場する上位自治体のごみ排出量を，生活（家庭）系と事業系，資源ごみとその他のごみ，集団回収量に区分して比較すると，その内訳は一様でないことがわかる。第 1 位の東京都小金井市と第 3 位の東京都日野市は，事業系のごみが極端に少ない。一方，本章で取り上げた掛川市や，第 4 位の静岡県藤枝市は，相対的に事業系のごみが多く，生活系のごみの中でも資源ごみが少ない。また，集団回収量も少ないのが特徴である。「廃棄物の処理及び清掃に関する法律」では，一般廃棄物の減量促進や適正処理について，市町村の責務を定めている。したがって，ごみの減量やリサイクルは各市町村が中心的な役割を担って取り組むことになるが，重点としているごみの種類はさまざまであり，また，その手法も異なっている。

　小金井市の事業系ごみは，1 日平均 10 kg 以上排出する場合，市の許可を受けた一般廃棄物収集運搬業許可業者に依頼することとなっている。しかし，収集時間帯と積替施設の持込可能時間帯の兼ね合いから，市が指定する施設を経由しない自己処理が増加していると指摘されている（宮崎県 2017）。また小金井市では，資源ごみは戸別収集とともに，拠点回収も併用されている。掛川市では，2018 年 6 月現在，古布・靴・鞄，古紙（新聞・段ボール・紙パック・雑がみ）は行政が回収していない。市民には，民間の回収業者や回収ボックスへの持ち込み，また，自治区の独自回収（各地区毎に古紙業者と契約）を利用するよう，案内されている（掛川市ウェブサイト）。両市とも，生ごみの自家処理・減量には力を注いでおり，小金井市では，市指定の生ごみ処理機から生成された生ごみ乾燥物も，資源ごみとして戸別収集されている。

以上のような他都市との比較も踏まえると，掛川市の資源循環型社会形成は，ごみ減量と資源循環の民間ルート活用が特徴といえる。掛川市の社会イノベーションがどのように実施され，資源循環型都市が形成されたのか，ごみ減量の経緯とその成功の要因を，社会的受容性の観点から見ていきたい。

2 ごみ減量の経緯

（1）　市町合併とごみ処理広域化，ごみ処理施設の変遷

　掛川市の社会イノベーションは，ごみ焼却工場の施設制約が端緒である。掛川市および関連する自治体のごみ焼却施設の変遷を，図 5-2 に示した。合併前の（旧）掛川市は，掛川市清掃センター（千羽清掃センター，施設容量 80 t/日）を保有し，可燃ごみの焼却処理を行っていた。掛川市に隣接する菊川町と小笠町は，2 町で一部事務組合を構成し，45 t/日の焼却工場を運営していた（菊川町と小笠町は 2005 年 1 月に合併し，菊川市となっている）。これら 2 つの施設の設備更新時期が近かったことから，両施設を統合して置き換える目的で，新たなごみ処理施設（施設名：環境資源ギャラリー，2005 年 9 月運用開始）を掛川市満水地区に建設した。環境資源ギャラリーは，可燃ごみを処理するガス化溶融施設と，リサイクルプラザ施設，容器包装博物館から構成されている。ガス化溶融施設の処理能力は，2024 年度まで安定処理できるよう，140 t/日で設計されている。これは，旧施設容量の合計（80 t/日＋45 t/日＝125 t/日）から，若干拡大した施設規模となっている。

　一方，掛川市との合併前の大東町，大須賀町は 2 町で一部事務組合を構成し，焼却工場（施設名：環境保全センター，施設容量 35 t/日）を保有していた。環境保全センターの焼却施設はバッチ式の古いものであり，合併後の掛川市では，環境保全センターを 2008 年 3 月に閉鎖し，環境資源ギャラリーに一本化する。しかし，環境資源ギャラリーはもともと合併前の 1 市 2 町（掛川市，菊川町，小笠町）を想定して設計されたものである。2001 年に静岡県が策定した「中東遠圏域ごみ処理広域化計画」では，将来，環境資源ギャラリーに，（旧）大東町，（旧）大須賀町分のごみを受け入れることも計画していたが，その時点で，40 t/日程度の設備増強が予定されていた。だが，この設備増強には 30 億円程度の事業費がかかることが予想された。それを回避するために，現状の環境資

図5-2　掛川市および菊川市のごみ処理（焼却）施設の変遷

現在の市	旧市町	2004年10月1日現在人口	2001年度	2002	2003	2004	2005	2006	2007	2008	2009	2010	2011	2012	2013	2014	2015	2016
掛川市 2005年 4月合併	大須賀町	12,518	大東町大須賀町衛生施設組合 環境保全センター 35 t／日							当初計画では，この段階で 40 t／日の設備増強を予定								
	大東町	22,107																
	掛川市	82,384	掛川市清掃センター （千羽清掃センター） 80 t／日							環境資源ギャラリー 140 t／日								
菊川市 2005年 1月合併	菊川町	31,794	菊川町および小笠町 衛生施設組合 清掃工場 45 t／日															
	小笠町	15,911																

（注）　旧市町名の縦幅は，2004年10月1日現在の人口に比例して描いている。
（出所）　掛川市資料などをもとに筆者作成。

源ギャラリーの施設規模で，掛川市のすべてのごみを処理することとしたため，ごみ減量に迫られた。このため，掛川市では，2006年11月に「ごみ減量大作戦」を開始した。

(2)　「ごみ減量大作戦」の進展

　図5-3には，合併以降の掛川市のごみ排出量の推移を示している。掛川市は，2006年11月に「ごみ減量大作戦」を開始したが，2006年度の市民1人当たりのごみ排出量は857gであった。「ごみ減量大作戦」の進展に伴い，2007年度803g，2008年度795g，2009年度761gと減少し，2010年度には，642gまでごみ減量が進み，4年間で約25%の減量を達成したことになる。その後も640〜650g台と，2016年度までほぼ横ばいで推移している。なお，掛川市は2015年10月から，ごみ収集の有料化制度を導入している。通常，ごみ収集を有料化した場合，急激なごみ排出量の減少が見られることが多い。しかし掛川市の場合，2014年度・2015年度から2016年度にかけてのごみ排出量は微減である。このことから，有料化以前に十分なごみ減量がなされていたと考えられる。

　「ごみ減量大作戦」のきっかけは，ごみ焼却工場の施設制約であったので，環境資源ギャラリーの処理量から，「ごみ減量大作戦」の進展を見てみる。2006年度の環境資源ギャラリーの焼却処理量は，掛川市と菊川市を合わせて，年間2万8538t（施設負荷率76%）である。掛川市の「ごみ減量大作戦」の進展後の2010年度には，環境資源ギャラリーの焼却処理量は，年間2万8525t

第5章　資源循環型社会への模索・掛川モデル　　113

図 5-3　掛川市の 1 人 1 日当たりのごみ排出量の推移とリデュース・ランキング順位

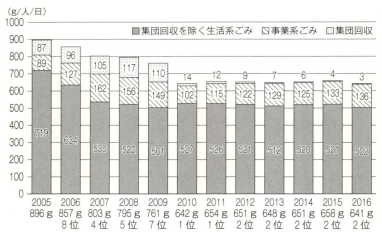

(出所)　環境省（各年版）。

(施設負荷率 76%) となっており，2006 年度と大差ない値に収まっている。なお，(旧) 大東町，(旧) 大須賀町分のごみを処理していた環境保全センターの 2006 年度の焼却処理量は，年間 6583 t であった。この分を考慮すると，両市の焼却処理量は，菊川市での削減分も含めて，総量で約 19% 削減されたことになる。環境資源ギャラリーの設備増強をせずに，(旧) 大東町，(旧) 大須賀町分のごみを処理するという目標は，以上の点からも，達成されたといえるだろう。

3　資源循環型社会の形成と住民参加型行政システム

(1)　掛川市における資源循環型社会の形成

「ごみ減量大作戦」は第 1 段階として，2008 年 3 月までに 7% ごみを減量することを目標として，2006 年 11 月に開始された。さまざまな取り組みの結果，第 1 段階では，9.7% の減量を達成している。さらに，第 2 段階 (2008 年度)，第 3 段階 (2009 年度) と減量施策を進め，2010 年度と 2011 年度に，人口 10 万人以上 50 万人未満の都市の中で，ごみ減量日本一となっている。2006 年度と 2010 年度を比較すると，1 人 1 日当たりのごみ排出量では，857 g から 642 g

へ 25% の減量，燃えるごみの総量では，2万5005 t から2万1281 t へ 15% の減量となっている。ごみ減量のための具体的な取り組みは，次のとおりである。

- 住民への普及啓発（地区説明会，啓発幟，マイバッグ運動等）
- 分別・混入防止指導（直接搬入ごみや許可業者への指導）
- 剪定枝等の再資源化
- ごみ袋の記名制
- 生ごみ処理機の講習会
- 古紙回収コンテナの設置（行政回収の廃止）

　山谷は，これらの取り組みを「見える化」と「民活」として整理している（山谷 2015）。

　掛川市の施策の特徴の1つは，市民に減量や分別の協力を徹底的に呼びかける点である。2006 年 11 月から 2007 年 3 月にかけて，「ごみ減量大作戦」の地区説明会は 315 回開催され，1万 6233 名（全世帯の 45%）が参加している。また，「ごみ減量大作戦」開始以前であるが，2001 年の新分別説明会には，全世帯の 63% が参加している。このような市民への協力呼びかけのチャネルとして，自治区（自治会）が活用されている。また，各自治区からは，無償のボランティアであるクリーン推進員が選出され，地域住民への啓発指導にあたっている。また，クリーン推進員を対象とした研修会や研修視察も実施されている。クリーン推進員は，1 年任期で，毎年約 600 名が選出されている。クリーン推進員制度は，（旧）掛川市で，2001 年から導入されている。

　特徴の2つ目は，生ごみ処理機や剪定枝の地区回収，古紙回収コンテナなど，市民自身や民間事業者で実行できる資源循環のルート，つまり，市役所の関与しない民間の資源循環ルートに，資源を流していくことである。集団回収への奨励金（1 kg につき 3 円）は 1993 年に始まっている。また，白色トレイの店頭回収や生ごみ堆肥化処理容器購入助成は 1995 年から取り組まれている。剪定枝の地区回収，民間処理業者への剪定枝処理事業費補助制度は，2007 年 4 月から開始されている。集団回収への奨励金は，1998 年に 1 kg につき 5 円に値上げされ，2009 年に 4 円に値下げされている。また，2010 年には，売却額と1 kg 当たり 4 円との差額に減額されている。結果として，これ以降，市役所

の把握する集団回収量が減少している。

　このように，市役所と市民の情報共有や，普及啓発，また，資源回収の実施主体に自治区の仕組みを活用していることも，掛川市の特徴である。掛川市には203の自治区があり（自治区をさらに分割した小区も81設けられている），自治会活動が活発に行われている。自治区は，全市で33にまとまり「地区」を構成している。「地区」はおおよそ，小学校区に相当する（現在の小学校数は23校）。掛川市の自治会組織率は，86％と高いことも特徴である（山谷 2015）。

(2)　生涯学習都市の歩みと住民参加型行政システム

　掛川市の資源循環型社会の形成には，住民組織の果たした役割が大きいと考えられる。掛川市は自治区（自治会）を活用した「協働によるまちづくりシステム」の仕組みを持ち，市長・市役所と市民との協働によるまちづくりを実践してきた歴史がある（榛村 2001）。掛川市の官民協働ガバナンスについては，第6章で詳述するが，その形成と発展には，1977年から2005年まで市長を務めた榛村純一の影響が大きかったとされる。生涯学習都市としての取り組みである1978年4月の「掛川学事始の集い」を起点に，「市民総代会システム」を経て，2016年4月に「協働によるまちづくりシステム」へ発展してきた。池上・浅山（2011）は，掛川市のまちづくりの経過と特徴を，以下のようにまとめている。

- 1977年から2005年まで市長を務めた榛村純一のリーダーシップのもとで，全国初の「生涯学習都市宣言」を1979年に行った。
- 生涯学習を総合行政として捉え，地域づくりにつなげるという姿勢が特徴である。
- 自治区（自治会）の発言力が強く，市全体の自治区役員と市長が意見交換をする市民総代会，それに連なる地区別の集会がある。そこで出た意見は，市役所担当部局の回答を併記して『市長・区長交流控帖』としてまとめられ，関係機関に配布されている。

　住民参加型の行政システムの形成過程と合わせて，資源循環型社会の形成過程を，年表形式で表5-1に整理した。資源循環型社会の形成が社会的受容性を

116　第Ⅰ部　ケース研究［2］資源循環型社会アプローチ：掛川モデル

表 5-1　掛川市における循環型社会形成と関連事項

年	関連事項
1971	ごみ収集開始
1976	パッカー車でのごみ収集開始
1977	榛村純一市長就任（2005 年までの 7 期 28 年。約 500 回の市民対話集会，市民アンケートの実施）
1978	4 月　掛川学事始の集い（後に市民総代会システムに発展）
1979	生涯学習都市宣言（全国初）
1988	新幹線掛川駅開業（榛村市長の公約）
1991	生涯学習まちづくり土地条例制定
1993	集団回収団体に 1 kg 当たり 3 円の回収活動奨励金制度開始 東名高速掛川 IC 設置（榛村市長の公約）
1994	掛川城天守閣復元（榛村市長の公約）
1995	白色トレイ店頭回収 生ごみ堆肥化処理容器購入助成
1998	ペットボトル分別収集 集団回収団体に回収活動奨励金を 1 kg 当たり 5 円に増額
2000	千羽清掃センター稼働協定延長（2004 年 3 月まで） 新焼却施設（環境資源ギャラリー）建設地決定
2001	中東遠圏域ごみ処理広域化計画（静岡県） クリーン推進員制度開始 6 月～9 月　新分別（14 種類）地区説明会（270 会場，全世帯の 63% 参加） 8 月　掛川・菊川・小笠衛生施設組合
2003	千羽清掃センター稼働協定再延長（2005 年 9 月まで） ごみ減量とリサイクル先進モデル事業所制度開始
2004	掛川美化推進ボランティア制度
2005	4 月　掛川市，大東町，大須賀町合併（新掛川市誕生） 9 月　環境資源ギャラリー運用開始
2006	11 月　ごみ減量大作戦開始（第 1 段階は 2008 年 3 月まで，減量目標 7%，9.7% 達成） 11 月～2007 年 3 月　地区説明会 315 回開催，1 万 6233 名（全世帯の 45%）参加
2007	地区集積所巡回指導開始
2008	4 月　ごみ減量大作戦第 2 段階（2009 年 3 月まで） 7 月～12 月　地区説明会 210 回開催，1 万 2624 名参加 地球温暖化地域推進計画と合わせた説明を実施
2009	4 月　ごみ減量大作戦第 3 段階（2010 年 3 月まで） 集団回収団体に回収活動奨励金を 1 kg 当たり 4 円に減額
2010	集団回収団体に回収活動奨励金を 1 kg 当たり 4 円との差額に減額 市内小中学校に太陽光発電設置 ごみ減量日本一達成（年度単位）
2011	ごみ減量日本一達成（年度単位）
2012	4 月　行政による古紙の回収廃止
2015	4 月　ごみ収集一部有料化実施（10 月から新袋へ完全切替）
2016	4 月　市民総代会システムを協働によるまちづくりシステムに変更

（出所）　掛川市（2017），掛川市地域教材研究会（2018）などをもとに筆者作成。

第 5 章　資源循環型社会への模索・掛川モデル　117

確立するための緩やかな場は，住民参加型の行政システムを下敷きにして機能したと考えられる。まちづくりのシステムが，焼却工場の施設制約という危機意識を行政と住民が共有する場となり，行政のごみ減量施策を住民に伝達する場となったと考えられる。また自治区は，クリーン推進員の選出母体として住民への普及啓発を担い，古紙の独自回収の主体となるなど，資源循環型社会の形成も，住民参加型で進んできたといえるだろう。

4 │ 資源循環型社会形成の社会的受容性

(1)　全国レベルの社会的受容性

　掛川市の社会イノベーションを，本書における社会的受容性分析フレームに当てはめるに際し，社会イノベーションと社会的受容性に関する各要素，およびその評価項目について整理する。最初に，資源循環型社会形成の全国レベルの社会的受容性の各構成要素を見てみる。

(1.1)　技術的受容性

　資源循環型社会形成の技術的受容性として，ごみ減量やリサイクルの技術があげられる。掛川市の取り組みとの対応でいえば，市民の分別協力などのソフト面でのごみ減量技術である。「混ぜればごみ，分ければ資源」を合言葉に，分別してごみを減らす取り組みは，1975 年 4 月に始めた沼津市にちなんで，「沼津方式」と呼ばれている。また，広島市では，1976 年 6 月から家庭ごみの5 種類分別収集を実施している。このように，市民の協力によりごみを分別し，資源循環ルートに載せることによって，焼却施設や最終処分場の容量制約を回避する取り組みは，1970 年代の後半に先進都市で始まり，成果をあげてきた。資源循環型社会形成の技術的受容性は，これらの先進都市の実例の蓄積という形で確立したといえる。

(1.2)　制度的受容性

　資源循環型社会形成の制度的受容性として，全国レベルの法制度としては，2000 年の循環型社会形成推進基本法が位置づけられる。この法律は，ごみの発生抑制（reduce），再使用（reuse），リサイクル（recycle）を，優先順位を付けて定めたものである。また，同時に廃棄物処理法や再生資源利用促進法の改正，建設資材リサイクル法，食品リサイクル法，グリーン購入法が制定されて

いる。資源循環型社会の形成は，これらの法制度の整備によって，制度的受容性を確立したといえるだろう。

（1.3） 市場的受容性

資源循環型社会形成の市場的受容性として，ごみ処理施設，最終処分場の建設難と容量制約，および，これらの施設の建設費高騰があげられる。とくに1990年代後半には，ごみ焼却工場からのダイオキシン排出が社会問題となり，バッチ式の焼却炉を閉鎖し，ダイオキシン対策がなされた連続燃焼式の施設に統合する動き（ごみ処理の広域化）が見られた。これによって，ごみ処理経費も増加した。資源循環型社会の形成は，ごみ処理経費の増大や，資源の枯渇への懸念から，市場的受容性を確立したといえるだろう。

全国レベルの社会的受容性の3要素を比較すると，技術的受容性の確立や市場的受容性の確立が先行し，制度的受容性（法制度等）が最後に確立したと見ることができる。ごみ減量に関する国の法制度として，2000年に循環型社会形成推進基本法ができる以前から，官民協働によるごみ減量は，沼津市や広島市等の先進的な取り組みとして実行されていた（技術的受容性）。また，資源循環やごみ減量が経済的合理性を持つ市場的受容性も，処理処分施設の立地難や建設費の高騰を受けて，2000年以前に確立していたといえる。

（2） 掛川モデルと地域レベルの社会的受容性

地域社会レベルの社会的受容性を見るため，掛川市の取り組みを，社会的受容性の3要素ごとに当てはめて見てみる。

（2.1） 技術的受容性

掛川市のごみ減量の技術（手法）は，市民に協力を呼びかけ，減量や分別を徹底することと，民間の資源循環ルートの活用である。2001年以降取り入れられたクリーン推進員制度などの手法を継続し，市民への普及啓発を行っている。また，生ごみ処理機や剪定枝の地区回収，古紙回収コンテナなど，市民自身や民間事業者で実行できる資源循環のルートに資源を流している。これらの手法は，他都市においても類似の方法が見られるものである。掛川市の特徴は，自治区の果たす役割が大きいことである。自治区を中心に，市民が積極的に分別や減量に協力し，その成果に誇りを持っていることが，地域社会レベルの技術的受容性の確立といえる。

また，掛川市では，(旧)掛川市の地域と，(旧)大東町，(旧)大須賀町の地域で，ごみ収集区分が異なっている。(旧)大東町，(旧)大須賀町の地域の方が，とくに資源ごみの収集区分が細かく，コンテナ方式をとっている。(旧)掛川市の地域は，収集後に環境資源ギャラリーで手選別されており，手選別後に(旧)大東町，(旧)大須賀町の資源ごみを合わせて，処理されている。この方式の違いは，合併前の各市町の方式の違いによるものである。合併をきっかけに統一する動きもあったようだが，(旧)大東町，(旧)大須賀町の地域の住民が，「よりすぐれた(旧)大東町，(旧)大須賀町方式にそろえるべき」と主張したそうである。現在まで統一ができず，一市二制度となっているが，(旧)大東町，(旧)大須賀町地域の住民が，自分たちのごみ分別に誇りを持ち，優れた方式と自負していることがうかがえる。

(2.2)　制度的受容性

制度面に関しては，2006年11月のごみ減量大作戦により，掛川市における官民協働によるごみ減量が，市の施策として位置づけられたと考えられる。ごみ減量大作戦開始後の住民説明会で，ごみ減量施策に関する住民の理解が得られたと位置づける。2006年11月から2007年3月にかけて，地区説明会は315回開催され，1万6233名（全世帯の45%）が参加している。この背景には，1970年代からの住民参加型のまちづくりを背景とした住民自治組織の存在が大きく寄与したと考えられる。「ごみ減量大作戦」開始以前であるが，2001年の新分別説明会には，全世帯の63%が参加している。

(2.3)　市場的受容性

地域レベルの市場的受容性については，ごみ処理施設の建設費と，再生資源価格から，その確立を見ることができる。環境資源ギャラリーは，当初計画（2001年に静岡県が策定した「中東遠圏域ごみ処理広域化計画」）で，(旧)大東町，(旧)大須賀町のごみを受け入れる際に，40 t／日程度の設備増強が予定されていた。この設備増強には，30億円程度の費用がかかることから，結局，これを行わず，現状の環境資源ギャラリーの規模で，(旧)大東町，(旧)大須賀町のごみを処理することにしている。設備増強を行わずに，すべてのごみを処理することには，経済的合理性があったと考えられる。

また，民間事業者に資源を流すためには，再生資源価格が一定レベル以上であることが求められる。集団回収への奨励金の変化で見ると，1993年に1 kg

表 5-2　社会的受容性の各要素の内容

社会的受容性の各要素	内容
掛川市の社会イノベーション	官民協働による資源循環型都市の形成
全国レベルの技術的受容性	官民協働（分別やリサイクル他）でごみが減る実例（知見）の蓄積
全国レベルの制度的受容性	法律で資源循環型指向を位置づけ（2000 年循環型社会形成推進基本法）
全国レベルの市場的受容性	資源循環（ごみ減量）が経済的合理性を持つ（処理処分施設の立地難や建設費高騰） 市場ベースの資源循環が成立する（再生資源価格が高い）
地域レベルの技術的受容性	分別やリサイクル等への掛川市民の信頼・協力（住民説明会）
地域レベルの制度的受容性	掛川市が資源循環（ごみ減量）政策を位置づける（2006 年ごみ減量大作戦）
地域レベルの市場的受容性	「設備拡充せずにごみ減量」が，掛川市や市民にとって経済的合理性を持つ

につき 3 円で始まった制度は，1998 年に 1 kg につき 5 円に値上げされている。このころは再生資源価格が低迷していたと考えられる。その後，2009 年に 4 円に値下げされ，2010 年には，売却額と 1 kg 当たり 4 円との差額に減額されている点から考えると，市場での取引で，十分循環ルートに流れる価格になっていると思われる。

　以上から，掛川市においては，住民参加のまちづくりの歴史を背景に，市役所と市民が自治区を通して，情報伝達，情報共有できる緩やかな場があったと考えられる。クリーン推進員制度やごみ減量への取り組みなど，地域レベルの技術的受容性の萌芽がもともと存在していたことも，社会的受容性の確立に寄与している。そこに，環境資源ギャラリーの設備増強を取りやめたことで，地域レベルの市場的受容性を確立し，再生資源価格の持ち直しも市場的受容性の確立を後押しした。以上を踏まえ，住民参加のまちづくりの仕組みに，資源循環型社会の形成という課題を載せ，地域レベルの社会的受容性を確立したのが，掛川モデルといえよう。

　表 5-2 に，掛川市の資源循環型社会の形成に関する社会的受容性の各要素を整理した。また，掛川市の取り組みを，社会的受容性の構成要素ごとに，序章

の図6に整理した。社会的受容性の全国レベルの受容性3要素と地域レベルの受容性3要素を比較すると，全国レベルの3要素の確立が時期的に先行していることがわかる。資源循環型社会の形成に限定すれば，全国レベルの社会的受容性の後に，掛川市という地域社会での社会的受容性が確立したと位置づけられる。しかし，その前提として，生涯学習をまちづくりと結びつける，先進的な住民参加型の行政システムが必要であったと思われる。掛川市の住民参加型の行政システムもまた，社会イノベーションであるといえる。資源循環型社会の形成という社会イノベーションは，住民参加型の行政システムまで含めて捉えると，非常に特徴的なイノベーションであるといえるだろう。

5 協働ガバナンスの成功と課題
――行政組織・住民組織・民間企業・近隣自治体

掛川市における資源循環型社会の形成を目指した社会イノベーションは，先進的な住民参加型の行政システムという，もう1つの社会イノベーションを下敷きに，社会的受容性を確立したものといえる。行政と市民・住民組織との協働の場とともに，民間企業，近隣自治体等との緩やかな場が有効に機能したといえるだろう。

行政と市民の間の多様な社会的受容性の展開チャネルとして，市役所－自治区－クリーン推進員（自治区から選出）－ごみステーション単位の当番住民－地域住民といった流れや，アパート住民等への啓蒙活動（管理会社や家主との協働）が見られる。

掛川市は，今後の資源循環型社会形成の手法として，生ごみ減量化，食べ残し対策等に重点を置いている。また，低炭素アプローチや，自然共生アプローチとの相互作用に関し，行政・市民・NPOの協働関係の中に，萌芽が見られる。たとえば，掛川市で購入補助を行っている生ごみ処理機「キエーロ掛川」は，森林保全活動を行っているNPO法人・時ノ寿の森クラブが，市内で発生する間伐材を利用して製作したものである（サステナブル・ブランド ジャパン 2017）。また，掛川市役所職員有志でつくる「かけがわ・クリーン・アース・プロジェクト」は古紙回収活動を行い，古紙の売り払い金で太陽光発電式の街路灯を設置している。市内の戸建て住宅への太陽光発電パネルの設置支援を行

っている NPO 法人・おひさまとまちづくりは，掛川市・太陽光発電パネルメーカー・地元の設置事業者と創エネパートナーシップ協定を結び，太陽光発電施設設置の「かけがわモデル」を構築している。かけがわモデルによる収益の一部は，NPO 法人・時ノ寿の森クラブの支援に回されている（NPO 法人・おひさまとまちづくりウェブサイト）。

　なお，資源循環型社会の形成は，場合によっては地域（市域）を越える場合もあり，2018 年 6 月 19 日に閣議決定された第 4 次循環型社会形成推進基本計画においても，これを地域循環共生圏として位置づけている。本章では，地方自治体の範囲を基礎に検討を行ったが，地域（市域）を越えた地域循環共生圏の形成，持続可能な社会のためのほかのアプローチ（低炭素，自然共生）との相互作用等の社会的受容性に関しても検討が必要である。掛川市は，中部環境先進 5 市サミット（TASKI：岐阜県多治見市，愛知県安城市，愛知県新城市，静岡県掛川市，長野県飯田市）に参加し，相互の情報交換を行っている。これは，NPO 法人環境市民主催の日本の環境首都コンテストに毎年参加している中部地方の環境先進 5 市の連携事業であり，第 1 回 2010 年から第 8 回 2017 年まで，継続的に開催されている。

◆　参考文献

池上重弘・浅山愛美（2011）「多文化共生推進プラン策定に向けた市民と行政の協働――生涯学習都市・掛川における多文化共生の指針づくり」『静岡文化芸術大学研究紀要』12, 1–11。

掛川市（2017）『掛川市の環境（平成 28 年度版）』（http://www.city.kakegawa.shizuoka.jp/life/kankyou/kakegawakankyo/index.html）。

掛川市企画政策部企画政策課編（2018）『平成 29 年度版　掛川市統計書』掛川市。

掛川市地域教材研究会（2018）『わたしたちの掛川市（第 12 版）』掛川市教育委員会。

環境省（各年版）『一般廃棄物処理実態調査結果』（http://www.env.go.jp/recycle/waste_tech/ippan/index.html）。

サステナブル・ブランド ジャパン（2017）「生ゴミをほぼ完全分解，間伐材も有効活用――掛川」（http://www.sustainablebrands.jp/news/jp/detail/1189420_1501.html）。

榛村純一（2001）「小都市経営の活性化に関する 12 章」『地域開発』（438），7–11。

宮崎県（2017）『宮崎県循環型社会推進行動指針』（http://eco.pref.miyazaki.lg.jp/recycle/policy/）。

山谷修作（2015）「『見える化』と『民活』でごみ減量を推進する掛川市」『月刊廃棄物』41（8），30–33.

NPO法人・おひさまとまちづくりウェブサイト：http://npoohisama.com/
掛川市ウェブサイト：http://www.city.kakegawa.shizuoka.jp/
掛川観光協会ウェブサイト「世界農業遺産・静岡の茶草場農法」：http://kakegawa-
kankou.com/chagusaba/about/index.html

[2] 資源循環型社会アプローチ：掛川モデル

第**6**章

循環型社会形成と社会イノベーション

ごみ減量大作戦と協働ガバナンス

李　洸昊

はじめに

　協働ガバナンスの意義は，政策決定などの意思決定過程において関係する多様なアクターを水平的かつ協力的な関係にあると捉え，多様なアクターの相互作用を通して問題を解決しようとする点にある。静岡県掛川市は生涯学習まちづくりを目指したさまざまな場の形成を通じて，多様なテーマを生み出すコミュニティを育成してきた。こうした活動により，地方行政と住民組織を含む多様なアクターがフラットな関係を築き，地域社会において住民が自ら意思決定を行い，自分たちで施策を実行できるシステム，すなわち協働ガバナンスを構築してきた。本章は，循環型社会形成を目指す掛川市のごみ減量大作戦を，協働ガバナンスの形成という視点から考察する。掛川市は住民説明会の開催等の持続的な学習機会を住民へ提供し，多様なアクターの相互作用による信頼関係を形成し，それに基づく認識の共有，各アクターの役割と責任の明確化，行動のモニタリングという協働ガバナンスが構築された。

1 循環型社会形成とごみ減量

(1) ごみ減量における協働ガバナンス

循環型社会形成推進基本法（2000年）および循環型社会形成推進基本計画（2013年，第3次）では，廃棄物の最終処分量の削減のために，3R（発生抑制：reduce，再使用：reuse，再生利用：recycle）の取り組みが強調され，とくに地域社会を構成する多様なアクター間の協働の必要性が説かれている。循環型社会形成のため，地方自治体はごみ減量のためのさまざまな取り組みを行っている。

ごみ減量に関する多くの先行研究は，多様なアクター間の協働の効果的な組み合わせが存在し，地域における協働ガバナンスの形成がごみ排出量の削減に大きな影響を与えることを明らかにしている。ごみ排出量が減少している地方自治体においては，多様なアクターの協働によるごみの再生利用に関わる事業が活発に展開され，環境配慮意識の向上や協働の場づくりが試みられている（山本 2011，伊藤ほか 2004）。

しかし従来の研究では，協働ガバナンスを住民参加による地方行政の事業実施という単純な構造で把握しているため，ごみ減量の効果を導いた協働ガバナンスの具体的な形成過程やそのマネジメントについては明確な説明がない。本章は，ごみ減量大作戦に成功した静岡県掛川市の事例研究から，協働ガバナンスの形成過程やマネジメントのあり方を検討する。

本章における協働ガバナンスは，序章の協働ガバナンスの定義に基づき，掛川市の地方行政，住民が自発的に組織する自治会，企業・事業所，NPO団体などの地域の多様なアクターの連携関係に基づく協働メカニズムと考える。

(2) ごみ減量目標の達成と 3R 取り組みの上位自治体

第5章で見たように，掛川市は2005年4月に1市（旧掛川市）2町（大東町と大須賀町）が合併し，新たな掛川市となった。この平成の大合併を契機に，旧大東町と旧大須賀町は古いごみ焼却施設（環境保全センター）を廃止し，掛川市は旧掛川市と菊川市による一部事務組合が設置していた新しいごみ焼却施設（環境資源ギャラリー）で旧大東町と旧大須賀町のごみも焼却しようとした。しかし，環境資源ギャラリーのごみ処理能力では十分に対応しきれないと見込ま

126　第Ⅰ部　ケース研究［2］資源循環型社会アプローチ：掛川モデル

表 6-1　掛川市のごみ減量の実績

年度	人口（人）	ごみ総排出量 (t)	1人1日当たりごみ排出量 (g／人日)	リサイクル率 (%)	ごみ排出量の全国順位
2006	115,216	36,053	857	28.4	8 位
2007	115,449	33,912	803	33.4	4 位
2008	115,480	33,495	795	34.8	5 位
2009	115,560	32,080	761	33.9	7 位
2010	115,512	27,089	642	22.0	1 位
2011	115,205	27,564	654	19.3	1 位
2012	118,984	28,287	651	17.1	2 位
2013	118,188	27,959	648	16.9	2 位
2014	117,781	27,990	651	18.0	2 位
2015	117,505	28,297	658	18.4	2 位
2016	117,721	27,550	641	18.9	2 位

（注）　対象市町村の規模は人口 10 万人以上 50 万人未満である。取組実績の全国順位は，全国市町村
　　　　の中での 1 人 1 日当たりごみ排出量の少ない順位を意味する。
（出所）　環境省（各年版）をもとに筆者作成。

れ，新たな設備増強には 30 億円程度の追加投資が必要と推計された。財政制約の中で，掛川市は追加投資ではなく，ごみの減量に大胆に取り組むという政策を選択した。

　そのため，掛川市は全住民の協働によるごみ減量大作戦に取り組んだ。その結果，掛川市のごみ総排出量と 1 人 1 日当たりごみ排出量は 2006 年度から大きく減少し，全国の人口 10 万人以上 50 万人未満の都市のごみ減量（リデュース）の取り組みの実績（1 人 1 日当たりごみ排出量の少なさで評価）で上位に入る優秀自治体に選定された（表 6-1 参照）。掛川市はごみ減量大作戦の目標を超過達成したが，環境資源ギャラリーのごみ処理能力を超えることがないように，現在もごみ減量大作戦を展開している（佐藤 2017）。

　ごみ減量大作戦の展開において，掛川市はごみ減量に対する住民意識の向上を図るために，さまざまな制度・仕組みを創造した。ごみ減量大作戦の大きな特徴は，住民参加を促すために多数の丁寧な住民説明会を開催し，こうした場の形成を通じて関係するアクターの共通認識を醸成し，協働が行われた点であ

第 6 章　循環型社会形成と社会イノベーション　　127

る。こうした場の形成の基礎には，1970年代に榛村純一市長（当時）が提唱した生涯学習都市宣言から始まる住民参加型まちづくりシステムが存在する。

2 ｜ まちづくりと協働ガバナンス

（1） まちづくりにおける場

　地域のまちづくりに対する住民のニーズは多様化・複雑化しており，行政によるサービス提供だけではそれに対応することが困難な状況になっている。そのため，地域で活動する住民や各種団体などの多様なアクターの協働が不可欠になっており，全国のさまざまな地方自治体で協働によるまちづくりの取り組みが試みられている。

　掛川市は，全国初の生涯学習都市宣言（1979年）を行い，生涯学習による市民力，地域力および文化力を育成することに取り組んできた。掛川市は，生涯学習都市宣言の前提として，1977年10月から1979年2月ごろまでに，500回以上の市民対話集会を開き，住民の要望・意見を集約し，18項目のテーマとプロジェクトに整理した（榛村 2001）。この宣言策定のプロセスにおいて協働の場が形成され，住民参加の体制が構築された。

　生涯学習都市宣言の理念を踏まえ，体制と制度を発展させ次世代に引き継ぐためには，まちづくりの手法を住民主体へと変革し，協働によるまちづくりの実践の機会を行政当局と住民，コミュニティ，地域団体などが共有することが必要であった。そのために掛川市は，自治基本条例（2013年）や協働によるまちづくり推進条例（2015年）を制定・施行した（掛川市 2015）。

　地域で生活する住民が協働によるまちづくりに参加していくためには，まちづくりに必要な能力と知識を獲得し，それらを十分に活用する場が存在することが重要である。まちづくりに必要な能力や知識の活用の場は，事業ごとに異なるため，自治体は各事業の性格を正確に把握することが必要である。また，住民も各事業に合わせて自らの能力を再訓練し，知識を再学習することが必要である。

　しかし，個々の住民の能力や知識を高めただけでは，コミュニティや地域社会における協働は進まない。コミュニティと個々の住民が相互に影響を与えつつ学習し成長していくためには，実践的な経験が不可欠である。また，そのプ

ロセスで，コミュニティの価値を共創し，共有することが，住民の能力を高めることにつながる。このように考えると，住民を取り巻く場が重要な役割を果たし，有意義な場をどのように形成するのかというプロセス・マネジメントが重要となる。

　掛川市の生涯学習まちづくりは，行政と住民を含む多様なアクターがフラットな関係により協働を行うという意味で，新しい公共サービスを創造するプロセスでもある。地域において自分たちで意思決定を行い，自分たちで実行できるシステムを作り，多様な関係主体が，地域の中でさまざまな関係性を構築し（修復し・再編成し），組織や活動（事業）を生み出していく場が形成されたといえる（吉村 2010a）。

（2）　掛川市の生涯学習活動

　1970 年代に始まった掛川市における生涯学習活動は，市の歴史や文化に関わる事柄のみならず，施設や施策なども題材とし，さらにはその形成プロセスも含めて学習の対象としている。この点は，一般的な生涯学習が教育分野（主に社会教育分野）を重視し，公民館の充実や生涯学習講座の開催に終始する点とは異なる。掛川市の生涯学習活動は，生涯学習とまちづくりが相互補完的になっていることが最大の特徴である（掛川市ウェブサイト）。

　たとえば，1988 年に開業した新幹線掛川駅や 1994 年の掛川城天守閣復元などの事業に際しても，それぞれの事業に生涯学習の教材となるような特色を持たせ，住民が真剣に語り合う場を形成した。こうした場の形成によって住民意識が向上し，新幹線掛川駅の誘致・開業にあたっては 30 億円もの市民募金が集まった（大和田 2013）。掛川城の日本初の木造復元天守においても，市民からの多額の寄付金（5 億円）が寄せられた（THE PAGE 2017）。

　市内に立地する工場などについても，資料館設置を要請する取り組みもなされた。これらを掛川 36 景として体系化し，掛川市全体をテーマパークとして位置づけ，その姿を学習するプロセスを「とはなにか学舎」としてプログラム化した（掛川市 2005）。

　これらの多様なテーマを持つ事業の背景には，市と住民の間の信頼関係の醸成があり，これがベースとなり，生涯学習活動で自己を高めた住民がまちづくりでも活躍し，まちをよくする担い手になるシステムができていった。

住民主体のまちづくりのため，自治区三役などを市民総代として市政運営に位置づけた市民総代会を定期的に開催するとともに（市民総代会中央集会・地区集会を年1回開催），市長・区長交流控帖による要望事項の記録管理と公開を行い，住民との信頼関係を構築した。市民の力を活用しつつ事業化を図り，郷土意識も高めることを続け，実績と成功体験の積み重ねがさらなる取り組みのエネルギーとなる好循環を生み出してきた（掛川市 2005）。

3 │ 協働ガバナンスが機能する仕組み

（1） 生涯学習まちづくりと協働ガバナンス

前節で見た掛川市の生涯学習まちづくりは，協働ガバナンスの成功例として位置づけることができる。本節では，その協働ガバナンスがどのような条件で成功したかを，協働ガバナンス論の先行研究に基づいて分析する。

協働ガバナンスでは，協力過程に参加するアクター間の関係性が重要であり，関係性に影響を与える要因としては，制度設計，リーダーシップ，信頼形成，共通認識，過程の透明性，資源分配などのさまざまなものがある（Ansel and Gash 2008, pp. 548–550）。協働ガバナンスでは，利害関係者の実質的な参加が保証され，地域の政策過程が透明であり，情報の公開性が重要である。さらに，利害関係者が自らの行動に責任を持つことも重要である。掛川市の生涯学習まちづくりには，協働ガバナンスの成功要因が多く見られる。

1979年の生涯学習都市宣言を基礎として，掛川市は，歴史文化などを含む地域資源への市民の理解を深めるとともに，市民総代会，生涯学習まちづくり土地条例，「とはなにか学舎」などの施策や仕組みを展開した。生涯学習まちづくり土地条例（1991年）は，地域内の土地を市民のための限られた資源として位置づけ，公共性に基づいて適正に利用するという土地利用に関する生涯学習の推進を規定したものであり，掛川市の特徴の1つである（掛川市ウェブサイト）。

住民参加型のスローライフ型まちづくりでは，1989年の掛川城の天守閣復元の取り組みから，掛川市の中心市街地で住民と行政が一体となったふるさとの顔土地区画整理事業が実施され，掛川市城下町風街づくり計画委員会（1991年）による掛川市城下町風街づくり地区計画が策定された。2002年8月には，

130　　第Ⅰ部　ケース研究［2］資源循環型社会アプローチ：掛川モデル

かけがわ街づくり株式会社（資本金14万6000円，市が50％出資）を設立し，街中の再生に積極的に取り組む体制を整備した。各事業において商業者，市民活動団体，NPO法人などの参加を促したものである。ふるさとの顔づくりモデル土地区画整理事業が進められ，区画整理事業のうえに設けられる民間の建築物に対しては，住民の発意により，城下町風街並みづくり事業（地区計画）が実施された（掛川市 2005）。

これらの計画は，掛川市の歴史性・文化性・現代性を同時に表現できるように，市・住民・事業者間で工夫が行われ，街並み基準について地区協定が結ばれ，市内の建築家たちがアドバイザーとして協力し，官民一体になったまちづくりが推進されたものである（新谷 2002）。

こうしたさまざまな取り組みの蓄積を踏まえ，2013年4月に自治基本条例，2015年4月に協働によるまちづくり推進条例が施行された。これらの条例により，地区ごとに多様な団体が参画する地区まちづくり協議会が設置され，地区まちづくり計画の策定と実行が推進されてきた。2016年には，掛川市の全地域をカバーする31の地区まちづくり協議会の設立や，財源に関する交付金規定も定めるなどの予算制度も整備され，まちづくりの体制が強化された（掛川市ウェブサイト）。

コミュニティ活動で集約された意見を行政に要望として伝え，逆に行政から政策や計画についての説明を受けることは一般的に行われている。しかしその取り組みの多くは，住民意見を聞いておくだけで終わる。ところが図6-1に示したように，掛川市では市民総代会システムを実施し，住民意見を控帖というものにまとめ，毎年，前回の要望を在庫リストとして記載し，今回までにできたこと，できなかったことを明確化し，各自治区の代表にフィードバックしている。さらに，こうした要望を予算化しやすい制度も整備している。このようなPDCA（Plan-Do-Check-Action）の実践により，地域住民はコミュニティ活動に熱意を持ち，コミュニティへの関心や参加意識も高まる。

市民総代会は，1978年4月の掛川学事始の集いを前身としたものであり，1979年の生涯学習都市宣言の中で住民参加掛川方式として定型化され，2016年まで38回行われている。中央集会→地区集会→予算化検討→施政方針→市長・区長交流控帖→中央集会という市政展開の循環システムが構築されている。

寄せられた意見・要望・苦情・アイデアは市長・区長交流控帖（2016年から

第6章　循環型社会形成と社会イノベーション　131

図6-1　掛川市の市民総代会と行政経営年間サイクル

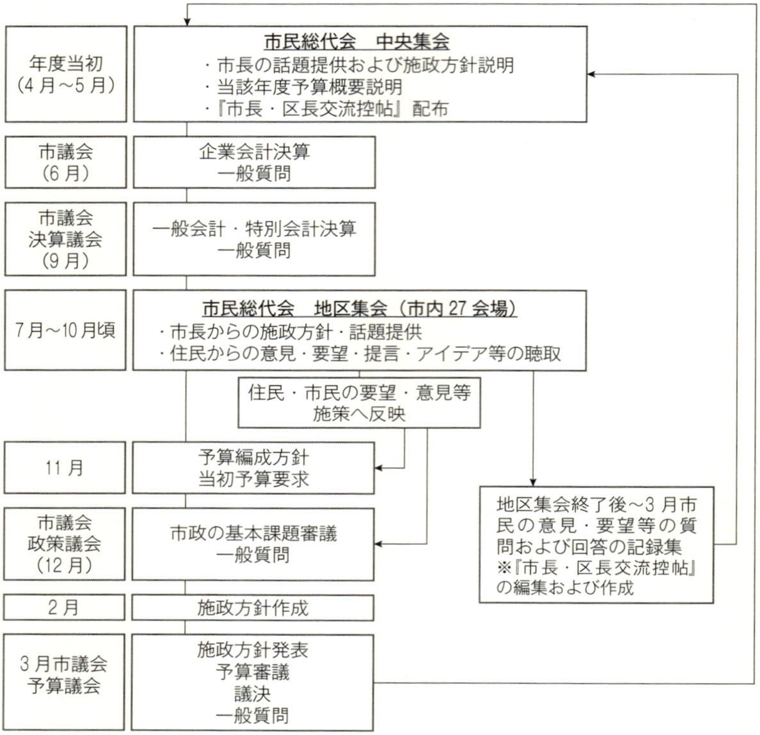

年度当初 （4月〜5月）	**市民総代会　中央集会** ・市長の話題提供および施政方針説明 ・当該年度予算概要説明 ・『市長・区長交流控帖』配布
市議会 （6月）	企業会計決算 一般質問
市議会 決算議会 （9月）	一般会計・特別会計決算 一般質問
7月〜10月頃	**市民総代会　地区集会（市内27会場）** ・市長からの施政方針・話題提供 ・住民からの意見・要望・提言・アイデア等の聴取
	住民・市民の要望・意見等 施策へ反映
11月	予算編成方針 当初予算要求
市議会 政策議会 （12月）	市政の基本課題審議 一般質問
2月	施政方針作成
3月市議会 予算議会	施政方針発表 予算審議 議決 一般質問

地区集会終了後〜3月市民の意見・要望等の質問および回答の記録集
※『市長・区長交流控帖』の編集および作成

（出所）　掛川市ウェブサイトをもとに筆者作成。

は「市民と市長の交流ノート」）に記載・管理され，それぞれ担当課が定められて順次解決されている。2016年から市内すべての地区で地区まちづくり協議会が活動を始めたことを節目に，これまでの市民総代会システムを協働によるまちづくりシステムに変更した。従来の中央集会・地区集会の中心的な担い手であった区長会連合会に加え，地区まちづくり協議会がさらに多くの住民・組織・団体・企業の参画を得て，新たな地域コミュニティの形である協働によるまちづくりの充実・発展を目指している。

（2）　情報交換と共通認識形成の仕組み

　掛川市は，住民との新しい体制により，市内全域で生涯学習まちづくりを自治会組織と連携した仕組みによって推進してきた。中心的な役割が，地域生涯

学習センターなどの地域内の施設を活用する生涯学習施設ネットワークである。生涯学習施設ネットワークは，一人一芸一スポーツ，一人一業一ボランティア，一人一役一健康法をモットーにしており，このネットワークによって，市民が多彩な学習運動を展開することが可能になる（掛川市ウェブサイト）。

　生涯学習によるまちづくり活動を支援している地域生涯学習センターは，1979 年の生涯学習都市宣言から生涯学習運動を進める拠点として 27 の小学校区ごとに設置された。地域生涯学習センターには，地域特色を活かした専門部が設けられ，地域住民のコミュニケーション・学習・まちづくり活動を推進するための拠点施設として機能している。各センターには市から地域生涯学習センター長と事務局長が派遣されており，地域住民の生涯学習の世話役として活動している（掛川市ウェブサイト）。

　また，地区まちづくり協議会や市民活動団体などの主体的な活動を支える仕組みとして，市の直営によるまちづくり協働センターを設置し，地区まちづくり協議会の新規設立の支援や協議会統合などの相談があった場合の支援，市民活動団体の支援などを行っている。さらに，各地区のまちづくり協議会が，地域資源を活用した自主自立の事業（コミュニティ・ビジネス）を展開できるように地域支援職員制度を整備し，ビジネスの仕掛けや手法などを助言し，地域づくりのための地域内循環システムを構築しようとしている（掛川市 2015）。

（3）　パートナーとしての行政

　榛村元市長は，行政の活性化を推進し，毎週月曜日朝に幹部を集め，市長が前の週に自ら集めた情報を職員に伝え，市職員全員が同じ情報や知識レベルにあるように努めていた。住民の生活ニーズに対して適切な公的サービスを提供するため，職員間での情報の共有化を図った。ほかの部局で何が実施されているのかを知ることによって，市全体の動きの中での自らの部門の位置づけが常にできるようになり，部門間の連携も円滑になったといわれている（榛村 2001）。

　こうした歴史もあり，掛川市職員はまちづくりリーダーとして積極的に現場に出て，顧客である地域住民の抱えている問題を発掘し，解決策を検討している。住民が市役所に来るのを待つ行政から，積極的に現場に出かける行政に転換しようとしている。前述の掛川市の市民総代会や市長・区長交流控帖などは，

住民と市職員がともに学びつつまちづくり情報を共有し，住民と行政との信頼関係の醸成に基づいて住民参加のプロセスやシステムを確立していったよい事例である。

　地域組織の自主性や自立性を尊重しながらまちづくりを展開していくことが可能となったのは，トップダウンではなく，市役所や職員が住民活動支援やコーディネートを行う地域組織のパートナーとしての役割を果たそうとしたためであると考えられる。掛川市行政は，縦割りの組織ではなく，地域組織のさまざまな課題や活動を総合的に支援する柔軟で横断的な仕組みを整え，コーディネーターを担う職員の派遣などを行ってきた。

　掛川市は，多様なテーマを生み出す住民・コミュニティを，生涯学習という活動を通じて育成してきた。このように多様なテーマの活動を数多く生み出していくためには，住民1人ひとりが日々の生活の中で生じた興味や関心を地域づくりへと展開していくことが必要である。日常生活での興味などに基づき，家族や近隣などの小さな範囲から少しずつ活動を進めていくことにより，その活動の輪を徐々に広げていくことが可能となる。そのため，住民1人ひとりが日常生活を通じて学んだことを実際のまちづくり活動へと展開していく取り組みを支援し，その活動を広げていくための場を形成する協働ガバナンスが重要である。

4 ごみ減量大作戦と協働ガバナンス

(1)　ごみ減量の取り組みにおけるさまざまな学習の場

　掛川市のごみ減量大作戦は，前節で紹介した「生涯学習まちづくり」による協働ガバナンスが有効に機能して成果をあげたと考えられる。ごみ減量大作戦の展開において，掛川市はごみ減量に対する住民の意識向上と住民参加を促すために，情報提供や啓発のための説明会をはじめさまざまな学習の場を設けた（表6-2）。2006年11月下旬から2007年3月までの4カ月間に実施されたごみ分別の地区説明会は315回にのぼり，1万6233名（全世帯の45%）が参加した。説明会開催のため，約300の自治会に掛川市職員が直接出向き，住民に丁寧な説明を行った。掛川市は，住民が納得してごみ減量行動に取り組んだ事例として全国的にも注目された（環境省 2014）。分別説明会という場を通じて，「ご

134　第Ⅰ部　ケース研究［2］資源循環型社会アプローチ：掛川モデル

表 6-2　掛川市における分別説明会と巡回指導の実績

年度	分別説明会	集積所巡回指導	事業所への分別指導
2007	159 回　3315 人	155 地区 758 カ所 6393 人	125 社
2008	253 回 13225 人	153 地区 405 カ所 5192 人	177 社
2009	24 回　1043 人	129 地区 270 カ所 6391 人	111 社
2010	15 回　　674 人	147 地区 232 カ所 3413 人	53 社
2011	21 回　　626 人	199 地区 638 カ所 2103 人	113 社
2012	6 回　　403 人	97 地区 207 カ所 2413 人	100 社
2013	56 回　5128 人	86 地区 172 カ所 1753 人	83 社

（出所）　熊谷市の平成 26 年度専門部研修資料（熊谷市自治会連合会 2015）をもとに筆者作成。

み」を「資源」として捉え直すという意識改革により，分別・資源化を徹底していった（掛川市 2009）。

　また，掛川市はクリーン推進員制度を実施し，クリーン推進員と自治会との連携で市の環境美化施策についての啓発を行っている。毎年，約 600 人のクリーン推進員が市から任命され，ボランティアとして活動している（掛川市2015）。掛川市職員や自治会役員とともに，クリーン推進員が地区の現場へ出向いて，ごみの出し方に関するチラシの配布やごみの出し方の指導を行っている。また，事業所に対しても，先進モデル事業所の認定や事業所間での情報共有を推進する活動を行っている。

　さらに，掛川市は，住民への身近な取り組みとして住民が買い物の際にマイバッグを持参し，レジ袋を断るなどの行動をとるように掛川市マイバッグ運動を推進し，環境意識の向上を行動変化にまで高め，ごみ排出抑制を達成しようとした。そのために，2007 年に掛川スーパー協会，掛川市消費者協会，掛川市の 3 者が，マイバッグ持参率 80％ を目指した協定を締結した。その効果をあげるために，市内食品スーパー全店舗（17 店）と大型生活雑貨店（1 店），一般商店（2 店）が，レジ袋の有料化を実施した（2014 年現在，153 店舗が有料化を実施している）。マイバッグの運動では，事業者，消費者，行政がそれぞれの得意分野・責任分野で力を出し合って，協働した点が意義深い。とりわけ，ごみ減量大作戦の実施の中で，350 回の学習会の際に参加者にマイバッグを配り，各家庭にマイバッグが行きわたった影響も大きい。また，消費者協会は定期的

に実施店のレジ付近で目視による持参率のモニタリング調査も行い，マイバッグを使用していない市民に声掛けをするなどの啓発活動を実施した（環境省 2008）。「ごみになるようなものは作らない，買わない」という意識共有のための実践である。

（2）　協働ガバナンスの体制と仕組み

掛川市の古紙と剪定枝の回収では，民間業者を積極的に活用した。新聞，段ボール，紙パック，雑がみ（雑誌等）の古紙については，自治区の独自回収やPTA，老人クラブなどの集団回収，公共施設などに設置されている古紙回収コンテナで回収が行われている。古紙回収コンテナは約40カ所設置されており，無人の古紙回収所の設置数としては全国有数の規模である。また，剪定枝の回収については，地区ごとに1〜2カ月に1回，市への事前連絡により集会所や公園などに回収コンテナが設置され，家庭から排出される剪定枝を民間業者が回収・資源化する地区回収が行われている。こうした活動は，多様なアクター間の協力なしには不可能なものとして他の自治体からも注目されている（宮崎県 2017）。

古紙と剪定枝の回収を活性化するために，古紙回収業者の引取価格が4円を下回る場合にその差額を補助する資源化物回収活動交付金や，民間の再資源化処理施設への剪定枝の住民持ち込み1kgにつき5円を補助する剪定枝処理事業補助金制度，さらに，剪定枝の有効利用と廃棄物の減量を目的に自治会へ無償貸出しする剪定枝粉砕機貸出制度（チッパー3台）が整備されている（佐藤 2017）[1]。また，古紙については，市内協賛企業と，掛川市エコ・ネットワーキング（環境団体連絡会），掛川市が古紙提供に関する協定を締結し，提供された古紙などの売上金をエコ・ネットワーキングが全額を掛川市環境基金に積み立て，公共施設への太陽光発電などの自然エネルギー施設設置などの事業に活用している（掛川市 2015）。

また，掛川市古布等回収に関するパートナーシップ協定により，障害を持った方の就労支援と資源の有効活用を目的として，社会福祉法人掛川芙蓉会の掛川工房つつじが大型スーパーのアピタ掛川店と市役所本庁南側，大東・大須賀支所に設置された古布や靴，鞄の回収ボックス管理を行い，有限会社三和商事が収集運搬を行っている。市はボックス用地を無償で貸す役割も担っている

（掛川市ウェブサイト）。こうして，多くの市民の協力によって 2014 年には 72 トンが回収され，アフリカなどで再利用されている（掛川市 2015）。

掛川市は，燃やすごみとして出されていた食用油を収集し，BDF（バイオ・ディーゼル燃料）にリサイクルしている。2003 年 8 月から，8 地区でモデル地区（農村地区，住宅地区，アパート・マンション地区）収集を開始し，収集頻度を変えて実施され，収集回数や収集方法を検討した後，旧掛川市区域では 2004 年 7 月から，旧大東・大須賀区域では 2006 年 4 月から収集が開始された。収集した食用油は BDF にリサイクルし，ごみ収集車両の燃料として利用されている。2013 年度では 3 万 6900 リットルの食用油が収集され，BDF として 2 万 6410 リットルが利用された（掛川市 2015）。

企業や団体，個人の清掃活動の協力による景観美化の向上およびポイ捨て抑制を目的とする「かけがわ美化推進ボランティア事業」は，2013 年度には事業に参加する登録団体が 100 団体，実施回数 1266 回，参加人数は 1 万 3439 人となり，1 万 4546 kg のごみが回収された。2016 年度には登録団体数が 112 団体まで増加している（佐藤 2017，掛川市 2015）。

掛川市は地域の 4 割が森林であり，バイオマスを利用する取り組みも行われている。掛川市，森林組合，消費者組合，JA を含む関連機関で構成される掛川市バイオマス産業都市構想推進協議会が発足し，木の駅構想や木質バイオマス広域連携，さらには紙おむつリサイクル事業推進チームを設置した。多くの市民が参加・参画できる木質バイオマスの循環システムを構築し，美しい森林の復活と新たな産業と雇用の創出を図り，市民が森林を身近に感じられるまちづくりを目指している。バイオマスガス化発電をスマートコミュニティ街区の基幹電源や植物工場などに利用する木質燃料生産プロジェクト，市営温泉施設や市内リゾート施設にバイオマスボイラーを導入する小規模バイオマスガス化発電導入プロジェクト，バイオマスボイラーを導入し，鶏ふん堆肥を造粒乾燥し高機能化する鶏ふん堆肥製造プロジェクト，使用済み紙おむつを回収しパルプにリサイクルし未利用間伐材をパルプ原料に利用する紙おむつリサイクルプロジェクトが推進されている（農林水産省 2016）。

掛川市のごみ減量大作戦における協働ガバナンスを見ると，持続的な説明会や学習などの場から直接的な利害関係者間の対面的な相互作用が行われ，信頼が形成され，それに基づく認識の共有，各アクターの役割と責任の明確化とモ

第 6 章　循環型社会形成と社会イノベーション　137

ニタリングなどによる好循環過程が構築されたと考えられる。多様な利害関係者の参加によるネットワークは，協定や協議会などの制度により担保され，協働ガバナンスの形成と運営によい影響を与えた。

　このような活動の背景には，掛川市の「生涯学習まちづくり」で成長してきた自治会の役割も大きかった。前節で見たように，ごみに限らず掛川市のさまざまな事業において，自治会は活発な活動を行っている[2]。2013年4月に施行された掛川市自治基本条例においても，地域自治活動の項の中では自治区（住民の地縁に基づいて形成された団体で公共的活動を行うもの）と地区（複数の自治区により組織される団体）を定め，それぞれの役割を明確にしている。自治区は，住民による地域自治活動の根幹を担う基礎的組織とされ，区域における公共的課題の解決に努めるとともに相互に連携を図りながらまちづくりを推進するとされている。地区は，まちづくりに関する計画を策定し，区域内における公共的課題について調整を行い，市と連携を図りながらまちづくりを総合的に推進すると明記されている（掛川市 2013）。

5 ｜ 有効な協働ガバナンスの条件

(1)　能力向上および自己実現のための学習の場

　まちづくりやごみ減量などの事業において，事業の対象となるすべての住民の参加を実現させることは容易ではない。事業の説明会やイベントなどに参加する住民は，その事業・問題に関心がある住民だけである。住民参加が制限される原因は，その場に参加する利害関係者の間に権力と資源の不均衡が存在し，自分が参加しても影響力がなく，単純に情報を受け入れるだけの存在だと住民が認識しているためと考えられる（Ansel and Gash 2008）。

　有効な協働ガバナンスのためには，単に参加する場が用意されるだけではなく，対話と交流を通じて相互作用や関係変容が起こる場の形成が必要である。このような場が作られて初めて多様なアクター間のつながりが生まれ，そのプロセスを通じて住民の主体性や地域における当事者意識が育ち，そこに社会イノベーションの創発が生まれると考えられる（吉村 2010a）。

　まちづくりやごみ減量のような事業においては，行政が単独でビジョンやテーマを作り，それを住民に提示するのではなく，住民や企業などを含む多様な

アクターがそれぞれの能力を向上させ，それぞれの自己実現を可能にする場の形成が重要である（掛川市 2005）。

しかし，こうした個々の住民の能力向上や自己実現のための学習の場だけでは参加者はばらばらのままである。地域のまちづくりは，住民相互の関わりの中でこそ大きな効果をあげることができるという認識を根付かせ，地域社会の一員として活動でき考えることができる人材を育てることが重要である。社会，あるいはコミュニティの一員としての認識を高め，活動に関心を持つ層を増大させることが，地域資源の最も有効な活用策である（掛川市 2005）。

（2）　協働ガバナンス構築における行政の役割

従来の国の事務代行を行う地方行政ではなく，自らがリスクを取り，ビジョンを住民と共有し，自立した地域の形成を推進していくことが求められている。掛川市の生涯学習まちづくりは，住民各自がテーマを発見するための機会や仕掛けを行政がサポートすることで，まちづくりやごみ減量といった事業に対して自発的に取り組む住民と行政との協働ガバナンスが形成され，地域づくりの土台が形成されたと考えられる。

「誰でも・いつでも・どこでも・何度でも」学ぶことができる場の形成は，さまざまな学ぶ機会がさまざまなテーマと活動を生み，住民創発の活動が活発に展開されることにつながる。また，特色あるまちづくりや住民活動を広域的に結び合わせることにもつながる。大学などの専門家が提供する講座や社会教育といった一般的な生涯学習機会では得られない住民の主体性を育てる学習機会の提供が重要である。こうした機会を利用して人材育成を進めていくことが協働ガバナンスにおいても不可欠である。

住民発意による活動が行われる仕組みを構築したことが，掛川市の最も重要な成功要因であった（高・上山 2016）。協働ガバナンスを構築していくためには，明確な目的・目標を持って始めるよりも，プロセスを重視し，とりわけ，住民が主体的に対話し交流する場づくりから始め，行政と地域住民が目指すべき具体的な姿を共有し，その方向に向かって動き出していくことが大事である。多様なアクター相互のコミュニケーションを重視し，また柔軟なマネジメントのもとで継続的に行っていく状況づくりが必要である（吉村 2010b）。

6 | 持続可能な循環型社会への課題

多くの人々が一般廃棄物削減のための活動に参加・協力するようになってきたものの，このような活動が必ずしも循環型社会形成に結びついているとはいえない。循環型社会へ移行していくためには，地域のアクターがそれぞれの立場に応じて，環境に配慮した活動を実践していくことが求められ，多様な活動を1つのシステムとして有機的に結びつけていくことが不可欠である（山本 2011）。掛川市ではこうしたシステムが形成されており，住民が自らの興味によるテーマを単純に学習するのではなく，住民が自らの意識向上を図り，さまざまな取り組みへ参加する能力を向上させたと評価できる。

今後の循環型社会形成のためには，ごみにならない消費，廃棄を少なくする2R（リデュース，リユース）を進めるシステムが必要となるが，そのためには，単一の地方自治体ではなく，近隣などの他の地方自治体との広域連携も求められる。コミュニティと地方行政のそれぞれの役割や責任を明確にし，地域の持続性課題に対する認識の共有に基づき協働を進めていく社会システムの構築が必要である。

◆ 注
1) このような取り組みにより，リデュースが進んだ反面，リサイクル率は減少することになった（宮崎県 2017）。総務省「2012年度ごみ・資源物処理経費」で，人口もごみ発生量もほぼ同じ掛川市と東京都小金井市を比較すると，それぞれの年間のごみ処理費用は10.7億円と26.1億円で，掛川市は古紙資源回収を民間業者に任せることで費用を少なくしている。しかし，リサイクル率では掛川市が約10%であるのに対して，小金井市は全国最高レベルの48%である（小金井市 2014）。
2) 掛川市全体での自治会組織率は86%であり，とくに旧大東・大須賀区域で組織率が高い（山谷 2015）。

◆ 参考文献
伊藤雅一・岡村聖・諏訪亜紀・和泉潤・加藤哲男（2004）「物質循環の構築に向けた地方自治体の政策評価——地域協働によって形作られる静脈機能に着目して」『環境経営研究所年報』(3)，30-37。
大和田一紘（2013）「落ちこぼれから優等生へ大変身した自治体の原動力——生涯学習で市民の意識と健康が向上～静岡県掛川市」『Japan Business Press』2013年12月2

日（http://jbpress.ismedia.jp/articles/-/39297）。

高歓・上山肇（2016）「東京都多摩地域における市民協働による環境保全活動の実態について」『環境情報科学学術研究論文集』30, 167-172。

掛川市（2005）「合併市町村における『テーマの豊かなまちづくり』の展開方策検討調査報告書」国土交通省都市・地域整備局，静岡県掛川市，2005年3月。

掛川市（2009）「ごみ減量大作戦」報告資料。

掛川市（2013）「掛川市自治基本条例パンフレット」（2013年3月）企画政策部生涯学習協働推進課。

掛川市（2015）「平成26年度掛川市の環境」。

環境省（2008）「レジ袋削減に係る住民団体，地方自治体等の先進的な取組事例について（中間報告）」廃棄物・リサイクル対策部企画課リサイクル推進室，2008年6月30日。

環境省（2014）「市町村における一般廃棄物処理事業の3R化低炭素化取組事例集」。

環境省（各年版）「一般廃棄物処理事業実態調査の結果」。

熊谷市自治会連合会（2015）「平成26年度 熊谷市自治会連合会専門部研修（詳細）」2015年1月22日。

小金井市（2014）「HDM推進会（第54回）ごみゼロネット推進会（第76回）議事録」小金井市ごみゼロネット推進会。

佐藤正弘（2017）「ごみ減量に向けた取り組み」『ごみっと・SUN』119。

新谷洋二（2002）「歴史的地区におけるまちづくり・みちづくり」『JICE REPORT』2, 74-83。

榛村純一（2001）「小都市経営の活性化に関する12章」『地域開発』（438），7-11。

農林水産省（2016）「バイオマス産業都市の選定地域（平成28年度）」2016年10月5日。

宮崎県（2017）「宮崎県循環型社会推進行動指針 資料編 資料2 一般廃棄物処理に係る先進自治体」2017年3月。

山本佳世子（2011）「地域協働による一般廃棄物削減方策に関する研究——東京都調布市を事例として」『環境科学会誌』24（4），372-383。

山谷修作（2015）「ゼロウェイストへの道（第17回）『見える化』と『民活』でごみ減量を推進する掛川市」『月刊廃物』41（8），30-33。

吉村輝彦（2010a）「対話と交流の場づくりから始める協働型まちづくりの展開に関する一考察——名古屋市名東区『めいとうまちづくりフォーラム』を事例に」『日本都市計画学会都市計画論文集』45, 313-318。

吉村輝彦（2010b）「対話と交流の場づくりから始めるまちづくりのあり方に関する一考察」『日本福祉大学社会福祉論集』123, 31-48。

THE PAGE（2017）「全国初の木造本格復元だった掛川城天守閣，なぜ鉄筋を選択しなかったのか？」『THE PAGE』2017年5月31日（https://thepage.jp/aichi/detail/20170531-00000004-wordleaf?pattern=4&utm_expid=90592221-90.XuDNLc76QeGwwGjZsGOLmA.3&utm_referrer=https%3A%2F%2Fwww.google.co.jp%2Furl%3Fsa%3Dt%26rct%3Dj%26q%3D%26esrc%3Ds%26source%3Dweb%26cd%3D1%26cad%3Drja%26uact%3D8%26ved%3D0ahUKEwiks8qdo4LcAhXHyLwKHSnUCCgQF

ggoMAA%26url%3Dhttps%253A%252F%252Fthepage.jp%252Faichi%252Fdetail
%252F20170531-00000004-wordleaf%26usg%3DAOvVaw0BG0fseoPTaJn6_bNNat8z)。
Ansell, C. and A. Gash（2008）"Collaborative Governance in Theory and Practice,"
Journal of Public and Administration Research and Theory, 18（4），543–571.

掛川市ウェブサイト：http://www.city.kakegawa.shizuoka.jp/index.html.

[3]　自然共生社会アプローチ：豊岡モデル

第**7**章

自然共生社会への模索・豊岡モデル

コウノトリ育むお米の開発・普及

岩　田　優　子

はじめに

　兵庫県豊岡市では，1971 年に国内で絶滅した野生コウノトリの人工繁殖を行ってきた。飼育コウノトリ数の順調な増加を受け，1992 年には，コウノトリを野外に戻す野生復帰事業を開始した。その中で，コウノトリの餌となる生き物を水田に増やすための新しい農法（コウノトリ育む農法）の開発・普及にも取り組んできた。その結果，①コウノトリ育む農法の栽培面積，②野外コウノトリの個体数，は右肩上がりに増加し，豊岡市の社会イノベーションは成功したと考えられる。豊岡市の社会イノベーションの特徴は，農家をはじめ，豊岡市・兵庫県・JA たじまなど多様な主体（アクター）が協働した点にある。本章は，豊岡市の社会イノベーションの課題を「多様な主体の協働がもたらしたコウノトリ育む農法の開発・普及による自然共生型都市の形成」と定義し，協働ガバナンスと社会的受容性というキーワードを使って，豊岡市の社会イノベーションの成功要因を読み解く。また，この成功を基盤とした，持続可能な都市モデルとしての豊岡市の今後の展望について考察する。

1 | 豊岡市の姿とコウノトリ野生復帰事業

(1) 豊岡市の姿

　兵庫県豊岡市は，兵庫県北東部・但馬地域に位置し，2005年4月1日に1市5町（旧豊岡市，城崎町，竹野町，日高町，出石町，但東町）が合併して生まれた。市としては兵庫県で一番面積が広い（697.55 km²）。人口は8万2250人（2018年7月12日時点）であり，但馬地域における地方中核都市である。市域の約8割は森林である。日本海に面し，海岸部は山陰海岸国立公園，山岳部は氷ノ山後山那岐山国定公園に指定されている。日和山海岸や国指定天然記念物の玄武洞，神鍋高原などは，山陰海岸ジオパークの一部として，世界ジオパークネットワークに加盟している。

　豊岡市は，円山川下流域に広がる幅約4km，長さ約14kmの細長い盆地である。市の中心を流れる円山川は，中流域から河口までの高低差が小さく，周辺に広がるヨシ原や河畔林には，多くの野鳥が見られる。かつては，豊岡盆地には低湿な水田（じる田）が一帯にあり，それが湿地の役目も果たしていた。コウノトリにとって，水辺の生き物を育む湿地環境が広がる豊岡盆地は好都合であった。じる田や，一年中水がある土水路，川などの餌場に多くのコウノトリが暮らしていた（コウノトリ野生復帰検証委員会 2014）。

　第8章171頁にある「農家の女性，但馬牛とコウノトリ」の写真は，1960年8月に出石川（円山川水系の支流）で撮影されたものである。12羽のコウノトリと7頭の但馬牛，編み笠でモンペ姿の女性が一緒に写っている。この写真は，「35年前，みんな一緒に暮らしていた」という言葉とともにポスターになり，第6回環境広告コンクール環境広告大賞・環境庁長官賞（ポスター部門）を受賞した。かつての豊岡市でコウノトリと牛と人間が一緒に暮らしていた「人とコウノトリとの共生」の日常風景が広く知らしめられるとともに，豊岡市の人々にとって，コウノトリとともに暮らしていた過去を再発見し，現在を見直し，未来を創造するためのイメージとして位置づけられることになった（菊地 2006）。このイメージの共有が，豊岡市の社会イノベーションに対する地域的受容性の基盤になったと考えられる。

（2） コウノトリ野生復帰事業

　コウノトリは，シベリア東部のアムール川流域から中国東北部の湿地帯を主な生息地・繁殖地にする，全長約 120～130 cm，両翼を広げた翼開長は約 2 m という大型の水鳥である。肉食で，ドジョウ，フナ，カエル，小魚，昆虫，ザリガニなどを主食としている。飼育下では，1 日約 400～500 g の餌を食べる大食漢である。そのため，コウノトリが生きていくためには，生き物がたくさんいる自然が必要となる。

　コウノトリは，江戸時代まではほぼ全国各地で見られた。しかし，明治時代に銃が出回って禁猟が緩んだ結果，乱獲が進んだ。さらに，第 2 次世界大戦によってコウノトリが営巣する松の木が戦地への供給木材として大量に伐採されたため，個体数が激減した。

　戦後，コウノトリは文化財保護法の保護対象，および特別天然記念物に指定された。豊岡市では，1955 年から，行政と民間が共同で「コウノトリ保護協賛会」（のちに「但馬コウノトリ保存会」に改称）を結成し，官民一体となった保護活動が開始された。だが，その後の所得倍増計画や，農業の近代化と生産性の向上を目的とした農業基本法の制定により，経済成長重視の風潮，化学肥料や農薬，大型機械を使った農法が急速に広がった。それに伴い，コウノトリの餌場である水田環境は大きく損なわれてしまった。

　そこで，1963 年に，コウノトリの管理団体に指定された兵庫県が，コウノトリの人工飼育に踏み切ることを決定した。1965 年，豊岡市野上に，コウノトリ飼育場（現コウノトリの郷公園附属施設コウノトリ保護増殖センター）が完成し，人工飼育が開始された。しかし，人工繁殖は成功しないまま，1971 年には，ついに日本において野生のコウノトリが絶滅した（表 7-1）。これを受けて，1985 年に，ロシア・ハバロフスクからコウノトリ 6 羽を受贈した。1989 年には，初めて人工繁殖に成功した。以後，毎年ヒナが誕生し，飼育コウノトリ数は順調に増加した。このため，飼育コウノトリが 100 羽になったときにコウノトリを野生に再導入（re-introduction）することが決められ，1992 年に，兵庫県の主導でコウノトリ野生復帰計画が開始された（コウノトリ野生復帰検証委員会 2014）。

　飼育コウノトリの 100 羽増殖と野生復帰という目標に向けて，兵庫県立コウ

表7-1　コウノトリ野生復帰事業の経緯

年	主な出来事
1971	日本で野生のコウノトリ絶滅
1985	ロシアよりコウノトリを導入
1989	人工繁殖に成功
1992	「生物多様性条約」採択（リオサミット） コウノトリ野生復帰計画開始，県から祥雲寺区にコウノトリ野生復帰拠点施設建設を提案
1994	拠点施設（郷公園）建設の受け入れを区として決断
1995	「生物多様性国家戦略」策定 アイガモ農法開始
1996	祥雲寺区の有志で「祥雲寺を考える会」結成
1997	「コウノトリのすむ郷づくり研究会」に改名 「豊岡あいがも稲作研究会」発足
1998	宮城県田尻町で「ふゆみずたんぼ」を利用した実践研究開始 祥雲寺区で農地の有効利用を考えた基盤整備（地盤のかさ上げ）実施 「コウノトリ市民研究所」発足（生きもの調査の開始）
1999	「食料・農業・農村基本法」制定（農業の多面的機能の重視） 「コウノトリの郷公園」開園
2001	中貝宗治市長就任
2002	「自然再生推進法」成立
2003	「コウノトリの舞」（市），「コウノトリの贈り物」（JA）認証制度制定
2004	価格プレミアムをつけた「コウノトリ育むお米」販売開始 （地元の量販店，インターネット販売）
2005	「農業環境規範」策定 コウノトリ野生復帰（第1回放鳥，9月） 「コウノトリ育む農法」の体系化（農法の定義，栽培暦の作成）
2006	「コウノトリ育むお米生産部会」と市・県・JAの三位一体の普及体制確立
2007	野外でのコウノトリのヒナ誕生・巣立ち（国内で46年ぶり）

（出所）　コウノトリ野生復帰検証委員会（2014）などをもとに筆者作成。

ノトリの郷公園（以下，郷公園）は，3つのプロジェクトに着手した。プロジェクト1はコウノトリの飼育・繁殖，2は野生復帰に向けたトレーニング，3はコウノトリと共生するまちづくりである（池田 2007）。

　プロジェクト1と2が，基本的には郷公園の研究員や飼育員といった「専門

家」による試みであるのに対し，プロジェクト３は，そうした専門家のみなら
ず，コウノトリが再導入される地域の環境づくりに関わる住民も含めた多様な
人々が関係する。本書の主要テーマである「マルチ・アクター（多様な主体）
による『場の形成と社会的受容性の醸成』による社会イノベーションの創造」
が最も重要な切り口となるのが，プロジェクト３である。

　とくにプロジェクト３の中心となったのは，コウノトリと共生するための新
しい農法（コウノトリ育む農法。以下，育む農法）の開発・普及であった。コウノ
トリを野生復帰させるためには，コウノトリの生息環境整備として，野生コウ
ノトリ絶滅の原因となった生産性優先の慣行農法（化学合成農薬・化学肥料を慣
行的に使用する農法）から脱した新しい農法が構築され，広範に取り組まれる必
要があったからである。

　そこで，本章では，この育む農法に焦点を当て，豊岡市の社会イノベーショ
ンの分析を行う。

2 ┃ コウノトリ育む農法の開発・普及過程

（1）コウノトリ育む農法とは

　育む農法は，①コウノトリの餌となる生き物を水田に増やす水管理を行うこ
と，②絶滅危機に瀕した原因の１つでもある化学合成物質の生物濃縮を考え，
環境負荷の少ない無化学合成農薬・無化学肥料栽培を基本とすること，の２つ
に特徴がある（表7-2の網掛け箇所）。

　①の水管理については，冬期湛水，早期湛水，深水管理，中干し延期，の４
つが必須事項である。いずれも，慣行農法に比べて水田に水を張る期間を長く
することが目的である。

- 冬期湛水：冬も水田に水を張り，さまざまな生き物を育むと同時に，水田
  の中のイトミミズのふんが軟らかい土の層（トロトロ層）を形成すること
  で雑草を抑える効果があるため，減・無農薬栽培が可能になる。
- 早期湛水：コウノトリの餌となる多くの生き物を育むため，田植えの１カ
  月前から水田に水を張る。
- 深水管理：雑草を抑え，多様な生き物を育むため，田植え後約40日間は

第７章　自然共生社会への模索・豊岡モデル　147

表7-2　コウノトリ育む農法の要件

項目		要件	
		必須事項	努力事項
環境配慮	生き物の多様性確保	○生き物調査 　中干し前にオタマジャクシの変態確認	○生き物調査 　・冬期湛水，早期湛水時のイトミミズ，ユスリカ幼虫の確認 　・出穂期前後のカメムシ，ウンカ類，クモ等の確認 ○魚道，生き物の逃げ場の設置
	化学合成農薬削減 ①無農薬タイプ ②減農薬タイプ ③農薬削減技術導入	○栽培期間中不使用 ○特別栽培農産物表示ガイドラインに基づく兵庫県地域慣行レベルの75%以上低減 ○農薬を使用する場合は「普通物魚毒性A類」を使用 ○温湯や食酢による種子消毒 ○畔草管理	
	化学肥料削減	○栽培期間中不使用	○米ぬか，くず大豆等の施用
水管理		○冬期湛水（2014年） ○早期湛水 ○深水管理 ○中干し延期	
資源循環		○牛ふん堆肥，鶏ふん堆肥等有機質資材を施用する場合は地元産とし，土壌の状態により施用量を加減	
その他		○各種認証のいずれか取得 ・有機JAS ・ひょうご安心ブランド ・コウノトリの舞 ・コウノトリの贈り物	

（出所）　豊岡市役所「コウノトリ育む農法」パンフレットをもとに筆者作成。

8 cm 程度の水位を維持する。

- 中干し延期：コウノトリの餌場を確保するため，オタマジャクシがカエル
に変態したあと，中干しする。

②の農薬・肥料については，コウノトリの生息環境整備という目的のため，
育む農法は無化学合成農薬・無化学肥料栽培を基本としている。減農薬栽培に
ついても，兵庫県の慣行レベルより75%以上低減することが必須事項である。
一般的な特別栽培米や，絶滅危惧種のトキの野生復帰のために同様の取り組み
をした新潟県佐渡市の生き物育む米が50%以上低減であるのに比べ，育む農
法の基準はより厳しくなっている。

水管理と無化学合成農薬・無化学肥料栽培に特徴のある育む農法は，慣行農
法に慣れた豊岡市の農家に，最初から容易に理解されるものではなかった。長
期間水田に水を張るためには水利権などの問題があり，複数の農家の理解・協
力を得て，集落単位で実施することが必要になる。また，技術を体得するまで
は，雑草の繁茂により，時間と労力をかけて生産性を大きく損なうというリス
クもあった。

育む農法は，とくに初期段階ではこうしたさまざまな課題を抱えながらも，
最終的には，豊岡市の農家の理解・協力によって，2005年に体系化された。
さらに，体系化された育む農法が普及して野外コウノトリの個体数も順調に増
加することで，2007年には国内で46年ぶりに野外コウノトリのヒナの巣立ち
の成功（自然共生社会形成に向けた豊岡市の社会イノベーションの到達点）にまで至
ったのである。

(2) コウノトリ育む農法の開発過程——モデル区・祥雲寺における多様な協働

育む農法は，三江地区・祥雲寺区を中心に開発が進められた。その発端は，
1992年に，兵庫県から祥雲寺区の農家に対して，コウノトリの野生復帰の拠
点施設（郷公園）を区内に建設し，「コウノトリと人と自然との共生する地域社
会を目指したい」という申し出が伝えられたことである。

申し出を受けて，祥雲寺区は，コウノトリとの共生のための農業のやり方に
ついて2年間議論を続け，1994年の年末に施設の建設受け入れを決定した。
その間，県は，コウノトリは稲を踏む害鳥ではないかという農家の不安を払拭

するため，水田調査を行って問題がないことを確認した。県が農業のやり方について強制したり，建設受入決定期限を定めたりはしていないが，農家の意志を尊重する県の姿勢が農家を動かした。

　豊岡市の社会イノベーションの萌芽期と考えられるこの1990年代の動きは，県からの説明を受けて，祥雲寺区での環境保全型農業[1]（のちの育む農法）への理解・模索が進んだ時期であるといえる。

　2000年代に入ると，祥雲寺区での環境保全型農業への動きは，より具体的かつ本格的に進められた[2]。

　農家は，慣行農法から環境保全型農業への転換を中心とした今後の地域づくりを検討するため，1997年に「コウノトリのすむ郷づくり研究会」を結成し，2000年には，コウノトリと人が共生できる地域づくり構想をまとめた「郷づくり報告書」を地区に提案した。そして，同報告書をもとに環境保全型農業の試みを展開してきた。地区の全戸（23戸）加入で，豊岡市の環境保全型農業の先導的役割を担う「コウノトリの郷営農組合」（以下，営農組合）も設立した（コウノトリの郷営農組合 2011）。

　一方，兵庫県但馬県民局地域振興部では，コウノトリと共生する地域づくりを重点課題として位置づけ，豊岡農業改良普及センター（以下，普及センター）などの職員を中心に，コウノトリプロジェクトチームを結成した。チームは問題点を洗い出し，施策を企画立案し，事業実施へとつないでいった（西村 2006）。

　2002年に，コウノトリプロジェクトチームの一員である西村いつき（現・兵庫県農政環境部農林水産局農業改良課参事）が普及センターに赴任してからは，西村が祥雲寺区で農家と一緒に育む農法の体系化を主導した。通常，農業技術は試験研究機関で実証を行ってから現地導入を図るのに対し，西村は祥雲寺区の地元農家の協力を呼びかけ，現地で技術の組み立てと普及を行った。無農薬栽培により繁茂した雑草の草刈りを一緒に行うなど，県職員と農家が協力して作業を進めた（コウノトリ野生復帰検証委員会 2014）。

　最初に取り組んだ2002年は減農薬栽培だったが，2003年に普及センターの協力で1戸の農家（稲葉哲郎・営農組合前組合長）が無農薬栽培に初めて挑戦した。「コウノトリの放鳥も実現されていない2003年時では，無農薬栽培の取組みに対して周りの農家は様子見といった感じで，すぐに理解が示されていった

とは言い難い状況であった」（光武・榎本 2013）。一方で，「見たこともないトノサマガエルの群れ……忘れることのできない 1 年」（清水 2012），「稲刈りが終わったあとにカエルやバッタがたくさん出てきて，農薬を使わない効果を実感。人間が手を加えれば生き物を育めることがわかった」（営農組合への聞き取り）といった手応えもあった。

西村ら県職員のサポートも農家の取り組みを後押しした。たとえば，冬期湛水により生き物が増加し，米の品質も向上するというデータを示したり，中干し延期によって増殖したカエルがカメムシ（害虫）を食べるところをビデオに撮って農家に見てもらったりして，農家の意思決定に働きかけた（西村 2007，2009）。

特筆すべきは，技術体系化にあたり，多様な主体が一緒に，技術導入や土地改良など多様な試行錯誤を続け，育む農法の確立に成功したことである。

育む農法が体系化された 2005 年までは，豊岡市の社会イノベーションの形成期と捉えられる。

（3）　コウノトリ育む農法の普及過程——農家と市・県・JA（三位一体）の普及体制

豊岡市の社会イノベーションの普及期は，農家（生産者）から成るコウノトリ育むお米生産部会（以下，生産部会）の設立と，豊岡市・兵庫県・JA たじま（以下，JA）による三位一体のコウノトリ育むお米（以下，コウノトリ米）[3] の普及体制が確立した 2006 年に始まると考えられる。

生産部会設立の背景としては，2005 年に育む農法という環境に優しい技術体系が確立されたときに，販売戦略を持つ JA の生産部会として販売していくことで経済性と環境を両立できると考えられたことにある。市外にもコウノトリは飛んでいくため，但馬全域での組織化が必要と考えられ，2009 年に生産部会の本部・支部体制が整備され，但馬地域の 3 市 2 町全域で育む農法が行われるようになった。

2005 年から 2006 年度にかけて育む農法の栽培面積も出荷量も増えたのは，生産部会を機軸とした流通販路の整備が大きな成果をあげたからだと評価されている（南 2007）。現在も，他の米に比べてコウノトリ米の JA を通した出荷率が高い（約 9 割）のは，生産部会の役割が大きいと考えられている。

生産部会に対し，市・県・JA が各役割を持ってサポートする三位一体の普

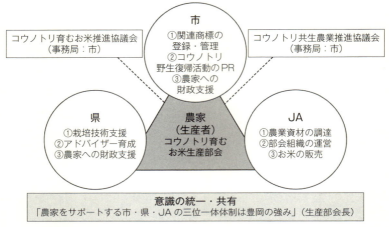

図7-1 コウノトリ育むお米生産部会と三位一体（市・県・JA）の普及体制

（出所）現地調査収集資料をもとに筆者作成。

及体制図を，図7-1に示した。

濃淡の違いはあるが，このような三位一体の普及体制は，他地域でも見られる。しかし，市が積極的に関与しており，かつ，市が先導して他の関係者・関係機関と協働できている点が，豊岡市の三位一体の普及体制の大きな特徴であり，強みであると考えられている。

(3.1) 豊岡市が果たした役割

コウノトリ米の普及で，豊岡市が先進的に果たした役割の1つ目は，「こうのとり育む」の商標登録（2007年）と管理である。実は，コウノトリ米は，2004年の販売開始当初は「コウノトリの郷米」という名称で売り出された[4]。しかし，「コウノトリ育む農法」や「コウノトリ育むお米」という名称で統一し，地域ブランドとして売り出すことが，地域の思いに応えることになると考え，中貝市長の名義で商標を取得した。また，市が県と交渉し，市外在住者も，育む農法で生産した米をコウノトリ米として販売できるようにした。

2つ目に，コウノトリ野生復帰活動のPRである。県とともに主催する「コウノトリ未来・国際かいぎ」[5]を通じた海外に向けたPRのほか，コウノトリ米の販売面での取り組みを担っているコウノトリ育むお米推進協議会とコウノトリ共生農業推進協議会（図7-1）の運営を通した活動がある。前者では，市が事務局を務め，量販店での消費者へのPRによる販売促進を率先している。

お米推進協議会は他地域にもあるが，市が事務局を務めて先導的な役割を担う地域は数少ない。後者でも市が事務局となり，流通・販売の拡大や，育む農法田での生き物調査の実施等によって消費者へのPRを図っている。

3つ目に，民間企業と連携した「コウノトリ育む農法推進事業」の実施による，農家への財政支援である。2013年から，農業機械等の製造業者であるみのる産業（本社：岡山県）と提携して，無農薬栽培実証事業と無農薬栽培チャレンジ事業を3年間実施し，市が財政支援をしている。技術力がなくても取り組みやすいポット成苗を使い，地域全体に無農薬栽培を広げることを目的としている[6]。JAは，三位一体制における市の資金面でのサポートは大きく，販売面で市が積極的に関与することを歓迎している[7]。

（3.2） 兵庫県が果たした役割

兵庫県の役割の1つ目は，農家への栽培技術支援である。育む農法の無農薬タイプは，100%抑草が成功する次元の技術にまで至っていない。よって，現在も，さらなる試行錯誤と技術改良，それを踏まえた農家への技術支援が続けられている。たとえば，大豆作付け後の水田雑草抑草効果を利用して，育む農法の無農薬タイプの拡大を図る取り組みを模索してきた結果，水稲→菜種→大豆→育む農法無農薬タイプ，の二年三毛作が可能となった（西村 2008）。その年の技術改良・技術協議を踏まえて，稲の刈り入れ時期や鶏ふんの量などの肥培管理や栽培管理を含め，栽培暦も毎年改善している。

2つ目に，2008年から開講された「コウノトリ育む農法アドバイザー養成講座」によるアドバイザーの育成である。指導的な立場の生産者を育成する目的で，栽培技術のほか，生き物調査の手法，話し方等についても講座を設けた。その後，アドバイザーによる育む農法アドバイザー研究会が設立され，研修会等が開催されている。地域のリーダーである約30名のアドバイザーが，修得した理念や技術について広く普及に努めた結果，育む農法の急速な拡大につながった（コウノトリ野生復帰検証委員会 2014）。篤農家から若手への技術支援の場でもあり，若手農家の育成にも貢献している。

3つ目に，農家への財政支援となる「コウノトリ育む農法拡大条件整備事業」である。この事業には，大きく農法の取り組み面積を拡大しようとする団体に対して資材費，労働費等を補助する栽培経費補助と，共同利用機械等の整備に要する経費を補助する共同利用機械等整備補助がある。新たに育む農法に

取り組む場合も，すでに取り組んでいる場合も対象となり，育む農法の普及に貢献している（普及センターへの聞き取り）。

(3.3) JAたじまが果たした役割

JAが果たした役割の1つ目は，農業資材の調達である。育む農法が始まった当時，生産者は少なく専用資材はなかった。JAたじまとJA全農（全国農業協同組合連合会）などが協力して，有機培土の開発や無消毒種子の確保により，専用資材を調達できるようになった。これにより，生産者の誰もが育む農法を実践できるようになった（全国農業協同組合中央会 2013）。

2つ目に，部会組織の運営である。JAの販売担当者が，コウノトリの放鳥をきっかけとしてコウノトリ米の普及に関心を寄せ，JA内に「コウノトリ育むお米生産部会準備委員会」の事務局を置いた[8]。JA職員が，県の普及指導員や市職員と一緒に，連夜農家を回って参加を呼び掛け，農家の気持ちを動かした（青山 2013a）。育む農法の取り組みを広げようと，周辺集落に働きかけ，組織の立ち上げを図ったが頓挫した経験を持つ祥雲寺区の農家は，2006年にJAが先導して各地区の営農組合・大規模農業者が集結した生産部会が設立されたことや，その後のJAの精力的な部会運営を「画期的なこと」と評価している。

3つ目に，コウノトリ米の販売である。JAは量販店での販売を強化している。量販店は米の説明や産地の思いが消費者に伝わりにくいという欠点があるが，JAは，取扱量が多い量販店で価格を維持しながら売ることが新たな価値の定着につながると考えた。そして，店長に対する説明会の実施や，育む農法に関する映像の売り場での放映，バイヤーや卸売り業者を招いた田植え交流会を毎年継続するなど，流通業者や販売業者も巻き込んだ交流を積極的に行った。これらの地道な取り組みが，販売者と消費者双方への理解を促し，販売増加につながっている（青山 2013ab）。

以上のように，豊岡市の社会イノベーションは，章の冒頭（はじめに）の定義にあるように，育む農法の開発・普及において「多様な主体の協働」が行われたことに大きな特徴がある。次節で，この特徴をより詳細に見ていく。

3 | 協働ガバナンスと社会的受容性

豊岡市の社会イノベーションの成功要因としての「多様な主体の協働」とは，具体的に何か。

関連する豊岡市の先行研究において，育む農法の開発・普及やコウノトリ米のブランド化が「多様な主体の協働」によって達成されたことはすでに明らかになっており，その要因についても検討されている（岩田 2016，岩田 2017）。たとえば，菊地（2017）は，育む農法の拡大要因は多様な人や組織の協働にあるとしたうえで，複層的な仕組みや目的の設定によって，コウノトリの新たな価値を創出したことで，1つの価値に縛られない多様な主体の参加を保証できたと結んでいる。コウノトリ野生復帰検証委員会（2014）も，育む農法の開発からブランド化までの多様な主体の協働を可能にした要因として，主体間のコウノトリに対する共通認識の形成や共感の連鎖といった人々の心理的な変化に着目している。

しかし，これらの研究で言及されているような，コウノトリの持つ物語性以外の要因はなかったのであろうか。どの主体によるどの具体的な取り組みが相互に影響し合ったかという複層的な仕組みの具体的な中身についても検証を加えることで，人々の心理的な側面に影響を与えるような物語性のあるシンボルを持たない他地域に対する汎用性も高められるであろう。

そこで本章では，「多様な主体の協働」の具体的な仕組みとして，伊丹（2005）と Emerson *et al.*（2012）を援用し，協働ガバナンスと社会的受容性をキーワードに表 7–3 のような整理をしたい。なお，豊岡市の社会イノベーションにおけるマルチ・アクターの場の形成プロセスでは，上述のとおり市役所が他アクターとの間でコーディネーター的に大きな役割を果たしたことが1つの特徴であるため，ここでは場ではなくあえて協働ガバナンスという用語を用いる。

（1）　協働ガバナンスの3つの要素

（1.1）　マルチ・アクターによる分散型リーダーシップ

豊岡市の社会イノベーション・プロセスを牽引したのは，祥雲寺区の営農組

表7-3　豊岡市の社会イノベーション（Social Innovation: SI）の成功要因——協働ガバナンスと社会的受容性

協働ガバナンスの3要素	(1) マルチ・アクターによる分散型リーダーシップ	
	分散型リーダー	農家，行政（豊岡市・兵庫県），JA，NPO，研究機関，企業，一般市民，他県の農業関連機関，流通・販売業者，消費者など
	(2) 多様なミクロ・マクロ・ループ	
	1. SIの萌芽期	郷公園予定地に関する県から祥雲寺区への説明⇔祥雲寺区での環境保全型農業への理解・模索
	2. SIの形成期	行政担当部署の整備・体系的な制度政策実施⇔農家の試行錯誤による育む農法体系化
	3. SIの普及期	JAによるPR・販路拡大，県のアドバイザー養成事業，市の財政支援⇔育む農法の普及拡大
	(3) 地域社会の受け入れにつながる多様な促進要因（地域的受容性）	
	地域的受容性	アイガモ農法，農地基盤整備，育む農法体系化（技術），コウノトリ米の認証制度（制度），コウノトリ米の価格プレミアム，生産部会と三位一体の普及体制（市場）

↑

● 世界・全国レベルの社会的受容性との連動
● 「コウノトリと人との共生」の原風景の共有（地域的受容性の基盤）

（出所）　伊丹（2005），Emerson *et al.*（2012）などをもとに筆者作成。

合をはじめとする農家組織である。しかし，それだけではなく，農家と一緒に栽培技術の転換を行った兵庫県の普及センター，育む農法で収穫されたコウノトリ米をブランド化した豊岡市やJA，水田での生き物調査を主導し新しい農法への理解を促したNPOなど多様な組織が，それぞれの活動においてリーダーとして機能していた。

　つまり，飯田市や掛川市の事例に見られるような，特定の個人や行政機関がリーダーとして牽引した事例とは異なり，分散型リーダーの存在が，豊岡市の社会イノベーションを可能にした一因だといえる。

　分散型リーダーシップ（distributed leadership）がイノベーション，とくに知識創造プロセスを牽引する鍵であることは，先行研究でも指摘されている（Nonaka *et al.* 2000，石倉ほか 2003）。

　なお，豊岡市の社会イノベーションにおける分散型リーダーシップの必然性については，図7-2から説明できる。コウノトリ米は，通常の米よりも手間・コストをかけて生産しているが，その追加の手間・コストを，行政は補助金・

156　第Ⅰ部　ケース研究 [3] 自然共生社会アプローチ：豊岡モデル

図7-2 豊岡市の社会イノベーションにおける分散型リーダーシップ

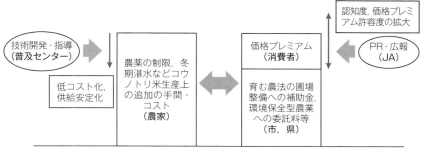

(出所) 古木 (2018) p. 13。

委託料支払いとして負担し，消費者は米の価格プレミアム分として許容している。さらに，これは固定的なものではなく，JAがコウノトリ米をPRすることで認知度が上がり，価格が高くなってもよいと考える消費者や購入者が増えれば価格プレミアムの許容度が拡大することもありえる。他方で，普及センターが農家と一緒に技術改良に取り組み，低コスト化に努めることで，バランスを取っている。このため，マルチの各主体（アクター）におけるリーダー的存在（つまり分散型リーダー）が必要であったと考えられる。

(1.2) 多様なミクロ・マクロ・ループ

豊岡市のケースから整理した協働ガバナンスの2つ目の要素は，ミクロ・マクロ・ループ（自発的に起きている個と全体を結ぶループ）である。

社会イノベーションの萌芽期（1990年代）では，コウノトリの野生復帰拠点のある祥雲寺区に郷公園建設が提案されて以降，区の農家が，育む農法の基盤となる環境に優しい農法の模索を行ってきた。1998年には，環境保全型農業を進めやすいように，農地の有効利用を考えた基盤整備（地盤のかさ上げ）を実施し，2000年には農地の団地化（集積化）を進めた（コウノトリの郷営農組合 2011）。県の郷公園建設予定区への働きかけ（1992年）やコウノトリの郷公園基本計画策定（1995年）という全体の動きに対し，個々の農家や地域住民が，それに応じる形での，「①周囲の共感者との相互作用，②全体での統合努力，③全体から個人へのフィードバック」という相互作用を伴ったミクロ・マクロ・ループが形成されたと考えられる。

形成期（2000年代）に入ってからは，県と市の両方において，新しい農法づ

第7章 自然共生社会への模索・豊岡モデル 157

くりのための担当部署の整備や体系的な制度政策が実施された。普及センターの職員は，祥雲寺区の農家と一緒に試行錯誤しながら現地で新しい農法技術の組み立てを行った（西村 2007）。市は，ビオトープや冬期湛水・中干し延期といった環境保全型農業に取り組む農家に委託料を支払う形でインセンティブを与える事業や，有機稲作の専門家を県外から招聘し，技術アドバイザーとして指導にあたらせ，農家の持つ技術的な不安の軽減につなげる事業を実施した（岸 2010）。また，2003 年には，市と JA がそれぞれ農産物の認証制度を策定し，2004 年には，価格プレミアムを付けて販売を開始した（上西 2014）。このように，社会イノベーションの形成期においては，行政担当部署の整備・体系的な政策実施（マクロ）が，農家の試行錯誤による育む農法体系化（ミクロ）との間で相互作用を与え合ったといえる。

　その後の普及期（2010 年代）においては，農家の「コウノトリ育むお米生産部会」と，それを支える市・県・JA の三位一体体制を中心にミクロ・マクロ・ループが見られる。現場での農家のコウノトリ育む農法への取り組みによって，米の新たな価値を PR できるようになり，JA の流通・販売体制を強化することにつながり，他方で，県のアドバイザー育成や市の補助金制度は，従来の農法より時間も労力もかかる育む農法に農家が取り組むきっかけを生み出すというミクロ・マクロ・ループが形成されている。

　このような豊岡市の社会イノベーション・プロセスにおける，多数のミクロ・マクロ・ループの形成は，知識創造プロセスのコアとして位置づけられている（第 9 章参照）。ミクロ・マクロ・ループの形成により，とくに 2000 年代における育む農法体系化までの過程において，専門家の持つ知識と，現場に即した個々の農家や県職員の持つ知識が交換・再構築されたことが社会イノベーションにつながった。

（1.3）　地域社会の受け入れにつながる多様な促進要因（地域的受容性）

　多数のミクロ・マクロ・ループの形成は，そのまま，地域社会の受け入れにつながる多様な促進要因の形成につながったと考えられる。この促進要因は，地域的受容性と言い換えられる。

　分散型リーダーシップとそれに伴う多数のミクロ・マクロ・ループが形成されることで，表 7-3 に示した以外でも，育む農法の実験田への委託料，農家への育む農法の説明会（地域の制度的受容性），外部アドバイザーの登用，環境保

158　　第 I 部　ケース研究［3］自然共生社会アプローチ：豊岡モデル

全型農業の先行地域からの技術支援（地域の技術的受容性）などが，社会イノベーションの過程で，地域社会の受け入れにつながる多様な促進要因（地域的受容性）として働いた。

　協働ガバナンスがなければ，たとえば，米の認証制度策定という市やJAの動きが，農家による育む農法体系化と相まって，コウノトリ米のブランドが確立されるという流れには至らなかったと想定される。

　言い換えれば，地域における多様な地域的受容性の形成をもって，社会イノベーションの創造につながる協働ガバナンスが完結したと考えられる。

(2)　世界・全国レベルの社会的受容性との連動と地域的受容性の基盤の存在

　さらに，協働ガバナンスの3つ目の要素である「地域社会の受け入れにつながる多様な促進要因（地域的受容性）の形成」に対しては，豊岡市の社会イノベーションにおける社会的受容性の2つの特徴が大きく影響していると考えられる。

　豊岡市の社会イノベーションにおける社会的受容性の特徴の1つ目は，技術・制度・市場的受容性のそれぞれにおいて，世界・全国レベルの動きと地域（豊岡市）レベルの動きが互いに好影響を与え連動し合う関係になっていたことである。これは，基本的に全国レベルから地域レベルへの一方向の影響が色濃く見られるほかの2都市（飯田市・掛川市）の事例と大きく異なる点である。

　まず，技術的受容性については，国内外の他地域での環境保全型農業の実践が，育む農法の体系化につながっている。他方，体系化された育む農法が，生き物ブランド米のトップランナーであるコウノトリ米を産出する農法として，他地域に広がり，他地域と交流することで育む農法自体も試行錯誤を続けている[9]。育む農法は，環境保全型農業の技術イノベーションであり，地域レベルの技術イノベーションが全国レベルの技術イノベーションに多少なりと影響を与えた，3都市における唯一の事例である。

　制度的受容性については，世界・全国レベルの生物多様性保全や環境保全型農業の推進政策が，コウノトリ米の認証制度の確立や育む農法の普及につながるという関係性があったといえる。最近では，2015年に農林水産省により制定された「環境保全型農業直接支払制度」による補助金を活用し，育む農法の

第7章　自然共生社会への模索・豊岡モデル　159

目玉である冬期湛水に取り組む人を増やした[10]（JA への聞き取り）。結果的に，世界・全国レベルの制度政策に支えられた豊岡市の育む農法や生き物共生の取り組みが，地域内外での同様の施策の推進にもつながり，地域レベルから全国レベルへのフィードバックにもつながっている。

また，市場的受容性については，生物多様性条約（1992 年）以降のエコフレンドリーな産品への追い風や環境配慮農産物への消費者の選好が，コウノトリ米のブランド確立と市場競争力の獲得につながった。一方，豊岡市も，消費者の安心安全や食味に対するニーズに応えるために，さまざまな試行錯誤を行った。具体的な最近の動きとして，病院での販売拡大（コウノトリ米はアレルギー保有者にも適応可能）や米・食味鑑定コンクール国際大会における日本一の実績[11] は，国内外の消費者の希望に応えるものであり，それによってコウノトリ米のブランド力がさらに高まる，という好循環を作っている。

豊岡市の社会的受容性の 2 つ目の特徴は，地域的受容性の基盤（技術・制度・市場に属さない地域的受容性）の存在である。豊岡市の社会的受容性に特殊な要因として，そもそも地域的受容性が確立する基盤の存在があったと考えられる。先に述べた 1960 年の「農家の女性，但馬牛とコウノトリ」の写真が，コウノトリと人が共生する豊岡の原風景として人々に共有されていたことである。豊岡市では，絶滅前の野生コウノトリが最後まで生息していた地域として，コウノトリの野生復帰に対する願いが地域の多くの人々に共有されていた。この点で，豊岡市の社会イノベーションは，伝統的な価値の復活を行ったものであり，再生可能エネルギーやごみ減量という新しい持続性課題に取り組んできた飯田市や掛川市と比較して，地域に受け入れられやすいものであったといえる。

このように見てくると，コウノトリというシンボルが育む農法の基盤にあったことは確かだが，豊岡市の場合は，それだけでなく，協働ガバナンスと社会的受容性という上記の大きなダイナミズムが働いたからこそ，社会イノベーションが可能になったと考えられる。現在コウノトリが飛来あるいは豊岡市から移送されている他都市においては，積極的に環境保全型農業をやっていこうという動きは現在のところ見られず，農業に関して豊岡市へのアプローチもないということである（生産部会への聞き取り）。コウノトリがいても，必ずしも社会イノベーションが創造されるとは限らないのである。

160　第Ⅰ部　ケース研究 ［3］自然共生社会アプローチ：豊岡モデル

このことは，コウノトリのようなシンボルを持たない他地域で地域独自の環境保全型農業，あるいは自然共生社会に向けた取り組みを進めるにあたり，重要な示唆を与えているといえよう。

4 持続可能な地域社会に向けて

（1）「豊岡市環境経済戦略」に見る環境と経済の共鳴

　本章は，豊岡市の社会イノベーションについて，とくに，コウノトリの生息環境整備に貢献した育む農法の開発・普及過程で，マルチ・アクターによる「場の形成（協働ガバナンス）と社会的受容性の醸成」がどのようになされたのかを中心に検証してきた。

　2007 年の，日本国内で 46 年ぶりの野外コウノトリのヒナ誕生・巣立ちをもって，豊岡市の自然共生社会の形成という社会イノベーションは成功裏にいったん終了したと考えられる。

　そして，その後現在に至る約 10 年の間で，豊岡市では，この社会イノベーションの成功を基盤として，より包括的な持続可能な地域社会に向けたさまざまな新たな挑戦を始めている。

　持続可能な地域社会に向けた出発点として考えられるのは，2005 年に策定（2007 年改訂）された「豊岡市環境経済戦略」（以下，環境経済戦略）である。環境経済戦略では，環境と経済の共鳴（環境への取り組みで経済効果を生み出し，それによって環境への取り組みをより活発にし，さらに経済効果を高める仕組み）に向け，以下の 5 つの基本柱ごとに具体的な成功例を作ってそれらを波及させる戦略を定めている（豊岡市 2007）。

　　①豊岡型地産地消の推進
　　②豊岡型環境創造型農業の推進
　　③コウノトリツーリズムの展開
　　④環境経済型企業の集積の推進
　　⑤自然エネルギーの利用の推進

これらの基本の柱について，これまでどのような取り組みが展開されてきて

いるのだろうか。本節では，最後に，豊岡市の持続可能な地域社会への模索について，今後の展望とともに示したい。

(2) 豊岡型環境創造型農業の推進──コウノトリ育む農法の先へ

　日本の生き物ブランド米のトップランナーとして評価されるコウノトリ米（矢部・林 2015）は，近年，地元関西だけではなく，より大きな市場である東京，さらに海外での展開に新たな販路拡大を見出している。2015 年にはミラノ国際博覧会の日本館の料理に使用され，2016 年にはアメリカ（ニューヨーク），ドバイ，シンガポールに進出した。2017 年には，アジア経済の中心地である香港で販売プロモーションを行った。

　海外展開の背景には，育む農法の栽培面積の順調な増加がある（2017 年 8 月時点で，豊岡市全体の稲作面積のうち，育む農法の栽培面積は約 13%）。つちかおり米やふるさと但馬米，あいがも栽培米などのコウノトリ米以外も含めた豊岡型環境創造型農業で生産される米の比率は現在 36.8% で，2021 年度には 51% まで増やすことを目標としている。この中で，近年の伸び率が著しいのはコウノトリ米である。このため，コウノトリ米生産農家所得の低減につながらないように，販売先を海外にも求めるようになっている。また，コウノトリ米の評価・認知度が海外で上がり，それに伴って日本でのコウノトリ米の付加価値も高まること（価値の逆輸入）により日本での売上増も期待されている。

　販売量の増加と付加価値の向上のために，現在，豊岡市が取り組んでいる試みの 1 つに，グローバル GAP（Good Agricultural Practice：農業生産工程管理）の取得に向けた取り組みがある。GAP は，農産物の安全性を示すグローバルな認証制度であり，外部の審査機関が，農薬使用量や栽培に使う水など 120 以上の項目をチェックする。この GAP 取得に向け，生産部会員から若手農家 2 名を含む 4 名が選抜され，先行的に取り組んでいる。GAP を取得することでコウノトリ米が 2020 年の東京五輪・パラリンピックでの食材調達に選抜され，その評価を受けて輸出競争の土俵に上がることを目指し，技術力に磨きがかけられている。

　また，株主優待の粗品，中元・歳暮の贈答品，赤ちゃん体重米など，多方面への販売拡大も進めている。

　しかしその一方で，コウノトリ米関連商品の開発は遅れ，売上は当初の予定

を下回っている（岸 2010）。コウノトリ米は，地域の生態系保全と高付加価値化の両立を目的とする生き物ブランド米のトップランナーとしては成功しているが，地域ブランドの確立のためには，日本での認知度も上げ，販売を安定させることがまず重要である。その意味で，コウノトリ米はまだ途上であると考えられている。

(3)　今後の展望

野生コウノトリの絶滅と再導入を契機とした「コウノトリと共生する町づくり」の理念，その中心を担ってきた育む農法の，さらなる推進を図ることは大事である。他方，農業は，現状，豊岡市の GDP の 2% を占めるに過ぎない。2013 年度から「豊岡農業スクール」を開校し，スクール生にも受入農家にも研修給付金を支給しているが，新規就農者は若手を中心に十分育っていない（豊岡市役所コウノトリ共生部への聞き取り）。

また，豊岡市役所環境経済部によると，環境経済戦略の 5 つの基本柱のうち，2007 年の改訂から約 10 年経った現時点で成功したのは育む農法（②豊岡型環境創造型農業）だけであり，その他の 4 つの柱（豊岡型地産地消，コウノトリツーリズム，環境経済型企業の集積，自然エネルギーの利用）は足踏み状態であるという。このため，今後は，これら 4 つの柱を伸ばす方針で環境経済戦略が進められている。

たとえば，「③コウノトリツーリズム」は，コウノトリ野生復帰活動への貢献や豊岡のまちづくりを体験するプログラムを提案した豊岡市独自のエコツーリズムである。コウノトリに加え，2005 年に城崎温泉を有する城崎町，日本の農家民泊の草分け的存在である但東町や，城下町である出石町と市町合併したことを活かし，それぞれの地域の強みを活かした観光業を推進している。2016 年には豊岡版 DMO（destination management organization）[12] である「一般社団法人豊岡観光イノベーション」を設立し，地域活性化を目的とした包括協定を大手通信会社（本社：東京）と締結した。国内観光客と訪日外国人観光客の観光動態の分析を行い，豊岡市の持つ観光資源を有効に活用して観光の活性化を図る取り組みを行っている。

「①豊岡型地産地消」に関しては，地場産業である鞄産業にも期待できる。豊岡地域は平野部のほとんどが低湿地のため，川辺に生えるコリヤナギを使用

第 7 章　自然共生社会への模索・豊岡モデル　163

した製品（柳行李）の産地として栄え，大正時代以降は，新素材への挑戦とミシン裁縫技術の導入により，鞄の生産地となった[13]（コウノトリ野生復帰検証委員会 2014）。豊岡鞄は，製造品出荷額等で日本一である。2017年時点で売上は約113億円，関連会社も含めて全体で約130社ある。近年，豊岡鞄はOEM（original equipment manufacture：他社ブランドの製品の製造）の産地から脱却しようとしており，メイドイン豊岡としての地域ブランド確立への高い意識が表れている。職人高齢化の問題に対しても，育成機関を作り，積極的に生き残りをかけている。

　さらに，観光業や地場産業を活用した戦略と並行して，2015年からは大手広告代理店（本社：東京）とタイアップした移住のプロモーションも展開している。その成果の1つとして，鞄産業はIターン就業者が多く，職人育成機関（アルチザンスクール）の卒業生の半数は豊岡市内の鞄企業に就職している。

　持続可能な地域社会づくりを考えるにあたり，地域の持続性に関するさまざまな指標論がある。従来は人口が1つの指標になっていたが，今後の日本では人口減が前提となる以上，その指標だけでは難しい。1つの可能性として，イノベーターや創造的人材に着目して，社会イノベーションの過程で創造的人材がどれぐらい地域に蓄積したのか，あるいはそのようなイノベーターの育成を可能にするような社会条件や社会空間の有無，それらがどのように形成されてきたかに着目することも，重要であろう（松岡 2018）。そのような指標を取った際に，多様な主体間で連携をとりながら全市一丸となって試行錯誤を行い，失敗も重ねながら，コウノトリ野生復帰，コウノトリ育む農法の体系化，コウノトリ育むお米のブランド化，の3点で成功を収めてきた豊岡市の持続可能な地域社会づくりは，今後の展望において十分な伸びしろがあると考えられる。

　もう1点，持続可能な地域社会づくりには，市場的成功が重要であることに触れておく。豊岡市の社会イノベーションが成功した要因の1つに，環境と経済の共鳴を追求したことがあげられる。育む農法が採算性のある農法でなければ，コウノトリや自分たちのためとはいえ，ここまで実施者が増えなかったであろう。実際，育む農法は，減農薬栽培であっても1割程度の収量減になるが，それを上回る価格プレミアムを付けることに成功し，農家の収入増につなげている（菊地 2012）。この持続性が育む農法の従事者を増やし，JAのPRに結び

164　第Ⅰ部　ケース研究［3］自然共生社会アプローチ：豊岡モデル

つき，結果的に，コウノトリ育むお米の購入者を増やす，という好循環を築いている。

　豊岡市はコウノトリがいたから成功したという意見もあるが，それだけでは不十分である。地域のシンボルを最大限活用し，積極的に地域の市場的価値を高めようとしたきわめてアクティブな市場的受容性を生んだことこそが，豊岡市の社会イノベーションの最後の引き金であったと考えられる。

◆ 注

1) 兵庫県では環境創造型農業という言い方をしている。環境保全（昔に戻る）ではなく，新しい農業を創造していこうという考えである。

2) 祥雲寺区は，1995 年からアイガモ農法（アイガモを使った無農薬農法）を取り入れるなど，もともと，農薬に頼らない米作りに先進的に取り組んできた（佐竹 2007）。しかし，アイガモはコウノトリの餌も食べるので，コウノトリの生息環境のためには課題があった。また，アイガモの飼育費という負担もある。

3) コウノトリ育む農法で栽培された米を「コウノトリ育むお米」とする。コウノトリ米の品種として，コシヒカリ以外では，五百万石とこなだもんがある。前者は酒米になり後者は米粉になる。

4) コウノトリの郷米は，「コウノトリ育むお米」で統一・販売され始めて以降は，売り出されていない。

5) これまで，1994 年，2000 年，2005 年，2010 年，2014 年の第 5 回まで開催されている。

6) 豊岡市はこのような取り組みを行うみのりの産業に対し，環境経済型企業の認定事業者として認定し，補助金の優遇やアドバイザーの派遣などの待遇を与えている。

7) 通常，米の販売は JA が中心となって行う。

8) JA が生産部会に関心を寄せるようになった背景には，JA 内部の事情もある。JA はそのころ，米の販売をめぐって新戦略を練っている最中であった（青山 2013a）。

9) 筆者が，2017 年に神奈川県農業技術センター（神奈川県平塚市）において研修を受講した際に，同県において環境保全型農業を推進するうえで，育む農法を主導した西村いつきを招聘して助言を求めているなど，育む農法が他地域での普及に影響を与えていることを確認した。

10) 2014 年に育む農法の条件である冬期湛水を冬みず田んぼという名称に変更し，雨や雪（天水）を利用できるというニュアンスを与え，農家の心理的なハードルを下げたことも取り組み数増加につながった。

11) 2016 年，GAP に取り組む若手農業者のひとり（青山直也）が，米・食味鑑定コンクール国際大会で，約 5700 品の金賞 15 品の中でも最高得票数を獲得し，日本一に輝いた（JA への聞き取り）。

12) 地域観光業の活性化を目的に，地元と連携しつつ観光名所を作る法人。観光庁が

第 7 章　自然共生社会への模索・豊岡モデル　165

登録・管理を行う。

13) 鞄の四大産地は東京，大阪，名古屋，豊岡である。

◆ 参考文献

青山浩子（2013a）「協同の力で，農業と地域を豊かに——コウノトリ育むお米が結ぶ消費者との交流」『月刊 JA』59（7），36-38。

青山浩子（2013b）「協同の力で，農業と地域を豊かに——コウノトリ育むお米が結ぶ消費者との交流」『月刊 JA』59（8），37-39。

池田啓（2007）『コウノトリがおしえてくれた』フレーベル館。

石倉洋子・藤田昌久・前田昇・金井一頼・山﨑朗（2003）『日本の産業クラスター戦略——地域における競争優位の確立』有斐閣。

伊丹敬之（2005）『場の論理とマネジメント』東洋経済新報社。

今井賢一・金子郁容（1988）『ネットワーク組織論』岩波書店。

岩田優子（2016）「協働ガバナンス・アプローチによるコウノトリ米とトキ米の普及プロセスの比較研究」『環境情報科学学術研究論文集』30，25-30。

岩田優子・黒川哲志（2017）「自然共生社会アプローチと社会イノベーション——兵庫県豊岡市のケース」2017 年環境経済・政策学会全国大会（高知工科大学）・企画セッション・バックペーパー。

上西良廣（2014）「集落営農における農法導入プロセスに関する一考察——コウノトリ育む農法を事例として」京都大学大学院農学研究科修士論文。

菊地直樹（2006）『蘇るコウノトリ——野生復帰から地域再生へ』東京大学出版会。

菊地直樹（2012）「兵庫県豊岡市における「コウノトリ育む農法」に取り組む農業者に対する聞き取り調査報告」『野生復帰』2，103-119。

菊地直樹（2017）『「ほっとけない」からの自然再生学——コウノトリ野生復帰の現場』京都大学学術出版会。

岸康彦（2010）「コウノトリと共に生きる農業——兵庫県豊岡市の挑戦」『農業研究』23，85-120。

コウノトリの郷営農組合（2011）「コウノトリと共にくらす郷づくり・村づくり・人づくり——コウノトリ育む農法の発展を目指して」パンフレット。

コウノトリ野生復帰検証委員会（2014）「コウノトリ野生復帰に係る取り組みの広がりの分析と評価——コウノトリと共生する地域づくりをすすめる『ひょうご豊岡モデル』」。

佐竹節夫（2007）「コウノトリが地域の力を取り戻す」鷲谷いづみ編『コウノトリの贈り物——生物多様性農業と自然共生社会をデザインする』地人書館，68-98。

清水万由子（2012）「持続可能な地域発展の分析枠組み——兵庫県豊岡市コウノトリと共生する地域づくりの事例研究から」『環境社会学研究』18，112-125。

全国農業協同組合中央会（2013）「『コウノトリ育むお米』が結ぶ消費者との交流」『月刊 JA』59（8），36-39。

豊岡市（2007）「豊岡市環境経済戦略——環境と経済が共鳴するまちをめざして」パンフレット，13。

西村いつき（2006）「コウノトリを育む農法」鷲谷いづみ編『地域と環境が蘇る水田再

生』家の光協会，125-146。

西村いつき（2007）「コウノトリ育む農法の意義と将来展望——生き物を育む稲作技術の確立と普及方法」『兵庫自治学』13, 43-48。

西村いつき（2008）「コウノトリ育む農法の意義と将来展望」『日本作物学会紀事』77, 350-351。

西村いつき（2009）「コウノトリ育む農法の意義と将来展望」『住民と自治』553, 28-31。

古木二郎（2018）第32回ニッセイ財団環境問題助成研究ワークショップ「地域から創る社会イノベーションと持続可能な社会（SDGs）」討論ペーパー。

松岡俊二（2018）「持続可能な地域社会のつくりかた——地方創生と社会イノベーションを考える」『アジア太平洋討究（早稲田大学大学院アジア太平洋研究科紀要）』33, 1-18。

光武昌作・榎本隆明（2013）「環境保全型農業における『生き物との共生』概念が持つ意味——兵庫県豊岡市における『コウノトリ育む農法』の取組みを事例として」『日本研究』26, 1-25。

南朋子（2007）「新しい環境保全型農業と農産物の地域ブランド化に関する研究——兵庫県豊岡市における『コウノトリ育む農法』の取り組みを事例として」『農林業問題研究』166, 118-123。

矢部光保・林岳編（2015）『生物多様性のブランド化戦略——豊岡コウノトリ育むお米にみる成功モデル』筑波書房。

Emerson, K., T. Nabatchi and S. Balogh (2012) "An Integrative Framework for Collaborative Governance," *Journal of Public Administration Research and Theory*, 22 (1), 1-29.

Nonaka, I., R. Toyama and N. Konno (2000) "SECI, *Ba* and Leadership: A Unified Model of Dynamic Knowledge Creation," *Long Range Planning*, 33 (11), 5-34.

[3] 自然共生社会アプローチ：豊岡モデル

第**8**章

自然共生社会と社会イノベーション

コウノトリのための水田の湿地転換

黒 川 哲 志

は じ め に

　本章は，持続可能な地域社会構築のケーススタディとして，コウノトリ野生復帰事業を通じて自然共生社会を再生した兵庫県豊岡市のケースについて検討する。豊岡市でコウノトリの野生復帰を実現するには，餌場となる湿地を確保することが重要であった。第7章で紹介したコウノトリ育む農法による水田管理に加えて，水田の耕作を放棄し，湿地として整備された所もあった。農家および地域社会が，このような水田の放棄と湿地化を受け入れた構造について，加陽湿地，戸島湿地，そして田結湿地の調査を通じて，社会的受容性の観点から検討した。その結果，豊岡市のシンボルであるコウノトリの野生復帰事業の公共性の存在とその制度化に支えられ，条件不利地の水田であったという経済的な要因もあって，水田の湿地化が社会的に受容されたことが明らかとなった。創出された湿地の管理には，コウノトリ湿地ネットワーク（NPO）や案ガールズなどのユニークな主体が関与している。

1 | コウノトリのための水田の湿地転換の社会的受容性

（1） 湿地創出の構造

　豊岡市でコウノトリの野生復帰を成功させるためには，水生生物を豊富に有する浅瀬すなわち湿地を整備して，冬期の餌場を確保することが不可欠であった。一方で，「コウノトリ育む農法」を採用した水田の冬期湛水による餌場の確保がなされていった。もう一方で，加陽湿地や戸島湿地のように河川整備などの公共事業によって，水田を潰して湿地を造成することを通じて，コウノトリの餌場が作られた。

　このような形での湿地造成には，コウノトリのために水田を手放すという農家にとって辛い決断が伴っていた。しかし，豊岡のシンボルであるコウノトリの持つ公共性には抗い難く（制度的受容性の存在），また，条件不利地の水田経営の継続も困難であり，かつ，湿地造成事業にあたって水田の買収という形での補償もなされた（市場的受容性の存在）ので，農家および地域社会は水田の恒久湿地化を受容することになった。

　全国的な農業の衰退の中で，豊岡でも条件不利地において，水田の耕作放棄も少なくなかった。加陽湿地や戸島湿地のような大規模な湿地造成事業がなされた地域のほかにも，耕作放棄水田を湿地として整備して管理することがなされてきた。たとえば，田結地区では，先祖伝来の水田を耕作放棄して荒らしてしまうことへの罪悪感と，コウノトリという地域公共性への貢献という動機づけから，耕作放棄水田の湿地としての整備がなされた。これは，用水路などの水田基盤施設の管理にもなるので，将来の水田耕作の再開の可能性を維持するという側面もある。

（2） 円山川水系の湿地とコウノトリ

　兵庫県北部の但馬地方に位置し，日本海へそそぐ円山川下流域の豊岡盆地は，元来，水はけの悪い盆地であった。そこには，冬でも水田に水が残る「じる田」と呼ばれる湿田を含めて，河川敷地内外に多くの湿地が存在していた。コウノトリは，湿地のドジョウ，フナ，カエル，甲殻類などを食べて，ここを生息地にしていた。戦後の社会構造の変化の中で，全国的に，圃場整備や河川改

第8章　自然共生社会と社会イノベーション　169

修が進んで湿田その他の湿地も減少し，農薬の大量使用の影響もあって，コウノトリは個体数を減らした。そして，豊岡盆地が日本で最後のコウノトリの生息地となった。1971年に，豊岡盆地で生息していた最後の野生の1羽が死んで，日本の野生のコウノトリは絶滅した。

その後，ロシアのハバロフスク地方から6羽のコウノトリの幼鳥の寄贈を受けた。これらの幼鳥の人工飼育と繁殖に成功し，2002年には，飼育下のコウノトリが100羽を超え，コウノトリの野生への再導入が計画された。そして，2005年に試験放鳥が始まり，最初の5羽が放鳥された。放鳥されたコウノトリが豊岡で生存して繁殖していくためには，コウノトリの餌場となる湿地を確保することが必要であった。水田をコウノトリの餌場とするためにコウノトリ育む農法が開発されて，普及の努力がなされてきた。コウノトリ育む農法による冬期湛水や無農薬農法などの甲斐あって，コウノトリの餌となる生物が豊かな水田が広がっている。これについては，第7章で詳しく論じた。

コウノトリは，季節ごとに最適な餌場に移動して採餌する。豊岡では，冬は，河川内の浅瀬などの湿地が主要な餌場であった。兵庫県立コウノトリの郷公園（2011）は，「平成14年に飛来した野生個体についての約1,600時間の追跡調査によると，水田と河川での滞在時間がそれぞれ全体の29%及び20%を占めており，この二つがコウノトリの主要な採餌ハビタットであると考えられる。なお，初春から夏までを水田で，秋から冬を河川で過ごすことが多い」（兵庫県立コウノトリの郷公園 2011, p. 13）と記している。しかし，円山川水系は，継続的な河川改修の結果，河川が直線化されるなどして，餌場となる湿地が減少してしまっていた。河川内の湿地の面積は，1897年ごろには281 ha，1950年には154 ha，そしてコウノトリ放鳥の2005年には84.5 haにまで減っている（兵庫県立コウノトリの郷公園 2011, p. 18）。その後，治水事業に伴う湿地再生事業などが行われて，2007年には116.1 ha，2009年には124.5 haと順調に回復してきている。

コウノトリ野生復帰プロジェクトを契機として生まれた湿地には，水田耕作を諦めて，湿地に転換したものが少なくない。本章は，その中から，加陽湿地，戸島湿地そして田結湿地を取り上げ，水田所有者らが水田の湿地転換を決断した事実について，社会的受容性という文脈の中で検討する。水田を湿地に転換することは，河川改修を伴う自然再生事業など，技術的に確立されている（技

術的受容性）ので、本章の検討は、その他の社会的受容性の要素、すなわち、地域的受容性、制度的受容性、そして市場的受容性にフォーカスする。

　加陽湿地として湿地造成された地域は、湿地造成される前は、河川改修によって堤内地、すなわち、堤防によって氾濫から守られている河川の外側の土地に作られた乾田であった。これが、円山川水系の自然再生事業によって、堤防に挟まれた河川区域内（堤外地）に戻されて、湿地として整備された。戸島湿地は、圃場整備を待つ湿田であったが、ハチゴロウと名付けられた野生のコウノトリが定着したのを契機に、本格的な湿地として造成されたものである。田結湿地は、耕作放棄状態となっていた棚田が、湿地として管理されるようになったものである。

（3）　シンボル復活の地域的受容性

　農家および地域社会がコウノトリ野生復帰に協力するために水田の耕作を諦めて湿地化することを受け入れたことの基底には、住民らが豊岡のシンボルであるコウノトリに抱くポジティブな感情が存在する。これが、地域的受容性の中核となっている。後述のように、このポジティブな住民感情が条例等によって制度化され、制度的受容性をもたらした。この制度化により、コウノトリ野生復帰事業の公共性が補強され、損失補償の仕組みの発動も正当化され、経済的な受容性も強化された。

農家の女性、但馬牛とコウノトリ（撮影：富士光芸社　高井信雄）

第8章　自然共生社会と社会イノベーション　171

豊岡は野生のコウノトリが日本で最後まで生存した地域であり，かつて，コウノトリは豊岡の日常の風景であった。これを象徴する写真として，1960年の出石川の風景を撮った「農家の女性，但馬牛とコウノトリ」が有名である（前頁掲載の写真）。菊地は，この写真に登場する女性へのインタビューを紹介しているが，「暮らしという日常が語られるなかで，付随してコウノトリ『も』語られる」（菊地 2006, p. 7）と述べている。この写真は，コウノトリ野生復帰推進計画（2003年）の表紙を飾っており，コウノトリの野生復帰プロジェクトによって故郷の自然の風景を取り戻すというメッセージを伝え，これを豊岡の人々と共有することに成功している。また，この写真は豊岡市の環境基本計画（2007年）の表紙にもなっている。

　本田は，コウノトリ放鳥直後の調査で，コウノトリとの共生を望む者の比率がコウノトリと共生していた経験のある年代の者ほど高いことを示している（本田 2008, p. 97）。また，「当時を知る年代（主に60歳代以上）においては，コウノトリの生息を希望したり，放鳥成功のために何かする意思を持ったりと肯定的な回答をしたことが明らかとなった。かつてコウノトリが野生下で生息していた当時を知る年代の住民が，コウノトリに対して，『害鳥』，『ほかの鳥と一緒』という捉え方だけでなく，何らかの好意的な思い，または，当時を懐かしむ思いなども含まれているのではないかとも考えることができる」（本田 2008, p. 107）と評価している。加えて，「地域への愛着を増すほど，『強いられた』共生は受け入れられていた」（本田 2008, p. 107）とも記している。このように，豊岡に愛着を持つ住民にとって，コウノトリは豊岡の正統なシンボルとして受け入れられており，コウノトリの野生復帰に伴う犠牲も受容されていたことが報告されている。

　ここで注意しなくてはならないのは，本田が「『強いられた』共生」という言葉を使っている点である。この言葉には，豊岡というコミュニティでのコウノトリ野生復帰というポジティブな価値実現の中で，自らが所有・耕作してきた水田を手放すことに抗えない農家の立場が表現されている。この抗い難い力は，コウノトリ野生復帰事業の持つ制度化された地域的公益性から及ぼされる。また，採算が取れない農業の継続が容易でなく，後継者もいないという経済的な現実からも及ぼされていた。したがって，「コウノトリの餌場となる生き物が生息できる水田環境の保全・再生は，かつての水田の広がる郷土景観の保全

につながるものがあり，耕作放棄地の拡大に危機感を感じていた人々に，無理なく受け入れられ，共感が連鎖することにより主体間のつながりが形成されていった」（コウノトリ野生復帰検証委員会 2014, p. 123）と，きれいにまとめきれないところも残るものであった。

（4） コウノトリ野生復帰の公共性と制度的受容性

コウノトリの再導入に向けて地域住民の意識を強化していったのは，地方自治体の政策であった。旧豊岡市が2002年に制定した「コウノトリと共に生きるまちづくりのための環境基本条例」，および合併後の新豊岡市が2006年に制定した「コウノトリと共に生きるまちづくりのための環境基本条例」により，コウノトリの野生復帰が地域的公共性を有するものとして公式に認定された。また，兵庫県が2003年に策定した「コウノトリ野生復帰推進計画」も，重要な役割を果たした。これらにより，コウノトリの餌場を作るために水田を湿地に転換することは公共性を有するという制度的な枠組みが設定された。このため，豊岡の水田所有者は，この公共性に反しない形で意思形成せざるをえなくなった。このように，コウノトリ野生復帰へ向けてのポジティブな「感情」でしかなかった地域的受容性は，制度的受容性という公式なものへと昇華させられた。

全国レベルでも，1990年に「多自然型川づくりの推進について」（建設省通達）が出され，河川が本来有している生物の生息・生育・繁殖環境の保全と創出に配慮した河川整備が行われるようになった。この方針を引き継いで，1997年に河川法が改正され，「河川環境の整備と保全」（1条）が法律の目的として明記され，河川砂防技術基準（案）において「河道は多自然型川づくりを基本として計画する」ことになった。また，2002年には自然再生推進法が制定され，過去に損なわれた生態系その他の自然環境を取り戻し，河川等の自然環境を保全・再生・維持するための法的仕組みが定められた。加陽湿地は，国の円山川自然再生事業によって湿地化された。戸島湿地は，兵庫県の田園自然環境保全整備事業や豊岡市のハチゴロウの戸島湿地整備事業によって整備された。

豊岡市役所の行政組織の編成も，コウノトリの公益性を重視したものとなっている。農林水産行政の担当部署が，コウノトリ共生部としてまとめられ，コウノトリとの共生という価値を共有しつつ，これを実現するために有機的な連

携をしている。コウノトリ共生部は，2002年に設置されたコウノトリ共生推進課にルーツがある。

また，円山川下流域・周辺水田がラムサール条約湿地に登録されたことによって，湿地の保全そのものがさらなる公益性を獲得し，観光都市豊岡の今後を方向づけるものとなっている。

(5) 湿地化と市場的受容性

加陽湿地となった水田も，戸島湿地となった水田も，2004年に豊岡を襲った台風23号のもたらした洪水の被害のために，水田耕作ができない状態になっていた。これらの水田は，洪水被害を受けやすいという条件不利地に存在していたので，ここで農業を継続しても経済的な見通しは暗いものであった。このような状況の中で，これらの水田の所有者らは，コウノトリの野生復帰という公益実現の取り組みに遭遇した。前述の「強いられた共生」という認識に示されているように，これらの水田を所有する農家が，コウノトリのために水田を湿地に転換するという制度化された公共性に背を向けた行動を取ることは容易でなかった。

この公共性の制度化は，水田湿地転換への経済的受容性を補強することになった。コウノトリ野生復帰の持つ公共性が制度化されたことによって，私有財産を「公共のために用ひる」(憲法29条3項) という構造が生まれ，湿地化のために水田を提供することが損失補償の枠組みで捉えられるようになった。すなわち，水田の所有者は，農地の任意買収という形で補償を受けられることになった。加陽地区および戸島地区の農家が，任意買収に応じて湿地転換のために条件不利地の水田を手放したのは，経済的に合理的な行為であった。それゆえ，水田の任意買収に対する経済的な受容性が存在していたといえる。

本書は，市場的受容性という概念を分析ツールとして用いるものであるが，公的主体と水田所有者との土地収用制度を背景とした任意買収の取引には，市場を観念しにくい。それゆえ本章では，水田所有者の立場に立って，経済的合理性があるときに経済的受容性が存在するという形で捉えてきた。あえて市場を見出すとすれば，湿地造成に用いる土地として円山川に接する水田用地への需要と，条件不利地水田を湿地造成のために供給したい者が存在し，ここに取引市場が形成されたと認識することができる。任意買収において，農家の満足

174　第I部　ケース研究 [3] 自然共生社会アプローチ：豊岡モデル

する価格が示されたので，市場的受容性が発生したといえよう。

　田結湿地は，もともと棚田であった。しかし，そこでの農業が経済的に成り立たないので，耕作放棄されていた。田結湿地は，この耕作放棄された棚田を湿地として管理するものである。加陽湿地，戸島湿地，そして田結湿地を通じていえることは，農業生産に適した収益のあがる水田であったら，コウノトリのための湿地とはならなかったかもしれないということである。

2 ｜ 加陽湿地の再生

（1）　円山川水系の湿地の創造

　円山川水系では，2003年から円山川水系自然再生計画検討委員会が組織されて計画策定に取り組んでいた。しかし，2004年10月の台風23号による甚大な洪水被害の発生を受けて，改めて河川改修の必要性が認識され，河川改修も取り入れた円山川水系自然再生計画が作られた。この自然再生計画は，「コウノトリと人が共生する環境の再生を目指して」というテーマを掲げて策定された。

　円山川水系の自然再生事業によって，円山川の高水敷部分が広く浅く掘削されて切り下げられて，水深約30cmのコウノトリの餌場にちょうどよい湿地が生み出された。これによって，円山川水系の湿地は，2010年には2004年の約1.4倍の面積になった。さらに，この掘削部分について，緩勾配化して河岸の遷移帯を作ることを通じて湿地性の植生の定着を図ったり，捨て石によって半閉鎖型の湿地を作ったりするなど，水際の多様性が増すように工夫が加えられてきた（小川 2016）。

（2）　加陽湿地の再生の経緯

　加陽湿地は，円山川と出石川の合流点から約1kmから2kmの出石川の河川区域内に作られた面積15haに及ぶ広大な湿地である。出石川は，もともと大きく蛇行する流れの緩やかな湿地環境の豊かな河川であったが，治水事業によって河道のショートカットによる直線化がなされた。このときには，まだ，旧河道にあたる部分が堤防の外側に湿地となって残っていた。しかし，1960年ごろには旧河道の湿地は埋められて水田に転換されており，2004年の台風

第8章　自然共生社会と社会イノベーション　175

図 8-1　加陽湿地・戸島湿地・田結湿地の位置関係

23号による洪水被害を受けるまで、耕作が続けられていた。台風被害によって、水田としての耕作が困難な状況になった。

加陽地区の住民らは休耕田を活用してビオトープを作っていたが、「コウノトリの試験放鳥を機に、かつてのような風景を取り戻すため、その面積を拡げた」(濱田 2017) とされる。そして、地元住民や地元地方自治体の要望で、本格的な水鳥公園を作ろうということになり、自然再生事業として湿地再生が行われた。これは、旧来の流路を河川区域内に戻し、そこを湿地として造成・整備する形で行われた。この加陽湿地整備の自然再生事業における用地の取得は、国が河川区域内の湿地となる予定の水田を買収する形で行われた。

円山川水系の河川整備計画には、湿地環境の整備が組み込まれている。河川整備計画によれば、「野生のコウノトリが近年最も多く生息していた昭和初期には河川内に160 ha程度の湿地が存在していたが、河川改修や堤外地の耕地化によって半減した。(湿地整備着手前〔平成16年度時点〕の湿地面積：82 ha)。本計画では、かつては河川区域内の湿地であり、その後水田として利用されたが近年は休耕田となっている土地で、地域住民がビオトープ化しコウノトリの餌場とする活動を行っていた場所も含めて、一帯で大規模な湿地環境の再生を行うことなどにより、昭和初期程度の湿地面積の確保と良質な湿地の再生を目指

す」とされている（近畿地方整備局「円山川水系河川整備計画（国管理区間）」平成
25 年 3 月）。

（3）　湿地化の受容

　加陽地区の自然再生事業に対して，そこに水田を所有者していた住民は「農
地の買収と湿地化に協力的であった」と，行政に認識されている[1]。加陽湿地
の再生は，国の河川改修事業・自然再生事業としてなされているので，水田と
しては経済的に成り立たなくなった土地を正当な対価で買収することによって，
用地の取得が行われた。したがって，水田の所有者には，経済的な損失はない。
そして，加陽地区は，冒頭で紹介した 1960 年の「農家の女性，但馬牛とコウ
ノトリ」と題する写真の舞台でもあり，「近年は休耕していた田に水をため，
魚の放流を行うなど，コウノトリの住める環境を整備する活動が積極的になさ
れてきた地区であり，放鳥されたコウノトリも飛来している」（入江 2015）と
いわれるように，コウノトリとの共生と関わりの深い地域である。加陽湿地の
維持管理に，地域の住民も携わっている。このようなことから，コウノトリと
いう公益のために水田を手放すことの受容は困難なものではなかったと推測さ
れる。

3 ｜「ハチゴロウの戸島湿地」の創出

（1）　ハチゴロウの飛来

　戸島湿地は，円山川の河口から約 3.5 km のところにある総面積が 4 ha 弱で，
汽水湿地（0.7 ha）と淡水湿地（2.5 ha）および湧水による小規模湿地によって
構成される人工湿地である。戸島湿地が造成された直接の契機は，2004 年に
戸島地区の水田に野生のコウノトリが舞い降りて，餌場として利用するように
なったことである。戸島地区の水田は圃場整備による乾田化が遅れ，「嫁殺し
の田んぼ」と呼ばれたじる田のままであり，ぬかるみのために農業機械を利用
することが難しい状態であった。土地のかさ上げによる乾田化を含む圃場整備
事業（土地改良事業）が開始されていたが，工事完成前の 2004 年 10 月に台風
23 号に襲われて冠水した。
　これにより，圃場整備工事は中断された。嵩上げ工事前の水田は湿地のよう

第 8 章　自然共生社会と社会イノベーション　177

な状態となり，洪水によってここに運ばれた魚などの水生生物が多数生息していた。ここに，野生のコウノトリが飛来し人々の関心を集めた。このコウノトリは8月5日（2002年）に発見されたことにちなみ，ハチゴロウと名付けられた。

(2) 湿地化に対する農家の思い

　2005年のコウノトリの放鳥が迫っていた豊岡において，コウノトリの餌場の確保は喫緊の課題であった。それゆえ，野生のコウノトリの餌場として機能していた戸島地区の湿地は，今後のコウノトリの野生復帰にも重要な役割を果たすものと期待された。そこで，豊岡市は，農家の協力が得られるのであれば市が湿地となる部分の土地を買い取るという方針のもとで，戸島地区の農家および土地改良委員会と湿地化について協議し，未整備部分6haの半分をコウノトリのために湿地とすることで合意に至った。

　このときの戸島地区の農家の心情は，佐竹によりつづられている。すなわち，「田んぼは大事なので少しでも減らすべきではない」，「コウノトリが来たことによってこの場所が注目され，村に活気が出てきた」，「村の将来を考えると，後継者不足も気になる」，あるいは「コウノトリのための湿地になると，周囲の田んぼは農薬が使えず，農作業が大変になるのではないか」というものであった（佐竹 2009, p. 25）。「地元農家は，農地の買収に対して（特に高齢者に）抵抗があったが，中堅の世代は賛成した」という認識が持たれている[2]。

　また，竹元は，その当時の戸島の土地改良委員会の役員であった男性が，「ええ田んぼになるのに多少は残念だったけどほぼ全員賛同に近いかっこうで市に譲った」こと，その理由として，「前からコウノトリに対する興味はあったから，真っ向から反対する人もいなかった」と語ったことを紹介している（竹元 2010, p. 17）。竹元は，「台風で農機具を（破損などにより）滅失してしまった状況だった」，「圃場整備事業をすることで戸島地区に借金があった」という証言等から，「金銭的な問題を抱えており，湿地のために用地を譲ることで入る補償金のことも用地を譲る一因になったのではないかと考えられる。さらに，戸島地区自身は兼業農家が多く，農業に頼った生活ではなかったこともその理由であっただろう」（竹元 2010, p. 17）と，農家が湿地化を受け入れた背景について推論している。

　本田は，戸島湿地の整備が農家に受け入れられた背景として，「採算がとれ

ない農業の実態や農業の担い手不足ゆえに，湿地整備を受け入れていることも
わかった」としている。具体的な根拠として，機械化された現代農業は機械購
入などの経費がかさむので小規模経営では採算が取れないところ，「先祖代々
の土地を草だらけにできない」という理由で耕作を続けていた農業従事者が多
いこと，圃場整備の費用の負担金が少なくなるという住民の声や，「これだけ
田んぼを見る人がいない状況では，（湿地整備は）ちょうどよかった。若い人に
はちょうどいい話」という若手の声などをあげている（本田 2008, p. 206）。

(3) 「ハチゴロウの戸島湿地」の造成とコウノトリ湿地ネットによる管理

　戸島地区の農家との協議も整ったので，豊岡市は「（仮称）ハチゴロウの戸
島湿地整備基本構想・計画」を 2007 年に策定した（豊岡市 2007）。2008 年から，
兵庫県が田園自然環境保全整備事業として湿地の造成工事を行い，豊岡市が用
地取得と管理棟の建設などの施設整備を行った。2009 年に工事が完成し，同
年 4 月から，「ハチゴロウの戸島湿地」として開園した。整備後の土地は豊岡
市の所有となり，戸島湿地の管理は指定管理者のコウノトリ湿地ネットが行っ
ている。

　上記の基本構想・計画は，戸島湿地の名前に「ハチゴロウの」と冠している
理由として，「ハチゴロウはコウノトリ野生復帰を進める本市にとって，コウ
ノトリと共に暮らす具体的なイメージを市民に与え，希望を与えてくれる存在
であった。その功績を未来に伝えるため，また，今後も勇気を持ってコウノト
リと共に生きるまちづくりを進めて行くため，湿地の名称の冠に『ハチゴロ
ウ』を付けるもの」であるとしている。この基本構想・計画は，維持管理につ
いては，「コウノトリのエサ場として湿地を保存・再生・創出するために市が
用地取得して整備するものであるが，将来にわたって税金を投入し維持管理し
ていくことについては限界があると考えられる。非営利の団体等が管理主体と
なり，地域内外の多くの人の協力によって運営することが望ましい」としてい
るが，持続可能性の観点から懸念が残る。

　コウノトリ湿地ネットが指定管理者として戸島湿地の管理を豊岡市に代わっ
て行っているが，2016 年度に豊岡市が支払った指定管理料は，492 万円であっ
た（豊岡市 2016）。コウノトリ湿地ネットの会費収入や企業からの寄付なども，
少なからぬ貢献をしている。コウノトリ湿地ネットの会員によるボランティア

作業に加えて，企業の CSR 活動による湿地整備作業への参加や，学校の体験学習による作業も，労働力の供給源となっている。

戸島湿地の維持管理について，当初，地元の戸島地区ではネガティブな声も聴かれている。本田によれば，当初の計画案にあった維持管理の担い手として「地元またはボランティアや NPO 団体」という表記に対して，地元住民から反対があったようである（本田 2008, p. 207）。「（維持管理を）区が引き受けるのは勝手だが，自分はしない」とか，「田畑を提供したうえにこれ以上負担はしたくない」という発言などを引いて，行政から一方的に維持管理を任されることに対する抵抗の存在を紹介している。ただし，戸島地区では，湿地開設と同時期に農業経営形態を集落営農に変革して，水田の一部の約 4.5 ha をコウノトリ育む農法に切り替えており，コウノトリとの共生を受容した行動を取っている。

4 田結湿地におけるボランティアグループの活動

（1） 放棄田から田結湿地へ

田結地区は，円山川の河口にある日本海に面した半農半漁の集落であり，円山川をはさんで城崎温泉の対岸にある。この地区の水田は谷あいの湿田で，過酷な農作業を強いられた。田結地区で放棄田が増えた背景として，「農地は棚田なので，圃場整備は投資効果がないと実施されなかった。もともと，半農半漁の地域で，若手が次々と市街地に勤めるようになるにつれ，農業意欲は減少の一途をたどった。女性も，城崎温泉で働いて現金収入が増えたことで，放棄田が増えた」[3] と認識されている。経済的な理由等から，圃場整備による乾田化はなされなかった。

石原によると，田結地区では，1963 年に最初の一軒が耕作放棄を行い，地区の女性たちの城崎温泉での就労が本格化した 1980 年代以降に耕作放棄が激しくなり，放棄田が増えたことによりシカやイノシシなどの獣害も誘発した（石原 2011）。このような事情が重なり，2006 年には，最後の一軒が耕作放棄するに至り，地区の水田がすべて休耕田となった。石原は，「耕作放棄をした後，裏の田んぼが荒れていくのを見ると，涙が出た。ご先祖様にもうしわけなかった。ご先祖が苦労して耕してきたものを荒かしてしまう」（石原 2011, p. 8）

という住民の罪悪感を表す言葉を紹介している。

　放棄田ではあったが，シカによって草が食べられていたおかげで植生の遷移が抑制されて，そこは草原状態の谷の風景となっていた。2008年になって，この田結地区の放棄田に，戸島湿地で営巣中のコウノトリが飛来したのをきっかけに，コウノトリの餌場となるように，休耕田を利用した湿地の整備が行われるようになった。

（2）　田結湿地の整備の担い手

　田結湿地の整備は，コウノトリ湿地ネットの主導のもと，田結地区の住民の協力によって担われている。田結地区住民による湿地の整備作業は，日役と呼ばれる集落の共同作業の一環として行われている。水田の湛水，漏水の防止，畔の整備，小さな池の創設，あるいは草刈りなどをして，湿地ビオトープを作って自然再生が行われた。

　田結地区は，村落共同体としての結びつきの強い地区であり，地区総出の日役の1つとして，湿地の整備が行われている。田結地区の住民が湿地の整備に取り組む理由は，「自分の代で田んぼを止めてご先祖様に申し訳ないという罪悪感を償う気持ちもあり，コウノトリのために湿地化，そして管理に取り組むようになった」[4] といわれている。石原の調査では，湿地づくりの日役を続けたいと回答した者についてその理由を聞いたところ，「『コウノトリのために』というよりは『地区のために田んぼや水路をきれいに維持したい』という理由を挙げた者の方が多い」というアンケート結果が得られている（石原 2011, p. 15）。それぞれ，強調される点が異なるが，代々維持されてきた地区の水田に対する想いが根底にある。

　田結湿地でユニークなのは，田結湿地の生態系や地区のさまざまな営みを来訪者に案内する女性だけのボランティアグループの「案ガールズ」の存在である。彼女らは，湿地保全のための作業や外来生物の駆除も行っている。田結湿地のことだけでなく，田結の自然や文化を案内する案ガールズの活動は，新たなエコツーリズムへの取り組みと評価されている（菊地 2017, p. 244）。

（3）　その他の休耕田の湿地化

　田結湿地をはじめとして，豊岡では休耕田を湿地として管理することによっ

第8章　自然共生社会と社会イノベーション　181

て，コウノトリの餌となる水生生物の豊富なビオトープを作り出す取り組みが多数なされている。佐竹は，「豊岡市では休耕田ビオトープを行政，NPO，農家の協同で2001年から実施されており，今日では常時湛水田として市内で約20か所に拡大している。2013年の繁殖地9カ所の近隣には全て存在しているので，子育て時の餌供給に一定の役割を果たしているのではないかと思っている」と評価している（佐竹 2014. p. 25）。

　休耕田を湿地として管理することは，ククヒ湿地など豊岡の多くの休耕田で行われている。このような管理形態を継続していれば，現在は社会経済的な理由で水田として耕作することができない所でも，将来，水田耕作を取り巻く状況等が改善したら，そこを水田として復旧して耕作を再開することが容易である。このようなやり方は，加陽湿地や戸島湿地のような水田の完全な放棄ではないので，農家の罪悪感も緩和されるやり方である。

5 ｜ ラムサール条約湿地登録と観光競争力の強化

　2012年，円山川下流域・周辺水田が，ラムサール条約湿地として登録された。ラムサール条約は，正式名は「特に水鳥の生息地として国際的に重要な湿地に関する条約」といい，水鳥の生息地の保護を主要なテーマとする条約である。豊岡の湿地がラムサール条約湿地となったのは，円山川水系の河川整備に伴う浅瀬・湿地の創造，戸島湿地の造成，および田結湿地に代表される休耕田湿地化の継続的な取り組みが評価されたものである。もちろん，冬期湛水のコウノトリ育む農法の水田の広がりも大きい。これらの湿地がネットワークを形成して，面的な広がりを獲得し，コウノトリをはじめとする水鳥の生息地として質の高い湿地を形成している。

　ラムサール条約湿地に登録されたことにより，「コウノトリとともに生きるまちづくり」をスローガンにした水田その他の湿地の整備などによって形成された環境共生都市が，観光市場における競争力を強化することになった。コウノトリとそれを支える自然環境が，城崎温泉や出石そばなどの地域の観光資源と結びついて，多くの観光客を惹きつけることが期待される。

◆ 注

1) 国土交通省近畿地方整備局豊岡河川国道事務所へのインタビュー（2017 年 8 月 10 日）による。
2) NPO コウノトリ湿地ネット佐竹節夫代表に対するインタビューによる（2017 年 8 月 10 日）。
3) 同上。
4) 同上。

◆ 参考文献

石原広恵（2011）「（研究報告書）コモンズ再生の現場から――豊岡市・田結地区における住民の意識調査より」（http://www.city.toyooka.lg.jp/kounotori/22-6ishihara.pdf）。

入江恭史（2015）「自然再生事業における地域住民と連携・協働した維持管理について――加陽湿地の事例」『平成 27 年度国土交通省近畿地方整備局研究発表会論文集（地域づくり・コミュニケーション部門 No.9）』（https://www.kkr.mlit.go.jp/plan/happyou/thesises/2015/pdf01/09.pdf）。

小川洋（2016）「円山川における自然再生」『平成 28 年度国土交通省近畿地方整備局研究発表会論文集（調査・計画・設計部門 No.11）』（https://www.kkr.mlit.go.jp/plan/happyou/thesises/2016/pdf02/11.pdf）。

菊地直樹（2006）『蘇るコウノトリ――野生復帰から地域再生へ』東京大学出版会。

菊地直樹（2017）『「ほっとけない」からの自然再生学――コウノトリ野生復帰の現場』京都大学学術出版会。

コウノトリ野生復帰検証委員会（2014）「コウノトリ野生復帰に係る取り組みの広がりの分析と評価――コウノトリと共生する地域づくりをすすめる『ひょうご豊岡モデル』報告書」（http://www.city.toyooka.lg.jp/www/contents/1404176759469/files/REPORT-Jananese.pdf）。

佐竹節夫（2009）『おかえりコウノトリ――水辺を再生しコウノトリを迎える』童心社。

佐竹節夫（2014）「地域住民と協同した生物生息地の造成」『野生復帰』3, 25-27。

竹元悠華（2010）「地域の中での自然再生事業のあり方について――コウノトリ野生復帰事業を事例に」平成 21 年度豊岡市コウノトリ野生復帰学術研究奨励補助制度（http://www.city.toyooka.lg.jp/kounotori/21-takemoto.pdf）。

豊岡市（2007）「（仮称）ハチゴロウの戸島湿地整備基本構想・計画」『豊岡市平成 26 年度ハチゴロウの戸島湿地の検証について〈報告書〉 資料編』（https://appod2.net/apb/hachigorou.com/c_news_cout01/file_campaign/20171220152820.pdf）。

豊岡市（2016）『平成 28 年度指定管理者事業報告書概要』（http://www.city.toyooka.lg.jp/www/contents/1501044091158/files/h28jigyouhoukokugaiyou.pdf）。

濱田皓司（2017）「自然再生事業，その活用～加陽湿地の事例～について」『平成 29 年度国土交通省近畿地方整備局研究発表会論文集（地域づくり・コミュニケーション部門 No.12）』（https://www.kkr.mlit.go.jp/plan/happyou/thesises/2017/pdf01/chiiki-12.pdf）。

兵庫県立コウノトリの郷公園（2011）『コウノトリ野生復帰グランドデザイン』兵庫県。

本田裕子（2008）『野生復帰されるコウノトリとの共生を考える――「強いられた共生」から「地域のものへ」』原人舎。

第 8 章　自然共生社会と社会イノベーション　　183

第 **II** 部

「場の形成と社会的受容性の醸成」による社会イノベーションの創造

第 9 章　社会イノベーションの起こしかた

第 10 章　社会イノベーションと技術イノベーション

第 11 章　社会イノベーションと制度的受容性

第 12 章　社会イノベーションと市場的受容性

第 13 章　社会イノベーションと地域的受容性

第 14 章　場（協働ガバナンス）と持続可能な地域社会

第9章

社会イノベーションの起こしかた
場の形成と社会的受容性の醸成

松 岡 俊 二

はじめに

　本章は，社会イノベーションの創造モデルとして場の形成と社会的受容性の醸成を論じる。研究史の短い社会イノベーション研究では，その理論的・実証的モデルを膨大な学問的蓄積を持つビジネス・イノベーション研究から学ぶことが必要である。ビジネス・イノベーション研究から示唆される最も重要な点は，社会イノベーションにおける知識創造プロセスと資源動員プロセスのメカニズム解明であり，これらの2つのプロセスの相互関係の理解である。本章では，社会イノベーションを創出する知識創造プロセスとして場（協働ガバナンス）の形成と展開のメカニズムに，社会イノベーションの資源動員プロセスとして社会的受容性の醸成メカニズムに着目する。場（協働ガバナンス）の形成と社会的受容性の醸成に注目し，場の形成プロセスと社会的受容性の醸成プロセスという2つのプロセスの相互関係がどのように展開するのかを，本書の対象である3都市の社会イノベーションの形成プロセスの分析から論じる。

186　第Ⅱ部　「場の形成と社会的受容性の醸成」による社会イノベーションの創造

1 地域社会の持続可能な発展と社会イノベーション

（1） 持続可能な発展とイノベーション

　1987 年秋のニューヨークにおける国連総会に提出された，ブルントラント委員会・報告書『我ら共通の未来（*Our Common Future*）』の有名な第 2 章「持続可能な開発に向けて」の冒頭を見てみよう。「環境利用による将来世代のニーズ充足の能力を損なうことなく，現在世代のニーズの充足を図る開発」（WCED 1987, p. 43）という世代間公平性に基づく持続可能な発展の定義文には，すぐ続いて以下の重要な 2 つの条件が付加されている。

　第 1 は，現在世代における貧困の削減に優先順位を置くべきという世代内公平性の実現という条件である。第 2 は，"The idea of limitation imposed by the state of technology and social organization on the environment's ability to meet present and future needs"（現在世代と将来世代のニーズを充足するために環境を利用する能力は，技術と社会組織の状態に規定されているという認識）の重要性である（WCED 1987, p. 43）。地球環境を利用して人々のニーズを満たす社会的能力は，社会の技術と制度のあり方に深く規定されており，技術や制度を無視して持続性の議論は成り立たない。

　地域社会が持続可能な発展をするということは，地域社会における広い意味での環境を賢く利用し，現在世代と幾世代にもおよぶ将来世代のニーズの充足を図ることである。その際，アメリカの持続可能なコミュニティの指標論で強調されるように，あるコミュニティの発展がほかのコミュニティの持続性や地球社会の持続性の犠牲のもとに行われるといったことがあってはならない[1]。こうした意味での地域社会の持続可能な発展にとって，技術イノベーションはもちろんのことであるが，それだけでなく社会組織や社会制度の革新，すなわち社会イノベーションが不可欠である。

（2） 技術イノベーションと社会イノベーション

　技術イノベーションと社会イノベーションとの関係については次の第 10 章で詳しく論じるが，イノベーションを技術革新と翻訳し，イノベーションは技術的なものだと考えるのは間違いである。イノベーション研究の元祖である

J. A. シュンペーターは，初期の著作ではイノベーションという用語は使わなかったが，今日われわれがイノベーションと呼ぶものを「新結合（new combination）の遂行」（シュンペーター 1977, p. 182）と表現し，新結合の遂行は以下の5つの場合を含むものであると述べている（シュンペーター 1977, p. 183）。

①新しい財貨，すなわち消費者の間でまだ知られていない財貨，あるいは新しい品質の財貨の生産。
②新しい生産方法，すなわち当該産業部門において実際上未知な生産方法の導入。これは決して科学的に新しい発見に基づく必要はなく，また商品の商業的取り扱いに関する新しい方法をも含んでいる。
③新しい販路の開拓，すなわち当該国の当該産業部門が従来参加していなかった市場の開拓。ただしこの市場が既存のものであるかどうかは問わない。
④原料あるいは半製品の新しい供給源の獲得。この場合においても，この供給源が既存のものであるか，単に見逃されていたのか，その獲得が不可能と見なされていたのかを問わず，あるいは初めて作り出されねばならないかは問わない。
⑤新しい組織の実現，すなわち独占的地位（たとえばトラスト化による）の形成あるいは独占の打破。

　シュンペーターは，新商品であれ，新工程であれ，新市場であれ，新原料であれ，新組織であれ，既知あるいは新規の要素を組み合わせることによる新たな結合を市場や社会で実現することがイノベーションであり，経済発展の原動力であるとした。
　こうした新結合の遂行としてのイノベーションが，新工程や新商品などの技術革新として発現するのが技術イノベーションであり，新組織や新制度として社会に発現するのが社会イノベーションである。また，新結合の遂行としてのイノベーションが，経済的成果を求めて市場や企業において発現するのがビジネス・イノベーションであり，社会的成果を求めて社会に発現するのが社会イノベーションである。利潤動機に基づく技術イノベーションやビジネス・イノベーションのアクター（担い手）の多くは企業および企業家であり，公共善動機に基づく社会イノベーションのアクターの多くは非営利組織（NPO）や市民

社会組織（CSO）や地域社会組織（CBO）などである。

しかし，現代では企業が社会イノベーションのアクターとなり，事業型NPOがビジネス・イノベーションの担い手となることもある。とくに，本書が対象とする地域の持続性課題の解決を図る社会イノベーションの共創と創発においては，政府・行政（公共セクター），企業（民間営利セクター），NPO・地域組織（民間非営利セクター）という3つのセクターをまたがる多くのステークホルダーが関係しており，多様なアクターによる協働プロセスが不可欠である。

このように，イノベーションとしては技術イノベーションも社会イノベーションも本質的には新結合の遂行であり，性質は同じであるが，市場における経済的成果（利潤）の実現を主な目的とする技術イノベーションと社会における社会的成果（公共善）の実現を主な目的とする社会イノベーションとは，その形成メカニズムにおいて類似点と同時に，大きな違いも存在する。

なお，シュンペーターが新結合の遂行は非連続的にのみ現れることを強調していることはよく知られており，シュンペーター学派のイノベーションは非連続なジャンプアップ（断絶）として定義される。しかし，進化経済学の立場から技術発展を論じるB. アーサーがダーウィンの進化論にならって，イノベーションの進化プロセスとは，「自然淘汰による不断の蓄積であり，このような差異が個体にとって利益になるとき，さらに重要な構造変化が生まれる」（アーサー 2011, p. 25）と述べているように，経路依存性を重視した漸進的な改善プロセスもイノベーションと見なすことが，今日では一般的である。

本章は，イノベーションには非連続なタイプも，経路依存による改善の積み上げタイプもあると考える。

(3) ビジネス・イノベーション研究と社会イノベーション

イノベーション研究は，シュンペーターの『経済発展の理論』（原著初版は1912 年）を持ち出すまでもなく長く分厚い研究史がある。とくに第2次世界大戦後の経営学や社会学などを中心としたビジネス・イノベーション研究は隆盛を極め，現在に至るまで社会科学における最も魅力的な研究分野の1つとして存在している。しかし，社会イノベーションについては現象としても新しく，学術的研究テーマとなったのは最近のことである。

「社会貢献活動をはじめとする社会の仕組みを変えて新たな価値を創る動き

を『ソーシャル・イノベーション』と位置づけ，社会的起業やその活動を行う人々（社会起業家，ソーシャル・アントレプレナー）を対象とする研究が，2000 年前後から社会学や経営学の分野で展開されている」（野中ほか 2014, pp. x-xi）のである。

こうした背景には，地球環境問題などの複雑化する社会的課題に対して，従来の「政府による解決」が「政府の失敗」を引き起こし，機能不全となる中で，NPO や地域社会組織を担い手とする「コミュニティによる解決」という「第 3 の道（third way）」（ギデンズ 1999）の重要性が認識されてきたことがある。日本では，阪神・淡路大震災の 1995 年がボランティア元年といわれ，この震災復興活動を契機に 1998 年に NPO 法（特定非営利活動促進法）が制定された。現在では NPO 法人の認定数は 5 万 1809 となっている（2018 年 4 月末，内閣府 NPO ホームページ）。

序章で述べたように，現在の地域社会の持続性課題の解決のためには，「コミュニティによる解決」だけでなく，「政府による解決」や「市場による解決」も組み合わせたアプローチ，政策統合が重要であり，そのためにも多様なセクターの多様なアクターが政策サイクルに関与するガバナンスが問われる。

ともあれ，世紀の変わり目の 2000 年前後から始まる社会イノベーションの学術研究は，「ビジネスのイノベーション研究には膨大な蓄積がなされている一方，ソーシャル・イノベーションの創出と普及に関する研究はまだ少ない」，「ソーシャル・イノベーションに関する研究は近年増えているが，どのようにソーシャル・イノベーションが生み出されていくのか，その創出プロセスについての研究はまだ少ない」（谷本ほか 2013, p. 47）。

そのため，社会イノベーション研究はビジネス・イノベーションの研究蓄積から多くを学ぶことが必要であり，とくに新しい知識が生み出されていくプロセスとそこに必要な資源を動員していくプロセスに注目することが重要である。

しかし，経済的成果を追求するビジネス・イノベーションと社会的成果を求める社会イノベーションの創出プロセスは異なり，多様なステークホルダーのオープンな関係性から社会イノベーションが生み出されていくプロセスが焦点となる。

(4)　社会イノベーションの形成における知識創造と資源動員

　社会イノベーション研究の2つの基本的な問いとして，「①ソーシャル・イノベーションは誰が，どこで，どのように生み出しているのか（ソーシャル・イノベーションの創出に関する問い），②ソーシャル・イノベーションは，どのようにして（支持されて）広がり，どのように社会が変革されていくのか（ソーシャル・イノベーションの普及に関する問い）」（谷本ほか 2013, p. 369）が指摘されている。ビジネス・イノベーション研究から示唆されるのは，社会イノベーションにおける知識創造プロセスと資源動員プロセスの重要性であり，これらの2つのプロセスの相互関係が鍵となる（武石ほか 2012）。

　本章では，社会イノベーションを創出する知識創造プロセスとして場（協働ガバナンス）の形成メカニズムに注目する。また，社会イノベーションの資源動員プロセスとして社会的受容性メカニズムを論じる。社会イノベーションの担い手は，地域社会の持続性課題に関わる地域内外の政府・行政，企業，NPO・地域組織などの多様なアクターであり，「ソーシャル・イノベーションの捉え方は，オープン・イノベーションの発想と共通する部分が多」（谷本ほか 2013, p. 20）く，ビジネス・イノベーションにおけるオープン・イノベーションに近いマルチ・アクターを考える。

　本章は，従来のイノベーション研究に準じて，論理的には，社会イベーション形成のための知識創造としての場の形成論と，社会イノベーション普及のための資源動員としての社会的受容性論とを区別して論じる。しかし，実際の社会イノベーションの創造プロセスは，多様なアクターによる場の形成（知識創造プロセス）と多様なアクター間における社会的受容性の醸成（資源動員プロセス）とは表裏一体の相互規定関係として進行することが多く，ビジネス・イノベーションのように形成と普及とを区別しえない。

2 ｜ 社会イノベーションと場の形成——知識創造プロセス

(1)　社会イノベーションと場

　社会イノベーションとは，「社会的課題の解決に取り組むビジネスを通して，新しい社会的価値を創出し，経済的・社会的成果をもたらす革新」（谷本ほか

2013, p. 8）であり，「地域や組織の人々の価値観の共有と新たな関係性の構築により，その地域や組織に特有の歴史や伝統，文化など人々が暗黙的に持っている知識や知恵を可視化・総合化し，それを新たな手法で活用することによって新しい社会的価値を創造する活動である」（野中ほか 2014, p. xi）。

　本書では，社会イノベーションとは，「地域の持続性課題の解決のために新たな社会的仕組みや組織を創出し，新たな社会的価値をもたらす革新である」と定義する（序章8～9頁参照）。こうした社会イノベーションの創出プロセスやメカニズムをどのように考えればよいのであろうか。

　谷本は，「ソーシャル・イノベーション・プロセスを，企業家だけによって創出や普及が推進されるものとしてではなく，多様なステイクホルダーが対話し学習する場において，相互に影響を与え合いながら成立していく包括的な過程として捉える視点」（谷本ほか 2013, p. 23）を強調し，マルチ・ステークホルダー・パースペクティブの重要性を指摘している。マルチ・ステークホルダー・パースペクティブとは，「当該社会的課題にかかわる複数のステイクホルダーとの相互関係性に注目し，そこから新しいアイディアや仕組みが創造されるという視点」（谷本ほか 2013, p. 23）であり，これは「場の視点」であるとしている。

　また野中は，社会イノベーションを「社会のさまざまな問題や課題に対して，より善い社会の実現を目指し，人々が知識や知恵を出し合い，新たな方法で社会の仕組を刷新していくこと」（野中ほか 2014, p. 20）であるとし，社会イノベーションの形成には「衆知創発の知識創造プロセス」（野中ほか 2014, p. 54）が重要となるという。「社会的課題は複数の利害関係者（multi-stakeholder）に関わる問題であり，それを解決するには互いの協力や共創（co-creation）が欠かせない」（野中ほか 2014, p. 55）と述べ，こうした場を「知識創造コミュニティ（knowledge creating community）」（野中ほか 2014, p. 299）と名付けている。

　先行研究を整理すると，多様なアクターによる場の形成とそうした場の展開を通じた知識創造プロセスが社会イノベーション形成の最も重要なポイントである。それでは，どのように場が形成され，場がどのように機能することが，社会イノベーションを創造する新たな知識を生み出す知識創造プロセスとなるのであろうか。

　本章は，伊丹の場の理論や今井・金子の「ネットワーク組織論」にもう一度

戻って，知識創造プロセスの論点を検討するとともに，飯田市・掛川市・豊岡市の３都市モデルにおいて，具体的にどのように場が形成され，場がどのように機能したことによって知識創造プロセスがワークしたのかを検証する。

（2）　場の形成とは何か

まず，知識創造プロセスとしての場の形成について考えてみよう。伊丹は，場のマネージャー（管理者）の役割が重要であり，場の形成ステップとしては，①メンバーの選定，②場の基本要素の設定（アジェンダ決定など），③基本要素のメンバーによる共有への働きかけ，④ミクロ・マクロ・ループの工夫があり，こうした４ステップが繰り返されることが場の形成であるとしている（伊丹2005, pp. 204-208）。ここで基本要素とは，「1. アジェンダ・セッテイング，2. ルールの共有，3. フェイスツーフェイスの重要性を含む情報共有，4. 共感に基づく協働意識の醸成」という４つである。

伊丹の場の理論は，主として企業内におけるさまざまな部署のさまざまな階層の人々による自由でフラットに議論できる場の形成を想定したものであった。しかし，本書は地域の持続性課題を対象とした地域社会が協働で取り組む場が対象であり，マルチ・セクター（政府部門，企業部門，市民社会部門）のマルチ・アクターが対象となる。

こうした地域社会の持続可能な発展を目指した場の管理者については，多様なタイプが存在する。長野県飯田市の産業社会における地域ぐるみ環境 ISO 研究会は，そもそもバブル崩壊後の不況からの脱出を目論む地域企業の異業種交流勉強会である改善研究会（多摩川精機，オムロン飯田工場，三菱電機飯田工場，平和時計の４社）が始まりである。その後，飯田市の環境文化都市宣言や国によるエコタウン事業などを受けて，地域企業の環境 ISO 取得を推進する組織として地域ぐるみ環境 ISO 研究会が発足し，ISO 14001 の取得が難しい小規模企業に対して地域簡略版環境認証である南信州いいむす 21 を広めていった。

地域ぐるみ環境 ISO 研究会代表は多摩川精機の経営者（現在は関重夫社長，その前は研究会を引っ張ってきた萩本範文前社長）であり，事務局を飯田市役所が担ってきた。地域ぐるみ環境 ISO 研究会という場の主宰者が企業家であることによって，低炭素化や省エネという環境経営の推進というアジェンダが明確となった。また主宰者を支える事務局を飯田市役所が担うことによって，メンバ

第９章　社会イノベーションの起こしかた　　193

一の参入・退出や情報共有などにおいて透明性や公平性が担保された。

同じ飯田市でも，市民社会における再生可能エネルギーの普及を担ってきたおひさま進歩では，全国の太陽光発電などの再生可能エネルギーを推進する交流会出身の原亮弘社長（当時）が，飯田市のまほろば事業や環境モデル都市事業の認定の中で，場の主宰者となっていった。原は気候変動などの地球環境問題に対して非常に強い危機感を持ち，市民活動家としての優れた資質を持っていた。こうした原の個人的な資質だけでなく，飯田市の公共施設の屋根貸しや太陽光発電による電力の固定価格買取制度といった飯田市役所の国に先駆けた行政的・経済的サポート，太陽光発電事業への融資における飯田信用金庫などの金融的サポート，さらには公民館活動の伝統の中から育まれてきた地域の人々との信頼・互酬性・ネットワークといった社会関係資本の蓄積も重要な役割を果たした。

ごみ減量大作戦を成功させた静岡県掛川市のケースは，一般ごみの収集・処理責任が市役所にあるため，市役所（環境政策課）が主宰者となり，自治会・自治区が参加した緩やかな場の形成が行われ，場においてはとくに自治会役員などの地域社会組織の経験者を中心としたクリーン推進員が大きな役割を果たしてきた。掛川市は飯田市と同じく，自治区・自治会活動が大変活発で，地縁・血縁をベースとしたボンディング型社会関係資本の蓄積が大きな地域である。こうした社会関係資本の蓄積が，榛村純一元市長時代以来の生涯学習都市づくりや掛川学の推進などの「まちづくり」とうまく連動してきたように考えられる。

コウノトリの野生復帰を成功させ，コウノトリも住める地域づくりを推進してきた兵庫県豊岡市における当初の無農薬農法の技術開発では，兵庫県の豊岡農業改良普及センター（以下，普及センター）やコウノトリ郷公園が設置された祥雲寺地区の営農組合が中心的な役割を果たした。しかし，その後のコウノトリ育む農法の豊岡盆地全体への普及やコウノトリ育むお米の生きもの米としてのブランド化などの推進においては，豊岡市，兵庫県，農協，営農組織などの多様なアクターが多様で多層的な場を形成してきたことが大きかった。

現在では，実務担当者による場は，普及センターやJAたじま（地域農協）によって担われているが，こうした場の形成を実質的に主導してきたのは豊岡市の中貝宗治市長（2001年に市長就任，2005年がコウノトリ放鳥）であった。中貝

市長を中心とする豊岡市役所が，県，市，農協，農民組織，企業，観光組織，NPO，地域社会組織などの多様なアクターを，課題に応じた多様で多層な場のメンバーとしてまとめ上げていったことが，コウノトリ野生復帰をコアとした地域づくりの成功要因であったと考えられる。

　以上のように，3地方都市の場の形成メカニズムや場の管理者（主宰者）のあり方は，それぞれの地域社会の持続性課題や社会関係資本の蓄積状況などにより違いがある。飯田モデルの産業社会のケースでは，企業家（多摩川精機社長）が主宰者となり地域企業や市役所による場が形成され，市民社会のケースではおひさま進歩の原社長（当時）が主宰者となり，市役所・信用金庫・地域社会組織や地域外の再生可能エネルギーの専門組織なども参加した緩やかな場が形成された。ごみ減量大作戦を成功させた掛川モデルでは，市役所（環境政策課）が管理者となり，地域の自治区・自治会が参加する緩やかな場が形成された。コウノトリの野生復帰を成功させた豊岡モデルでは，中貝市長が主宰者となり，コウノトリ育む農法を普及し，コウノトリ育むお米のブランド化を推進する多様で多層な場が形成された。

　3都市の中では，飯田市の産業社会のケースにおける「地域ぐるみ環境ISO研究会」がフォーマルな場として機能している。しかし，場の形成の仕組みには多様なタイプがある。掛川市では既存の清掃行政と自治会との関係を活用した緩やかな場の形成がなされた。豊岡市のケースでは環境保全型農法の普及，無農薬・低農薬米のブランド化，エコツーリズム推進などのそれぞれの課題ごとの多様で多層的な柔軟な場の形成がなされた。

（3）　場における知識創造プロセス

　それでは，社会イノベーションが創造される知識創造プロセスとは，具体的にはどのようなプロセスなのだろうか。

　場の理論では，場が形成され，機能することにより，場の情報的相互作用が進み，そのことが参加アクターの個人的学習意欲を刺激して個人的情報蓄積が生まれる。こうした個人的情報蓄積は，さらに場の情報的相互作用を促進し，参加アクター間のアジェンダの共通理解と課題解決策への統合的努力が高まり，個人的学習意欲のさらなる刺激と個人的情報蓄積の進展を生む。こうした個人的情報蓄積の進展が，さらに場の情報的相互作用を促進し，参加アクター間の

共通理解（課題解決策としての社会イノベーションの共創・創発）を形成する。こうして，個と場とを結ぶミクロ・マクロ・ループが形成される。

　ここで，ミクロ・マクロ・ループとは「自発的に起きている個と全体を結ぶループ」であり，場における「(1) 周囲の共感者との相互作用，(2) 全体での統合努力，(3) 全体から個人へのフィードバック」という 3 つの相互作用を伴ったフィードバック・プロセスである（伊丹 2005, p. 126）。場のミクロ・マクロ・ループ・プロセスが効率的に展開することにより，「個人は自律的でありながらしかし全体としての共通理解が生まれ」，「自律的な行動から共通理解という秩序が生まれる」（伊丹 2005, p. 127）のである。

　ネットワーク組織論では，社会における不確実性に対処するためには静的な形式化された情報ではなく，暗黙知（tacit knowing）なども含む動的情報の蓄積が重要であり，そのためにはネットワークが必要で，多様なコンテクスト（文脈）を持つことが重要とされる（今井・金子 1988）。こうした情報ネットワークは，対立・緊張と共感・承認のプロセスから，あるコンテクストへの共感が増加することにより，相乗効果と動的協力性（シナジー）を生み不確実性への有効な対処方法を形成する。

　要するに，社会イノベーションは場（あるいはネットワーク組織）における暗黙知なども含む動的情報の交換や再構築から生まれるが，さまざまなアクターによる地域社会イノベーション創出としての知識創造プロセスは，ビジネス・イノベーションにおけるオープン・イノベーションに類似したメカニズムが働く。オープン・イノベーションの成功要素としては次の 4 点が指摘されている（谷本ほか 2013, p. 58）。

①外部情報の吸収能力
②商業化を認識する能力
③外部の多様な知識を扱える多元性とそれらを転換する能力
④ネットワークを選択・構築・維持する能力

　以上の議論をまとめると，場の理論では，場の情報的相互作用と参加者における個人的情報蓄積との相乗効果というミクロ・マクロ・ループの形成が知識創造のコアに据えられている。ネットワーク組織論では，暗黙知を含む動的情

報の蓄積が重要であり，そのためにはネットワークが必要で，多様なコンテクスト（文脈）を持つことが重要とされる。オープン・イノベーション論では，外部とのネットワークの構築能力や外部情報の吸収・転換能力が成功要因とされている。

　場の理論におけるミクロ・マクロ・ループとしての情報的相互作用と個人的情報蓄積にしろ，ネットワーク組織論における暗黙知を含む動的情報の交換と蓄積にしろ，オープン・イノベーション論における外部情報の吸収と転換能力にしろ，広い意味での情報交換や情報蓄積はすべて知識創造の必要条件である。しかし，こうした情報作用から社会イノベーションを創発する新しい知識（アイデア）はどのように創造されるのだろうか。

　社会的価値を共創するためのフレームワークでは，以下の4点が指摘されている（野中ほか 2014, p. 62, p. 265）。

①何が問題なのかという「社会的課題や危機意識の共有」
②社会やビジネスの仕組みをより大きな関係性に拡張し生態系として捉え直すことによって知の変換レベルに変化を起こして持続性を確保する「生態系アプローチ」
③知が埋め込まれた地域や組織の生態系や文脈を把握し，新たな知を創造する「衆知創発の知識創造プロセス」
④これらの3つを総合し未来社会のデザインを構想する社会変革のイネーブラーとしての「実践知リーダー」が要件

　野中らは新しい知識（アイデア）の創造にとって，社会変革の担い手（イネーブラー）としての実践知リーダーの存在が必須要件（十分条件）としている。社会イノベーションを創造する十分条件としての実践知リーダーは場の管理者である。飯田市の産業社会ケースにおける多摩川精機の萩本社長（当時），おひさま進歩の原社長（当時），豊岡市の中貝市長などがそうした実践知リーダーとしての役割を果たした。

　ただし，豊岡市のコウノトリ育む農法の開発では，普及センターの西村いつき係長（当時）や祥雲寺区の稲葉哲郎・営農組合長（当時）なども実践知リーダーとしての役割を果たしたと考えられ，多層で多様な場の形成プロセスにお

第9章　社会イノベーションの起こしかた　　197

いて多様な実践知リーダーが存在したと考えられる。掛川市のケースでは，さまざまな手法の組み合わせによるごみ減量大作戦という仕組みは，社会イノベーションとしては改良型イノベーションであったため，明確な個人としての実践知リーダーは存在しなかったし，必要なかった。

　ところで，本章では地域社会における多様なアクターによる場の形成プロセスこそ，社会イノベーションの形成のための知識創造プロセスであることを議論してきたが，場と協働ガバナンスとの関連についても述べておきたい。飯田市の「地域ぐるみ環境 ISO 研究会」のように，場の形成プロセスに地方自治体が重要なアクターとして参加し，地方自治体などの公共アクターと企業・市民団体などの民間アクターよる公民協力（public private partnership）が行われるケースを，本書では協働ガバナンスと定義し，とくに地域経営や地方創生などを対象とする際に協働ガバナンスという概念を用いる。

　飯田市だけでなく，掛川市のごみ減量大作戦のように地方行政が主体となりつつ，地域住民組織を巻き込む場の形成も，豊岡市のように市役所がコーディネーター的な役割を担い，課題に応じた多様で多層的な場の形成も，協働ガバナンスといえる。地域の持続性課題に関わる場の形成の多くの場合において地方自治体は有力なアクターであり，そうした場は協働ガバナンスである。

3 ｜ 社会イノベーションと社会的受容性——資源動員プロセス

（1）　資源動員の創造的正統化プロセスと社会的受容性

　社会イノベーションのプロセスは，イノベーションを実現するための資源動員のプロセスでもある。イノベーションはどのようにして実現されるのかを解明するためには，「イノベーションのプロセスを『新規のアイデアを経済成果に結びつけるための資源動員が社会集団の中で正当性を獲得していく過程』と捉える視点」（武石ほか 2012, p. 20）が重要であり，イノベーションの実現過程における資源動員の創造的正当化に着目すべきである。

　武石ほかの研究は，経済的成果の獲得を目指すビジネス・イノベーションが対象であったが，社会的成果の獲得を目指す社会イノベーションでも同様である。社会イノベーションの実現のためには，地域社会のさまざまなアクターが保有する資源（ヒト，モノ，カネ，情報）が効果的・効率的に動員されることが

不可欠である。

　経済的成果のように市場での経済計算が容易でない社会的成果は具体的に見えにくい。その実現を目指す社会イノベーションにおける資源動員の正当化は，谷本がいうように正当化（justification）と表現するより，社会的規範も含めた地域社会の統治に関わる正統化（legitimacy）という用語を使用した方がよいのかもしれない（谷本ほか 2013, pp. 26-28）。

　谷本は，「正統性とは，ソーシャル・イノベーションの将来における経済的成果や社会的成果が不確かな状況下において，その支持を表明したり，資源を動員したりすることがもっともであると考える際の，何らかの根拠である。最終的にどのような成果がもたらされるかがわからない不確実な取り組みを支持し，受容する根拠のことを意味している」（谷本ほか 2013, p. 28）と説明し，また「ソーシャル・イノベーション・クラスターの形成によって，ソーシャル・イノベーションを受け入れていく地域社会の土壌が成熟していく側面」（谷本ほか 2013, p. 26）であると述べている。

　以上の先行研究をまとめると，社会イノベーションの実現における資源動員の創造的正統化プロセスとは，新たなアイデアを社会化することを多様なアクターが社会的に受容するプロセスにほかならない。本章の議論では，地域の持続性課題の解決を目指した多様なアクターによる場の形成と展開により，ミクロ・マクロ・ループが効果的に機能することにより，新たな知識（アイデア）が創造されると同時に，多様なアクターの間に社会的受容性が醸成されるプロセスが，社会イノベーション実現の資源動員の創造的正統化プロセスである。

（2）　社会的受容性論の新たな展開

　社会的受容性論は，もともと 1980 年代の原子力発電技術や原子力発電所立地をめぐる研究の中で，科学技術の合理性と市民社会における科学技術や原発立地の受け入れ可能性をめぐって議論されてきた。初期の社会的受容性論は，原子力発電などの科学技術知識を市民にどのように啓蒙することが受け入れを促進するのかといった一方向的なコミュニケーションを論じており，欠如モデル[2]に依拠するものであった。その意味では，市民社会サイドから見ると受け身の社会的受容性論（passive social acceptance）であった。

　しかし，その後の Wüstenhagen *et al.*（2007）や丸山（2014）などの研究によ

って，社会的受容性論は，再生可能エネルギー事業の立地や環境イノベーション政策の社会的持続性を計測する方法論として発展してきた。丸山（2014）は，社会的受容性とは，「ある技術が社会に受け入れられる条件や程度を示す概念」であり，また「多様な価値基準を踏まえて技術を評価する考え方が社会的受容性である」としている。さらに「様々な価値基準を等価なものとして，その上でどのような情報共有や意見交換の方法があるかという社会的なプロセスに注目する必要がある」と展開している（丸山 2014, pp. 18-20）。社会的受容性の分析枠組みとしては，以下の3点を提示している。

①社会的合理性（全国レベル）：社会政策・公共政策・技術政策としての整合性・一貫性，一般市民からの支持，主要な利害関係者からの支持，政策立案者からの支持。
②市場的・経済的合理性（全国レベル）：消費者の選好，投資家からの支持，企業の意思決定。
③地域社会における合理性（地域レベル）：手続きの正当性（公正な意思決定），リスク・便益の分配構造の公平性，社会的信頼の確保。

また，ウーステンハーゲンは，①の社会的合理性に関し，中央と地方との関係性や社会的受容（受け入れ拒否も含め）におけるクリティカル・マスの視点の重要性を指摘している。

こうした先行研究を踏まえ，社会的受容性を，さまざまなアクターの協働ガバナンスに基づく社会的学習プロセスを重視した協働的・相互能動的な受容性として考える。いわば，社会的相互受容性論（social interactive acceptance）を展開する。

本書の社会的受容性は，全国レベルと地域レベルという2つのレベルと，①技術的影響評価である技術的受容性（安全性や技術的代替性など），②社会的・政治的適応性である制度的受容性（倫理や原理面における正統性や政策一貫性など），③経済性を見る市場的受容性という3つの要素（独立変数）から構成される。

（3） 社会的受容性の醸成プロセス

社会イノベーションの実現のための社会的受容性の醸成プロセスは，具体的

にはどのようなものなのかを，飯田市，掛川市，豊岡市の事例から検証してみよう。

　飯田市の産業社会イノベーションでは，全国レベルの制度的受容性が京都議定書（1997 年）や通産省のエコタウン事業採択（1997 年）として確立し，市場的受容性についても，リオデジャネイロの地球環境サミット（1992 年）以降，しだいに ISO 14001 認証取得が欧州市場などの参入条件となるなどとして確立した。

　地域レベルの社会的受容性としては，飯田市の環境文化都市構想（1996 年）および「21' いいだ環境プラン」策定（1996 年）などが制度的受容性の確立として大きく作用したと考えられる。こうした制度的受容性のうえに，改善研究会（1996 年）やエコタウン事業採択（1997 年）を契機に，多摩川精機などの地域中核企業と行政（飯田市役所）との協働の場が形成され，こうした場を踏まえて産業社会イノベーション組織である地域ぐるみで ISO へ挑戦しよう研究会の発足（1997 年），その発展形態としての地域ぐるみ環境 ISO 研究会（2000 年）へと展開していった。

　多摩川精機がこうした社会イノベーションの実現に取り組んだ理由としては，バブル崩壊後の不況からの脱出のため，トヨタ・プリウスへの角度センサーの納入を目指し，そのためにも自らの環境認証取得だけでなく，地域環境認証の普及による下請け企業の技術力の向上を目指すという市場的受容性の要素も大きかったと考えられる。

　飯田市の市民社会イノベーションを可能にした全国レベルの制度的受容性としては，環境省・まほろば事業（2004 年）が大きかった。まほろば事業に飯田市が採択されたことが，社会イノベーション組織である NPO 法人・南信州おひさま進歩の設立（2004 年），さらにおひさま進歩エネルギー株式会社の設立（2007 年）へと展開していった。おひさま進歩による太陽光発電の普及には，地域社会における社会関係資本の蓄積をベースとした地域的受容性の醸成と同時に，飯田市による公共施設屋根貸しや固定価格での電力の買い取りや飯田信用金庫などによる融資という市場的受容性の要素が大きかった。

　しかし，環境認証制度にしろ，市民ファンドなどによる太陽光発電の普及制度にしろ，すでに他の地域などで普及していた社会技術の飯田市への適用であり，技術的受容性は大きな要因ではなかった。

　　　　　　　　　　　　　　第 9 章　社会イノベーションの起こしかた　201

掛川市の社会イノベーションとしての公民協力によるごみ減量システムの構築は，2007年のごみ減量大作成の成功（目標の超過達成）と，そのことによるごみ焼却工場である環境資源ギャラリーの追加設備投資（約30億円）の回避成功として，市民の新たな財政負担を不要にしたという点で大きなものであり，市場的受容性の醸成は重要であった。掛川市の取り組みを支えた全国レベルの制度的受容性は循環型社会形成推進基本法（2000年）であった。同時に，掛川市の事例では，榛村元市長の1970年代以来のまちづくりシステムの形成や生涯学習都市宣言や地域学の提唱といった市民参加型まちづくり制度の蓄積という地域的受容性の醸成が大きい。掛川市の事例でも，ごみ減量大作戦の個々の手法は既存のものであり，その意味で技術的受容性は大きな要因ではなかった。

　豊岡市のコウノトリの野生復帰事業の成功に見られる自然共生社会の形成への営為は，国の生物多様性国家戦略（1995年）や自然再生推進法（2002年），兵庫県のコウノトリ野生復帰計画（1992年）といった全国レベルの制度的受容性の確立を前提とするものであった。そのうえで，コウノトリ育む農法の体系化（2005年）という地域農法イノベーションの技術的・地域的受容性の醸成やコウノトリ育むお米の認証制度の整備（2003年）とブランド米としての市場的受容性の確立（2006年）などにより，社会イノベーションの形成と普及プロセスが進展した。

　以上のように，飯田市と掛川市の社会イノベーションの実現における社会的受容性の醸成プロセスでは，制度的受容性・市場的受容性・地域的受容性が大きな要因であり，技術的受容性は大きな要因ではなかったと評価できる。豊岡市の事例では，4つの社会的受容性の要素（制度，技術，市場，地域）はすべて重要な役割を果たしたと評価できる。

4 社会イノベーションの創造モデル——場の形成と社会的受容性の醸成

　本章は，社会イノベーションの創造モデルとして，場の形成と社会的受容性の醸成を論じた。社会イノベーションを創出する知識創造プロセスとして場（協働ガバナンス）の形成メカニズムと，社会イノベーションの資源動員プロセスとして社会的受容性メカニズムに着目した。

　本章では，従来のイノベーション研究に準じて，社会イベーション形成のた

めの知識創造の仕組みとしての場の形成論と，社会イノベーション普及のための資源動員として社会的受容性論とを区別して論じた。しかし，実際の社会イノベーションのプロセスは，多様なアクターによる場の形成（知識創造プロセス）と多様なアクター間における社会的受容性の醸成（資源動員プロセス）とは表裏一体の相互規定関係として進行することが多く，ビジネス・イノベーションのように形成と普及とが比較的明確に区別されるものではない。場の形成のあり方そのものが，多様なアクター間における社会的受容性のあり方を決める。

社会イノベーションの担い手は，地域社会の持続性課題に関わる地域内外の政府・行政，企業，NPO・地域組織などの多様なアクターである。社会イノベーションの捉え方は，ビジネス・イノベーション研究におけるオープン・イノベーション論と共通する部分が多く，オープン・イノベーションに近いマルチ・アクターを考えることの重要性も指摘した。しかし，ビジネス・イノベーション分野のオープン・イノベーションが対象とするマルチ・アクターの多くは企業，ほかはせいぜい大学などの研究機関であり，同じような性質・性格のアクターの連携である。それに対して，社会イノベーションは地域内外のマルチ・セクター（公共，民間営利，民間非営利・地域住民）のマルチ・アクターであるという点が異なる。

「コミュニティによる解決」の重要性を展開した金子は，P. F. ドラッカーのコミュニティと組織を対比した興味深いフレーズを紹介している（金子ほか2009, p. i）。「コミュニティは be（あるもの）で，組織は do（するもの）だ」というものである。地域社会の持続性課題を解決する社会イノベーションの担い手であるマルチ・セクターのマルチ・アクターとは，「be（あるもの）から do（するもの）まで」というおよそまったく性質・性格の異なるアクターである。そうした多様なアクターによって場を形成し，多様なアクター間の社会的受容性を醸成することが，社会イノベーションの創造プロセスなのである。

◆ 注
1) アメリカの持続可能なコミュニティの指標に関する 14 のチェックリストの最後に，"Does the indicator measure sustainability that is at the expense of another community or at the expense of global sustainability?"（ほかのコミュニティや地球社会の持続性を損なわない）が強調されている（http://www.sustainablemeasures.

com/node/94)。

2) 欠如モデル（Deficit Model）とは科学技術社会論で使用される用語で，イギリスの狂牛病（BSE）に関する一方向的なリスク・コミュニケーションについて，ウィン（Wynne 1991）が名付けたものである。「科学の公衆理解（PUS）に関する考え方で，専門家と非専門家とを固定的に対置し，科学知識が前者から後者へと一方的に流れ，後者はそれをただ受け取るだけ，ととらえる」（藤垣 2005, p. 263.）モデルである。また，「欠如モデルは，受け取ることのモデルとして，①科学とは，正答誤答が一意に定まる正しい知識からできており，公衆はそれらを受け取る，②公衆はそれらの知識が『deficit（欠けている，不十分な）』なのに対し，科学の側は『sufficient（十分な，足りている）』である，③その欠けている状態を測定することができる，というモデル」（藤垣・廣野 2008, p. 112）ともいわれている。

欠如モデルの代替モデルとして議論されているのが文脈モデル（Context Model）である。文脈モデルは，「『状況』（文脈）に即した（situation-specific, contextualized）知識を一般の人々は有している」（藤垣・廣野 2008, p. 114）と考える。さらに，「文脈モデルとは，市民・住民はそれぞれの日常生活や仕事・労働の状況（文脈）に即した役立つ知識体系を有しており，そうした地域知（Local Knowledge）の文脈を踏まえてコミュニケーションを行うことが重要だという考え方である。その際，市民が信頼をして情報を受け取る上で重要だとされてきたのが，『問題を切り取る視点』や『議論の枠組み』としてのフレーミングである」（松岡 2017, pp. 29-30）と議論されている。

◆ 参考文献

アーサー，W. B.（2011）『テクノロジーとイノベーション——進化／生成の理論』（有賀裕二監修，日暮雅通訳，原書2009年）みすず書房。

伊丹敬之（2005）『場の論理とマネジメント』東洋経済新報社。

今井賢一・金子郁容（1988）『ネットワーク組織論』岩波書店。

金子郁容・玉村雅敏・宮垣元編（2009）『コミュニティ科学——技術と社会のイノベーション』勁草書房。

ギデンズ，A.（1999）『第三の道——効率と公正の新たな同盟』（佐和隆光訳，原書1998年）日本経済新聞社。

シュンペーター，J. A.（1977）『経済発展の理論——企業者利潤・資本・信用・利子および景気の回転に関する研究（上）（下）』（塩野谷祐一・中山伊知郎・東畑精一訳，原書1912年，岩波文庫）岩波書店。

武石彰・青島矢一・軽部大（2012）『イノベーションの理由——資源動員の創造的正当化』有斐閣。

谷本寛治・大室悦賀・大平修司・土肥将敦・古村公久（2013）『ソーシャル・イノベーションの創出と普及』NTT出版。

野中郁次郎・廣瀬文乃・平田透（2014）『実践ソーシャルイノベーション——知を価値に変えたコミュニティ・企業・NPO』千倉書房。

藤垣裕子編（2005）『科学技術社会論の技法』東京大学出版会。

藤垣裕子・廣野喜幸（2008）『科学コミュニケーション論』東京大学出版会。

松岡俊二（2017）「原子力政策におけるバックエンド問題と科学的有望地」『アジア太平洋討究（早稲田大学大学院アジア太平洋研究科紀要）』（28），25-44。

丸山康司（2014）『再生可能エネルギーの社会化——社会的受容性から問いなおす』有斐閣。

WCED（World Commission on Environment and Development）（1987）*Our Common Future*, Oxford University Press.

Wüstenhagen, R., M. Wolsink and M. J. Bürer（2007）"Social Acceptance of Renewable Energy Innovation: An Introduction to the Concept," *Energy Policy*, 35（5），2683-2691.

Wynne, B.（1991）"Knowledge in Context", *Science, Technology and Human Values*, 16（1），111-121.

内閣府ウェブサイト「NPO ホームページ」：https://www.npo-homepage.go.jp

第10章

社会イノベーションと技術イノベーション
地域に受容される技術の役割

渡邊敏康・勝田正文・師岡愼一

は じ め に

　社会イノベーションにおける技術イノベーションの位置づけとその役割については，密接に連携し合っているという認識は読者の中でも想像される範囲ではあるだろう。しかし，技術イノベーションの技術そのものが具体的に何を指しているのか，前提となる社会的受容性をどのように捉えるのかといった議論が十分になされている事例は多いとはいえない。本章では，技術そのものの定義を整理したうえで，技術的受容性をどのように理解すべきか，そして技術イノベーションをどのように捉えるべきかを探っていく。その際，飯田市，掛川市，そして豊岡市における3都市モデルに着目して，それぞれの都市における社会イノベーションは何だったのか，その中で技術イノベーションはどのように寄与したのかといった点を掘り下げていく。そして，これからの日本に求められる技術イノベーションについて，地域と対比させて企業，国の視点から考察していく。

1 技術イノベーションの役割

社会イノベーションにおける技術イノベーションの位置づけとその役割については，密接に連携し合っているという認識は読者の中でも想像される範囲ではあるだろう。しかし，技術イノベーションにおける技術そのものが具体的に何を指しているのか，前提となる社会的受容性をどのように捉えるのかといった議論が十分になされている事例は多くない。

第9章において，社会イノベーションと技術イノベーションの関係性について述べたが，本節では，技術そのものの定義を整理したうえで，技術的受容性をどのように捉えるべきか，そして技術イノベーションをどのように理解すべきか，本章でのコンテキストとなる全体フレームについて整理する。

（1）技術と製品開発

技術とは，製品を顧客・市場に提供するために必要な財の組み合わせや財そのものを生み出すためにさまざまな自然科学や工学を活用したものづくりや仕組みづくりの手法である。製品やサービスを生み出す手法として体系立てられた仕組みも技術と捉えることができる。

素材の生産や材料の加工，部品の組み立てなどのさまざまな場面で安定した品質で顧客に提供できるようにするために技術が活用されている。技術は，対象となる製品の構成要素に対して，寸法や質量，その他定量的な物理量によって表現され，ヒトや工作機械等で再現性が担保できることが特徴である。定量的な状態として表現する方法の代表例として図面があげられる。製品開発の過程で，概念的な計画図を作成する段階から，製品の構成要素の性能や仕様を定める構想図の段階，組み立て方法を指示する図面等さまざまである（図10-1）。

このような製品開発のそれぞれのフェーズには，大規模な企業であれば製品企画部門や原価管理部門，デザイン部門，設計部門，試験部門，生産部門等のさまざまなアクターが関与してくる。開発の方法は，対象の製品や企業によって異なってくるものの，それぞれの部門の利害を調整しながら，机上で検討した内容を実験・試作することで，顧客が望む最適な品質に向けた取り組みを行っている。

図 10-1　一般的な製品開発のフェーズ

概念設計フェーズ	基本設計フェーズ	詳細設計フェーズ		試作・量産フェーズ
全体計画	構想図	計画図	部品図	組立図
・市場調査や客先調査などにより，開発する製品の基本仕様（性能，大きさ，重量など）を決める段階	・基本仕様を満足する機会を考え，その構想を絵にすることによって具現化していく段階 ・この段階で，構造，機構，駆動方式，動力伝達方式，検出・制御方式等の基本事項を決める	・構想図の内容を具体的，定量的に詰める段階 ・この段階で，全体の寸法，各部品の寸法・材質・加工法，組立法など製作しようとする物のすべてを決定する ・設計計算（性能，強度，重量等）により，要求仕様を満足することができることが机上検討で予測されていなければならない	・計画図をもとに，各部品を製作するための指示を作る段階	・各部品を組み立てるための指示を作る段階

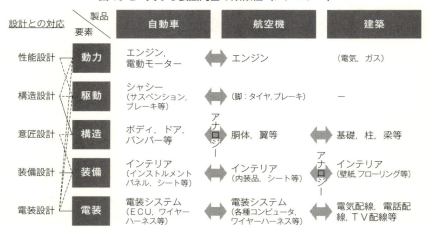

図 10-2　異なる製品同士の類似性（アナロジー）

　提供される製品としては，われわれに身近な家電製品から自動車，普段はあまり目にしない発電所など非常に幅広いものの，動力や駆動部に相当する部分や骨格に相当する部分，情報を伝達する部分など共通するところが多い（図10-2）。

　なお，このような体系化した技術にするために，企業や研究機関が先行的な投資をすることで，新たな素材を生み出したり，加工技術を確立したりする行

為は研究開発と位置づけられる。

技術という言葉の指す対象を整理すると以下の３つの観点に大別することができる。

①コンポーネント技術：製品の構成要素を作り出すための技術
　　例：携帯電話のディスプレイ，ハイブリッド自動車の搭載センサー
②マネジメント技術：製品を安定的に提供するための技術
　　例：環境マネジメントシステム，農法
③インテグレーション技術：顧客へ最終製品として提供するための技術
　　例：要素技術同士の結合方法，技術・市場・制度のトレードオフ

対象となる製品が，組み立てを前提とした機器や化学プラントで生成される製品なのか，あるいはアプリケーションのようなICT（情報通信技術）に基づく製品やサービスであるかの差異はあるものの，対象製品のシステムや構成要素の単位，その管理手法の総論については類似点が多いという前提で論点を整理する。

(2)　技術的受容性と技術イノベーション

前項に定義した技術を踏まえて，対象とする製品やサービスが，誰によってどのような形で受容されるかについて，そのフレームワークを整理する。

一般的に技術が受容される条件としては，その対象となる製品やサービスがマーケティングミックスとして説明される製品（Product）に加えて，価格（Price）や販路・流通（Place），認知・プロモーション（Promotion）の要素が重要であるといわれている。これら価格や販路・流通，認知・プロモーションについては，市場的受容性の構成要素として整理することができる。これらのマクロの捉え方に対して，地域的な受容性については技術面と市場面で受容性を捉えていくことになる。

このように製品やサービスとしての受容性の議論として論点整理を試みていくと，社会的受容性の観点から捉えた場合，地域におけるアクター間の影響を考慮していくことが求められる。そこで本項では，製品や仕組みによる技術を通じてステークホルダーが国，あるいは地域における社会課題を解決できる状

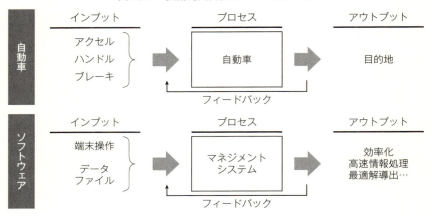

図10-3 技術的受容性のフレームワーク

態を技術的受容性を有している，と定義する。

　この技術的受容性は，課題解決の目的を実現するうえでの提供プロセスとして考えると理解しやすい。対象技術を通じて社会課題を解決している状態をアウトプット，その解決に向けた製品やサービスの技術群をプロセス，その製品やサービスを活用するためのアクターによる人的操作や情報等の入力やインタフェースをインプットと位置づける。したがって，利用者に受け入れられている状況であれば，その技術を対象としたインプットを有しており，その利用を通じたアウトプットとしての改善や新たな価値に向けたフィードバックが生み出される。このフレームワークに則ると，対象となる製品やサービスがハードウェアであってもソフトウェアであっても（有形，無形であっても）整理が可能である（図10-3）。

　このような，フィードバックのサイクルが，従来の延長線上から大きく飛躍するようなアウトプットを生み出した状態，それを支える仕組みが構築できたことを，技術イノベーションと解釈することができる。したがって，対象とする技術が取り扱うインプット・プロセス・アウトプットの範囲を地域の範囲として捉えるのか，国家の範囲として捉えるのかによって，あることがらを技術イノベーションと見なすかどうかの解釈は異なってくる。

2 │ 3都市モデルにおける社会イノベーションと技術イノベーション

　本節では，飯田市，掛川市，豊岡市での上述した広い意味での技術イノベーションそして将来的な発展性について考察する。本書で取り扱った3都市のモデルに着目して，それぞれの都市における社会イノベーションはなんだったのか，その中で技術イノベーションはどのように寄与したのかといった点について掘り下げて整理を進めていく。ここで地域社会での技術イノベーションとは，地域社会の課題を改善，解消あるいは改良するような既存の技術の組み合わせ，あるいは新規の技術による課題解決策であるものと定義したい。詳細は次節にて述べる。

（1）　飯田モデル

　太陽光発電という実績のある従来技術を利用して，地域の実情に合わせて改善し短期間で普及率を増加している。おひさま進歩株式会社は初期コスト0円で太陽光パネルが設置できるサービス「おひさま0円システム」を提供している。このシステムは，パネル設置から9年間のパネル所有権はおひさま進歩株式会社にあり，10年目からパネル所有権を個人（住宅所有者）に移すというもので，初期コストは投資家から集めたファンドでまかなうというリース方式を採用している。

　市民出資型のファンドを太陽光発電の普及の大きな要素として捉えることができる。加えて，その前提として地域に普及させることが可能な廉価な太陽光パネルの技術が導入できる素地ができた点も大きい。このように，市民出資型のファンドを構築することで市場的受容性を形成させ，個人宅における太陽光発電の普及という技術的受容性を確立させたことで，市民における太陽光発電の普及という技術イノベーションを形成した事例として捉えることができる。

　現在，飯田市では小水力発電をはじめとしたほかの再生可能エネルギーの技術開発が進められ，飯田市における再生可能エネルギーの導入による持続可能な地域づくりに関する条例を制定することで，再生可能エネルギーにかかる地域の技術的受容性を醸成する仕組みの整備を進めている。このように実績のある既存技術を活用しながら，市場的受容性や制度的受容性を契機として，地域

第10章　社会イノベーションと技術イノベーション　　211

の実情に合わせた技術受容性を形成させることで，該当技術の改善を継続させていく地域における技術イノベーションを創出させる取り組みを推進している。

　以上のような市民社会のケースに加えて，産業社会のケースについても技術イノベーションを創出した取り組みを行っている。事例として多摩川精機の環境マネジメントシステムの推進があげられる。多摩川精機は地元の振興を会社の1つの理念としている。多摩川精機の技術は，トヨタも認める実績のある一流の技術である。多摩川精機は，トヨタ納入製品の部品製作を地域企業に依頼することによりコストを削減し，そして地域の活性化に貢献しようと意図したものと推察される。この場合，納入製品の部品を製作する会社は，環境マネジメントシステムの導入を納入先である多摩川精機より要求される。そこで，多摩川精機は，地域ぐるみでISOへ挑戦しよう研究会が従来から推進している環境マネジメントシステムを活用しようとした。つまり，これも従来技術とこの地域特有な技術を組み合わせた技術イノベーションである。

(2)　掛川モデル

　ごみ処理施設の老朽化，新しいごみ処理施設建設に必要な時間そして予算不足などの課題があり，これをクリアするために，自治区をベースとしたクリーン推進員やリサイクル業者の活用といった具体的な改善案を考えた。課題を克服するために，新しい技術開発だけが必要なのではない。ほかの技術によってこの課題を克服するようなマネジメントシステムを構築することも一種の技術イノベーションと考えられる。

　ごみ処理施設自体の技術革新が伴わなくては技術イノベーションではないのではないかという疑問があげられるだろう。この点については，自治体の観点からすると予算や環境性能，信頼性等からごみ焼却施設の建設の意思決定をしているという想定を踏まえると，新規技術の活用による技術革新のみを技術イノベーションとする定義からは逸脱する事例と解釈される。掛川市の事例については公民活動を踏まえたごみ処理のマネジメントシステムを構築した点が技術イノベーションとして捉えることができるだろう。

(3)　豊岡モデル

　従来の農法を組み合わせて無農薬でのコウノトリ育むお米を開発した。現在，

食の安全が注目を浴びており，この農法が他の食品の生産に適用できる可能性は大であり，これが発展性につながると考えられる。たとえば，こしひかりは新潟で生まれたが，現在全国各地でその地域のこしひかりが誕生している。つまり，こしひかり戦略である。これと同じことがコウノトリ農法戦略でも可能ではないかと考える。

　このように無農薬による農法を確立し，地域の特性を踏まえて安定的に普及させる仕組み（マネジメントシステム）を構築できたことが技術イノベーションとして捉えることができる。

　以上，3都市における技術イノベーションの事例について整理した。3都市に共通する事項としては，地域の地理的な特性を踏まえつつ地域のアクターが関与することで，該当技術を受容する際のマネジメントシステムが確立されていることが地域における技術イノベーションの要因として捉えることができる点である。

　ただし，既存技術の受容を検討する場合，既存技術に対する課題は本当にないのか，この地域に適しているのかを事前に十分検討する必要がある。事前の検討は，どの地域にも必要な点であり，このような場合に調査委員会を立ち上げ，大学の研究者を含めて専門的な知識を持ったさまざまな人の意見を聞く必要がある。

3 ｜ 地域に受容される技術イノベーション

　本節では，地域（都市）で受容される技術イノベーションについて考える。本来，技術イノベーションとは，独自性そして新規性を持った技術と考えるのが普通である。しかしここでは，地域社会での技術イノベーションとは，地域社会の課題を改善，解消あるいは改良する技術であるものとの定義したうえで整理し，地域にどのような条件が揃えば技術が受容されるかを考察していく。次節で述べるが，都市，国，企業では，受容される技術イノベーションはそれぞれ異なってくる。

（1） 改良型の技術イノベーション

　上述のように地域社会での技術イノベーションとは，地域社会の課題を改善，解消あるいは改良する技術であり，既存の技術であってもその地域の課題点を改善すれば，それで技術イノベーションと考える。

　地域にどのような条件が揃えば，技術イノベーションが受容されるかを考えよう。技術イノベーションが受容されるには，"少ないコストで失敗する危険性が少なく，短期的に経済的利益に貢献すること，あるいは地域の課題を解決することが必要である"。

　たとえば，掛川市のようにごみ処理の削減という課題を検討する場合，処理技術を市のレベルで開発するのは不可能であり，上述した受容条件を満たすためには，すでに開発された実績のある技術を掛川市の実情に合うように改善することが必要である。つまり，実績がある技術を組み合わせ，それを地域の実情に合うように改良することが広い意味での技術イノベーションと考えられる。要するに，技術を開発することが目的ではなく，課題を解決することが目標であるものと換言できる。

　加えて，短期間（数年以内）で成果を出すことが受容されるための重要な点である。予算計画は年度単位であり，年度内で見える成果を出せなければ次年度の予算が付きにくい。また，地域の長は在任（数年）期間のうちに成果を出さなければ再選をねらう次の選挙のアピールポイントにもつながらなくなってしまう。

　以上より，地域レベルでまったく新しい技術イノベーションを開発し課題を解決することは地域の活性化そして発展につながらない側面が内在している。理由としては，まったく新しい技術イノベーションを開発するには，膨大な予算，期間，人的資源が必要であるからである。経済的なリスクを伴い，これを地域レベルで負担することは相当な困難を伴うことになる。将来的にも，このような実績のある技術の組み合わせ，そして改善による技術イノベーションを推進していくことが地域の活性化につながる。

（2） 技術イノベーションに求められるフィードバックサイクル

　第1節で述べたインプット・プロセス・アウトプットのフレームワークに基

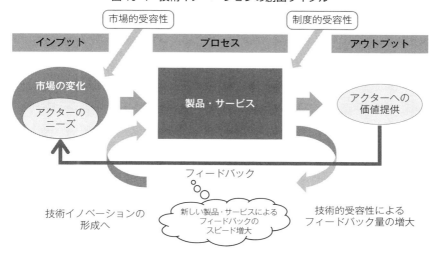

図10-4 技術イノベーションの創出サイクル

づくと，対象となる技術の導入前にはフィードバックの量が少ない，あるいはなかった状態から，対象技術の導入によって，インプットとアウトプットによる対象地域におけるアクター間の活動の変容が生まれて，その結果として，新たな継続的なフィードバックサイクルが形成されたと解釈できる。

このように，地域におけるフィードバックサイクルが増大することで，既存の技術の延長線上での技術イノベーションの形成が期待できる。加えて，市場的受容性を形成させる仕組みや，地域における制度的受容性を形成させるような政策・制度等を導入することで，次なる技術イノベーションの形成が期待できる。このような地域の市場・制度の受容性が形成されることで技術の発展のスパイラルを形成することが期待され，地域における社会イノベーションを創出していくことが可能となる。

以上のように地域における技術イノベーションを創出していくためには，社会課題を解決していくためのプロセス構築に向けたアクター間の協働が重要となってくる。

3都市のケースにおいては，低炭素型，循環型，自然共生型を目指した課題解決のプロセスを示したが，これらの技術イノベーションは第1フェーズの段階であるものと捉えることができる。今後の社会課題の解決に向けた取り組みとして，市場や制度の受容性を形成させる仕組みを構築しながら，技術的受容

性のフィードバックサイクルを大きくしていくことが求められるだろう。

4 日本に求められる技術イノベーション

本章の最後に，ここまで述べてきた地域における技術イノベーションと対比させて，国・企業の視点からの技術イノベーションについて簡単にふれておこう。

まず，国の技術イノベーションについて，日本のこれまでの技術開発の政策の事例を踏まえながら整理しつつ，国の技術イノベーションとして将来を見据えることの重要さについて考察していく。

国の技術イノベーションに重要な点は，将来を見据えるということである。一例として，新エネルギーをあげたい。水素利用の可能性については，昨今，燃料電池車の上市や水素ステーションの制度整備等が進められている。水素の利活用については日本において将来的にどのように位置づけて発展させていくかといった国内の普及に向けたビジョンが求められている。また，国際競争力の観点では，どのような国際標準化の戦略を策定するかといった視点や，インフラ輸出技術としてどのように位置づけるか等の国外の視点も求められてくる。

一方，企業における技術イノベーションは，既存特許に対する受容性が必要であり，既存技術（既存製品）を改善して使う地域の場合とは異なっている点があげられる。

企業の場合，最終的な利益を生み出す技術でなくてはならない。したがって，オンリーワン（Only-one）技術である必要がある。既存技術の組み合わせであっても，そこに新規性，独自性がないと受容性は低い。企業の技術イノベーションには，市場性，特許性，コストなど多くの因子が複合的にからみあっている。

既存特許に対する受容性，つまり実用化していなくても特許化している技術を使用した場合，製品販売後，企業には大きなダメージとなり，場合によってはその企業の存続も危うくなる可能性もある。したがって，企業の技術イノベーションには技術開発部門ばかりではなく知財部門の能力が大きな点となる。当然，コスト管理も重要である。新しい製品を企業が開発する場合，外部には見えないが多くの失敗がある。それによるコスト増大を考えながらコスト的に

見て製品化が可能かを判断する部門の能力も重要である。このように企業の技術イノベーションには，市場性やコストなど多くの因子が複合的にからみあっており，それらをまとめ上げるプロジェクトマネージャーの能力が企業の技術イノベーションには最も重要であると考える。

これらに共通する技術的な観点としては産業界における該当技術（シーズ）の成熟度合いに加えて，市場の要請（ニーズ）そして関連法制度・規制等の整備の時間軸が同期することが求められてくる。水素ステーションや水素供給のインフラについては，新たな設備投資等が求められることから，それらの費用を負担する供給事業者への国の普及支援の仕組みが求められてくる。ここで，普及支援のための規制緩和や補助事業（制度）を推進するタイミングが重要である。該当技術の成熟度によって低廉な製品が投入できるのか（技術），該当製品の市場からの受容性が担保されているのか（市場），当該技術がその段階で社会に求められているかは非常に大きな要素となる。

このように社会インフラに影響度合いの高い新規技術の導入になればなるほど，市場，制度，技術それぞれのタイミングが一致するか否かが普及の要素として大きいだろう。

◆ 参考文献
平沢照雄（2014）「『地域に拘る企業』の創業理念と経営改革——多摩川精機の取組みを事例として」『経営史学』49（2），28-50。
渡邊敏康（2015）「社会インフラを支えるセンサーネットワーク——安心できる社会インフラの仕組みを考える」『月刊自動認識』（2015年6月号），1-10。

第**11**章

社会イノベーションと制度的受容性

欧州の社会イノベーション研究

鈴　木　政　史

はじめに

　本章は社会イノベーションにおける制度と政策の役割を考察する。まず，制度という概念について社会科学の中で提示されている解釈を検討する。検討の中で，制度とは社会の主体の期待や関心が収斂するプロセスであり，インフォーマルな制度とフォーマルな制度があることを示す。そのうえで，持続可能な社会に向けたイノベーションを起こすにはどのような変化や要素が必要かという問いを投げかけている欧州の研究を２つ紹介する。この２つは，トランジション・マネジメント研究とテクノロジカル・イノベーション・システム研究である。トランジション・マネジメント研究はとくに持続可能な社会に向けて，ニッチなイノベーションがどのように制度変更（レジームシフト）を引き起こす可能性があるか考察している。一方，テクノロジカル・イノベーション・システム研究は持続可能な技術やシステムの開発・普及における要因を７つの機能に分類している。本章の最後では，日本の３都市における制度的受容性を検討するとともに日本における社会イノベーションへの示唆を記す。

1 │ 制度的受容性と制度

（1） 制度的受容性とは何か

　社会的受容性の重要な構成要素の１つである制度的受容性はR．ウーステンハーゲンらの研究では社会政治的適応性（socio-political acceptance）と捉えられている。ウーステンハーゲンらは風力発電事業を例にあげながら，再生可能エネルギーのプロジェクトの実施や普及において，社会政治的適応性が低ければそれが実施や普及に向けた大きな障害になることを示している（Wüstenhagen *et al.* 2007）。ウーステンハーゲンらが提示する社会政治的適応性とは，再生可能エネルギーの技術や導入政策に向けた一般市民，主要なステークホルダー，政策立案者の関心や関わりの度合いを意味する。また，政府のエネルギー政策の枠組み，具体的な再生可能エネルギーの促進政策，規制，補助金制度など具体的な政策目標や政策も社会政治的適応性に含まれる（Wüstenhagen *et al.* 2007）。ウーステンハーゲンらの研究は制度的受容性が地域的受容性や市場的受容性にも影響するとともに，持続可能な技術の導入やイノベーションに向けた社会的受容性を左右することを示唆している。

（2） 制度とは何か

　そもそも制度とは何か。制度の研究には，個人や企業などの集団の意思決定が経済的な費用・便益計算の結果で合理的に行われるだけではないとする社会学を始めとする一部の社会科学の研究者の経済学へのアンチテーゼの歴史が深く関係をしている。これらの研究者は，個人や企業の意思決定にはさまざまなステークホルダーの意向やプレッシャーが影響すると考える。この点に関して社会学で制度論（institutional theory）の確立に貢献したP．J．ディマジオとW．W．パウエルは制度に関わる研究を「社会のプロセスを物理学的に説明しようとする態度への懐疑的な見方と，制度と社会のプロセスを見逃すことができないという共通認識」と説明している（DiMaggio and Powell 1991）。また，1990年代に制度論を展開したW．R．スコットとS．クリステンセンは，集団や組織の意思決定や活動のメカニズムを理解するうえで「組織が活動の基盤とする広範な社会・文化的環境の重要性」を指摘している（Scott and Christensen 1995)。

　一方，冷戦期を研究の対象として，1980年代ごろからそれまで国民国家を分析の単位として考えていた政治学や国際関係論の研究者も，政府の役割や国際組織の役割などを研究する中で制度の役割や影響に注目してきた。その中で国民国家のみを分析の単位として考える現実主義へのアンチテーゼとして国際関係論の制度学派はレジーム論（regime theory）を構築した。レジームという言葉と制度という言葉は同義語であると考えられるが，制度学派のS. D. クラスナーはレジームまたは制度を「ある特定の課題（イシュー）の分野において主体（アクター）の期待が収斂する明示的または暗示的な原則，規範，規則，意思決定に関する手続き」と定義している（Krasner 1983）。

（3）　明示的な制度と暗示的な制度

　クラスナーは制度の定義をこのような短いフレーズでわかりやすくまとめたが，この短いフレーズの中に本章で取り上げる制度および制度的受容性を理解するうえで重要な2つの要素が含まれている。

　1つ目の要素は，制度には政府などが提示する明示的でフォーマルな規則・規制，政策目標と社会の中で一般的に認識されているが明示的に示されていないインフォーマルな規範・期待・関心などが含まれる点である。文書などで明示的に示されている規制などは理解をしやすいが，暗示的な社会的な関心の高まりなどは理解しづらいかもしれない。飯田市の例ではそれは再生可能エネルギーや環境マネジメントシステムの導入に対する飯田市民や企業の関心の高さであり，掛川市の例では「生涯学習都市」作りなどの取り組みを通して醸成された市役所と市民との信頼関係をベースにした旧掛川市におけるごみの減量へのコミットメントである。豊岡市の例では，一度絶滅したコウノトリの復帰という事業に対する農民をはじめとした地域住民の希望や期待や地域住民の間で共有されたノスタルジーもインフォーマルな制度として捉えることができる。このように社会科学でよく使われる制度という概念には，あるコミュニティや社会全体のあるイシューに関する関心や認知のレベルの高まりも含まれる。

　クラスナーの定義の2つ目に重要な要素は，ある社会的課題が取り上げられて議論をされたのちに，主体（アクター）の期待が収斂するというプロセスである。分野は異なるが，社会学の観点からディマジオとパウエルはこの過程を

同型化（isomorphism）と呼んだ（DiMaggio and Powell 1983）。ディマジオとパウエルは，組織が共通の外部環境からのプレッシャーにさらされている場合，その組織の行動はお互いに似たようなものになるという仮説を立てた。ディマジオとパウエルはさらにこれらのプレッシャーを強制的な（coercive）なプレッシャー，規範的な（normative）なプレッシャー，模倣的な（mimetic）なプレッシャーの3つに分類している。一方，R. K. ミッチェルらはそのプレッシャーに強制力（power），正当性（legitimacy），緊急性（urgency）の3つの要素が揃っていれば，主体（アクター）はそのプレッシャーを無視できないと説明した（Mitchell *et al.* 1997）。

（4） 制度はどのように構築されるか

　一方，制度がどのように構築されるかという点を考えると，インフォーマルな制度が確立されつつある中でフォーマルな制度が導入されるという流れが一般的である。たとえば，再生可能エネルギーの導入に対する一般市民の関心が高まったときに，政府，県，市町村がその促進政策，規制，補助金制度などの具体的な政策目標や政策を導入するケースである。しかしその逆に，政府などの長期的な政策目標が一般市民や企業の関心や取り組みを高めるケースも多くある。フランスやイギリスの政府が発表を予定している，2040年までにガソリン車とディーゼル車の販売を停止する規制がその例である。このような規制は企業の技術革新を促進し，後述するような経営学で語られるポーター仮説の状況を作り出すことも考えられる。

　以上，制度的受容性と制度について解説をした。以下，第2節ではトランジション・マネジメント研究，第3節ではテクノロジカル・イノベーション・システム研究を紹介し，欧州の研究から得られる制度と政策の役割を検討する。これら2つの研究はオランダで2000年の初めごろから盛んに始まった研究で，両研究ともに持続可能な社会に向けたイノベーションを起こすにはどのような要素や変化が必要かという問いを投げかけている。トランジション・マネジメント研究はとくに持続可能な社会に向けて，ニッチなイノベーションがどのようにして大きな制度変更（レジームシフト）を引き起こす可能性があるかを研究している。一方，テクノロジカル・イノベーション・システム研究は持続可能な技術やシステムの開発・普及における要因を7つの機能に分類している。両

研究とも社会科学の中のそれぞれの枠を超えて学際的に持続可能な社会に向けたイノベーションを主題に研究を行っている。

2 | トランジション・マネジメント研究の視点

（1）　トランジション・マネジメント研究

トランジション・マネジメント（transition management）は 2000 年代の初めごろから F. ヘールズや R. ケンプといったオランダ出身の研究者によって提唱された理論フレームワークである（Geels and Kemp 2006）。主に，持続可能な社会の構築に向けたイノベーションはどのようなメカニズムや要因が影響して引き起こされるか，そのダイナミズムやプロセスを解き明かそうとしている。この点において本書で取り上げている社会的受容性を高める要因の検討に参考になる理論フレームワークである。

トランジション・マネジメントは主にオランダのエネルギーシステムをケーススタディとして取り上げてそのプロセスを研究することが多かったが，最近は運輸システムや廃棄物処理の分野における実証的なケーススタディも実施されている。また，J. ロトマンズらの論文によると，その研究結果はオランダの国レベルの農業，運輸，エネルギー，近年では健康分野の政策実施に活用されているとのことである（Rotmans *et al.* 2007）。さらに，オランダとベルギーの住宅・廃棄物政策にも影響を与えているようである（Rotmans *et al.* 2007）。近年はイギリスの研究機関においてもこの理論フレームワークに対する関心が高まり，本フレームワークを活用した研究が広がっている。

図 11-1 はトランジション・マネジメントのタイポロジーに関するヘールズと J. シュートの論文に掲載された図である（Geels and Schot, 2007）。この図は，持続可能な社会に向けたトランジションのプロセスを視覚的に捉えている。

図 11-1 はトランジションを①社会・技術ランドスケープ（socio-technical landscape），②社会・技術レジーム（socio-technical regime），③ニッチ・イノベーション（niche-innovations）という 3 つのレベルで捉えている。ヘールズとシュートによれば，1 つ目の社会・技術ランドスケープとはマクロ経済，社会に深く根付いた文化的な習慣，マクロ的な政治的状況など，どのようなアクターであっても直接は影響を与えることができない社会の大きな流れやうねりであ

図 11-1 持続可能な社会に向けたトランジションのプロセス

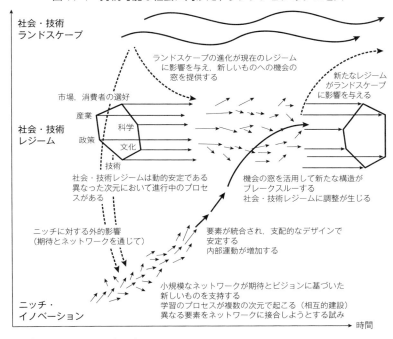

(出所) Geels and Schot (2007) p. 401.

り，このレベルの変化は時間をかけてゆっくり起こるとしている。2つ目の社会・技術レジームは，技術者の間で確立した共通の認識や技術的軌道（technological trajectories）に沿った発展段階とされる。この段階においては，科学者，政策担当者，消費者やその他のアクターが，技術の発展やイノベーションの進展に影響を及ぼすことができる段階と捉えられている。

3つ目のニッチ・イノベーションは，革新的なイノベーションが起きる初期の段階である。この段階は，市場において自然淘汰が起きる前のインキュベーションの段階であり，ある限られたアクターがある技術の新規性に着目し，そのニッチの技術のイノベーションに向けた支援を提供する。しかし，図 11-1 に矢印で示されているとおり，ニッチ・イノベーションの段階から社会・技術レジームの段階に移行する過程において，市場における自然淘汰のプロセスを経るのでニッチ・イノベーションの段階から社会・技術レジームの段階へ移行できる技術は限られている。

(2) 社会イノベーションを引き起こす制度的要因

　上記で示したとおり社会学を中心とする社会科学における制度とは，トランジション・マネジメントで多層的に示されている社会・技術ランドスケープおよび社会・技術レジームの両方のレベルを包括すると考えられる。つまり，マクロ経済・社会に深く根付いた文化的な習慣，マクロ的な政治的状況など，どのようにしても変化を促すことが難しい制度と，科学者，政策担当者，一般消費者やその他の団体がイノベーションの進展に向けて影響を与えることができる制度である。それでは，社会のさまざまなアクターは社会・技術レジームの段階の制度の確立に向けてどのような影響を与えることができるであろうか。言い換えれば，社会的受容性モデルの社会イノベーションを引き起こす制度的要因にこれらのアクターはどのような影響を与えることができるのであろうか。この問いに対して，ロトマンズとD. ローバックは以下のように回答する（Rotmans and Loorbach 2009, p. 7）。

①ミクロレベルのニッチの技術の発展（誕生や変化）を刺激し，個々のニッチが同じ方向に向かうように関連性を持たせる。ニッチのプレーヤーやレジームの変化を起こす可能性があるプレーヤーが活動をしやすいような一定の保護的な環境を提供する。

②持続可能なビジョンや方向性を示してくれて，マクロレベルへのガイドとなるような新しい魅力的なプレーヤーを発掘する。

③イノベーションへの移行に向けた新しいネットワークや協力関係を創り上げることによって「ニッチレジーム」の形成を刺激する。

④トランジションに向けた実験を1つのビジョンに方向づけするような多様性を創り上げる。

⑤高いレベルにスケールアップができる可能性が最も高い技術を選択し，その経験からスケールアップの戦略を学習する。

⑥ビジョン，問題点，協力関係を見直し，ミクロとマクロのレベルの間の調整を行うとともに，共同の進化（coevolution）を起こす。必要であればトランジション・マネジメントのプロセスのモニタリングや評価を行う。

（3）　戦略的ニッチマネジメント

　上記のとおりトランジション・マネジメントの重要な命題は，（持続可能な）ニッチな技術をどのようにすれば社会・技術レジームの段階に押し上げ，レジームシフトを起こすことができるかということである。この点に関して，トランジション・マネジメントからスピンオフする形で戦略的ニッチマネジメントという研究が進められている。J. シュートとヘールズはニッチな技術（テクノロジカル・ニッチ）が技術の進展に伴い市場に新しい技術（マーケット・ニッチ）として導入される段階を経て，社会・技術レジームの段階に押し上がる移行プロセスを図11-2のように描写した。また，このようなレジームシフトを引き起こす要素として以下のような3つの要素が必要ではないかと仮説を立てている（Schot and Geels 2008, p. 540-541）。

①期待・予測可能性やビジョンの明確化。ニッチ技術の発展においては予測可能性を確保することは重要である。予測可能性が確保されることによって，学習プロセスへの方向性，関心，正統性のある（継続した）保護や育成を受けることができる。

②社会ネットワークの構築。このプロセスは新しい技術が「市民権」を得たり，該当するステークホルダーの間の関係性を深めたり，必要な資源（資金，人，専門性）を提供したりする際に重要である。

③さまざまな領域における学習プロセス。事実やデータの蓄積といった一次

図11-2　テクノロジカル・ニッチからレジームシフトへの移行

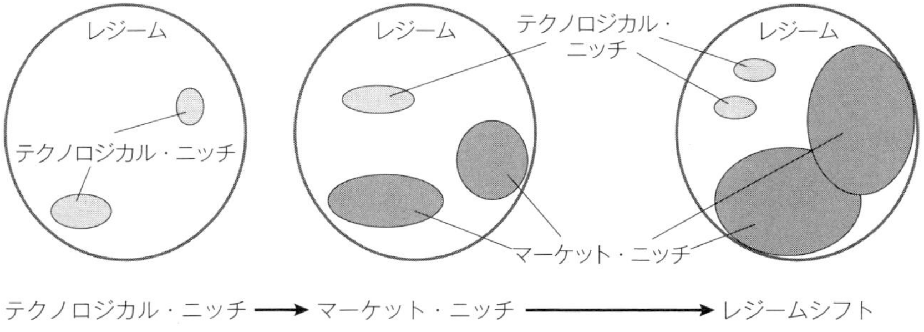

（出所）　Schot and Geels（2008）p. 540.

第11章　社会イノベーションと制度的受容性　　225

学習だけでなく，認知的なフレームや仮定に変化を起こすような二次学習はニッチ技術の発展に貢献する。

　シュートとヘールズによるとこれらの仮説は，EU レベルの研究プロジェクトを含んださまざまな研究で検証をされているとのことである（Schot and Geels 2008）。これらの研究は西欧のケースが主であるが，南アフリカやタンザニアのケースも含まれている。残念ながら，その結果は実際の持続可能な技術やシステムの実施や普及において上記のような要素が揃っているケースはあまりないとのことである（Schot and Geels 2008）。シュートとヘールズは新しい技術の導入の可能性を探る技術のデモンストレーションのプロジェクトの場合，その多くが過度に画一的に進められ，社会ネットワークの領域も限定され，一次学習に限られていると結論している。技術デモンストレーションにおいては，技術の特徴とニーズのマッチ（またはミスマッチ）の調査も行われているが，調査の対象は特定のニーズや優先を有した消費者に限られてしまっている。もし，制度や資金などについて検討できるレジーム・アクターを含んだより広い社会ネットワークをベースにデモンストレーション・プロジェクトを実施すれば二次学習が促進されると考えられるとしている（Schot and Geels 2008）。

　シュートとヘールズによると，ニッチ技術やシステムの発展には上記の３つの要素のほかにも重要な要素を指摘する研究者がいるとのことである。外部のアクターを参加させたり，二次的学習を促進したりすることを自発的に起こすことはそう簡単ではないから，緊急性（sense of urgency）を強調し，構造化されたビジョニングを繰り返すことの重要性を指摘している研究者もいる。また，ニッチ技術・システムの検討において，技術そのものよりも，その社会的な側面や概念・ビジョンなどに焦点を当てるべきだとする研究者もいることを紹介している。このような視点は本書が取り上げている「場の創発（形成）」とそのマネジメントにおいて実用的な示唆であると考えられる。

　以上，トランジション・マネジメント研究の概要を示した。トランジション・マネジメント研究の大きな焦点は，ニッチなイノベーションをどのようにすればレジームシフトに導くことができるかという点であることがわかる。しかしながら本節で示したとおり，過去10年ほどでかなり研究が進んだものの，この問いに対する明確な回答を提示するには至っていない。

3 テクノロジカル・イノベーション・システム研究の視点

（1） テクノロジカル・イノベーション・システム研究とは

トランジション・マネジメントの研究と同様にテクノロジカル・イノベーション・システム（Technological Innovation System）の研究も 2000 年の初めごろからオランダで進められてきた。トランジション・マネジメント研究の中心がマーストリヒトだったのに対し、テクノロジカル・イノベーション・システム研究はユトレヒトに拠点を置く M. ヘカートや S. ネグロといった研究者を中心に研究が進められている。この 2 つの研究には多くの共通点があるものの，お互いの研究枠組みや実証研究に対する言及はほとんどない。しかし，トランジション・マネジメントの研究と同様にテクノロジカル・イノベーション・システムの研究もオランダのみならず欧州のほかの地域やアメリカなどから注目を集め，それぞれの研究枠組みに対する研究が発表され，実証分析が行われている。

テクノロジカル・イノベーション・システムの研究の特徴は（持続可能な）技術やシステムの開発・普及における要因を 7 つの機能に分類している点である。表 11-1 にこの 7 つの機能の説明と具体的な事例を示す。

トランジション・マネジメントの研究と比較すると，テクノロジカル・イノベーション・システム研究の特筆すべき点はイノベーションを引き起こす可能性のある 7 つの要因・機能をより明確に示したことである。それによりこの理論フレームワークを活用して実証研究を行うことがより容易になり，実際に多くの実証研究が行われている。これらの実証研究は主にある技術・システムの開発や普及において表 11-1 にあげられたそれぞれのファンクションがどのように機能をしているか，あるいは機能をしていないか分析しているものが多い。ヘカートやネグロの研究はオランダのバイオ燃料やバイオガスをケーススタディとして取り上げ，それぞれのファンクションを調査している（Hekkert and Negro 2009）。オランダ以外の西欧諸国，アフリカ，アジアの実証研究も多くある。

さらに，ある技術・システムの開発や普及においてそれぞれのファンクションが過去から現在までどのように変化・進化してきたか時系列的に分析をする

表 11-1　技術やシステムの開発・普及における 7 つの機能（Function）

システムにおける機能 （Function）	説明	具体的な事例
ファンクション 1： 起業的活動 （entrepreneurial activities）	イノベーション・システムにおいて起業家の存在は最も重要。起業家なくしては，イノベーションもおきないし，イノベーション・システムも存在しない。起業家の役割は，新しい知識の発展，ネットワーク，市場の可能性を具体的な行動に代えて，ビジネスの機会を創造することである。	商業的プロジェクト，デモンストレーション・プロジェクト
ファンクション 2： 知識の開発（学習） （knowledge development（learning））	学習のメカニズムはイノベーション・プロセスの核。R&D および知識開発はイノベーション・システムに必要不可欠な要素。	研究，実験，パイロットプロジェクト
ファンクション 3： ネットワークを通じた知識の普及 （knowledge diffusion through networks）	知識の交換は，政府，競争相手，市場が関わる R&D の多様な文脈を鑑みるとその重要性がわかる。それゆえ，長期目標の設定などに関わる政策決定は，最新の技術の進展と一致している必要があり，R&D の課題は変化する規範や価値に影響を受ける可能性がある。たとえば，再生可能エネルギーに関心が高い社会では，R&D の再生可能エネルギープロジェクトの割合は大きくなる。	会議，ワークショップ，協力関係
ファンクション 4： 探求のガイダンス （guidance of the search）	再生可能エネルギーの将来の導入割合の政策目標など明確なガイダンスは持続可能なエネルギーの開発に正統性を与え，その開発に向けた資金の導入を刺激する。	期待，約束，政策目標，標準・基準，研究結果
ファンクション 5： 市場形成 （market formulation）	持続可能な技術に代表される新しい技術は現行の技術と競争をすることがしばしば難しい。そのため新しい技術に一定の保護を与えることが重要。1 つの可能性としては，政府または他のアクターが特定の技術の適用に関して一時的なニッチマーケットを形成することである。または，公共政策として税の優遇措置や最低の購入・消費割当を導入し，一時的な比較優位を与えることである。	市場における規制，税の優遇
ファンクション 6： 資源の導入 （resource mobilization）	資金や人的資源はイノベーション・システムのすべての活動に必要な基本的な要素。	補助金，投資
ファンクション 7： 正統性の創造／変化への抵抗との戦い （creation of legitimacy/counteract resistance to change）	新しい技術が現行のレジームの一部に取り込まれる，または，現行のレジームを覆さなければならない。一方，現在のシステムで既得権益を得ているアクターは「創造的な破壊」に抵抗をする場合がある。このような場合は，政策を提言している集団（advocacy coalition）が一丸となって新しい技術の正統性を提唱することによって，変化への抵抗に挑むことができる。	ロビー活動，政策提言

（出所）　Hekkert and Negro（2009）p. 3 および Suurs *et al.*（2009）p. 9641 をもとに筆者作成。

228　第 II 部　「場の形成と社会的受容性の醸成」による社会イノベーションの創造

研究も多くある。R. スールスらの研究は，水素・燃料電池の技術の開発・普及をケーススタディとして取り上げ，1980年から2008年までそれぞれのファンクションがどのような役割を果たしてきたか分析をしている（Suurs *et al.* 2009）。スールスは同様の方法を用いて，自動車燃料として天然ガスを使用するケーススタディも行っている（Suurs *et al.* 2010）。ネグロらは，バイオマスの消化システムを取り上げ，オランダにおいてそのイノベーションが失敗した理由を1974年から2004年まで時系列的に7つのファンクションを検討しながら分析している（Negro *et al.* 2007）。

(2) テクノロジカル・イノベーション・システム研究から見た制度と政策の役割

テクノロジカル・イノベーション・システム研究の中でもとくに制度の役割に注目している研究がある。A. ベリエクらは持続可能な技術・システムにおける，表11-1にあげられた4つ目のファンクションである「探求のガイダンス」（guidance of the search）の重要性を強調する。ベリエクらによれば，ある持続可能な技術やシステムへの「期待」を声に出して広げ，将来のはっきりしたビジョンを示すことはさまざまなアクターにその技術やシステムのイノベーションへの支持や参加を強く後押しする（Bergek *et al.* 2008）。たとえば，「水素は多くの人々にとって将来の燃料として認識されている」とか「20世紀は情報技術の時代であったが，21世紀はバイオテクノロジーの時代だ」という見込みや期待は公的なR&D資金へのアクセスに向けた十分な正統性（legitimacy）を提供する（Bergek *et al.* 2008）。このような見込みや期待は第1節で解説したインフォーマルな制度と捉えることができ，社会イノベーションに向けた重要な要素であると考えられる。

一方，ベリエクらは政府の目標や規制などフォーマルな制度の重要性も言及している。ベリエクらによれば，政府の主な役割は社会の暗示的な段階の期待や見込みを受けて，起業家活動に対してインセンティブを与えたりプレッシャーを与えたりするとともに，長期目標という形で明確なビジョンを示すことである（Bergek *et al.* 2008）。ベリエクらは，長期目標の設定が技術開発に影響を与えた例としてカリフォルニア州のゼロエミッション車の規制のケースをあげている（Bergek *et al.* 2008）。カリフォルニア大気資源委員会（Californian Air Resources Board）は 1990 年にゼロエミッション車の規制を導入し，1998 年に向けた革新的な目標を示した。この目標を示したことが，低排出車の技術革新へのR&Dを刺激したとしている。

このような事例はベリエクら自ら指摘をしなかったものの，経営学で説明される「ポーター仮説」と制度的受容性の関連を示したものだと考えられる。ポーター仮説は経営学では多くの研究者に取り上げられてきた仮説であり，「適切に設計された環境規制は技術革新を刺激し，国際市場における競争において企業が早い者勝ち（first mover advantage）をするための素地を提供する」と論ずる（Porter and van der Linde 1995）。ポーター仮説はフォーマルな制度設計がイノベーションを促進する重要な可能性を指摘している。

（3） 制度論における地域特性の重要性

一方，そもそも持続可能な社会に向けたイノベーションは，それぞれの地域の特性によって導入する制度，政策，戦略は大きく異なるのではないかと指摘した研究があり興味深い。F．テトリングと M．トリプルは "One Size Fits All? Toward a Differentiated Regional Innovation Policy Approach" という論文の中でこの点を指摘し，周辺地域（peripheral region），古い産業地域（old industrial regions），分散した都市部（fragmented metropolitan regions）の 3 つに分類して，それぞれの地域の特性と有効だと考えられる方向性・戦略を提言している（Tödtling and Trippl 2005）。表 11-2 はこれら 3 つの地域の特徴・問題点およびそれぞれの地域が検討すべき方向性・戦略をまとめたものである。

テトリングとトリプルは，周辺地域の具体的な例として，北イタリアのトリエステを州都とするフリウリ地方（Friuli），古い産業地域の具体的な例として，ドイツのルール地方（Ruhr）やイギリスのウエールズやイングランド北東部など，分散した都市部として，オーストリアのウィーン，ドイツのフランクフルトがあげられている。本書で取り上げたような日本の都市にこの分類方法を適用できるか検討が必要だが，本研究はそれぞれの都市の特性に応じたイノベーション政策や戦略を練る必要性を示唆している。

表11-2 3つの異なった地域の特徴・問題点およびそれぞれの地域が検討すべき方向性・戦略

	周辺地域 (peripheral region)	古い産業地域 (old industrial regions)	分散した都市部 (fragmented metro- politan regions)
企業や地域クラスタ ーの特徴・問題点	クラスターの存在がな い，または弱い。中小 企業が中心	クラスターが成長産業 に特化している。大企 業による支配	多くの産業やサービス があるが，しばしば重 要な知識ベースのクラ スターが欠如している
イノベーションの活 動の現状	R&Dやプロダクト・ イノベーションのレベ ルは低い。最低限のプ ロセス・イノベーショ ンが中心	成熟した技術路線で， 最低限のプロセス・イ ノベーションが中心	大企業やハイテク企業 の本部でR&D。プロ ダクト・イノベーショ ンや新しい企業群の形 成は期待ほどではない
検討すべき地域経済 の戦略的方向性	地域経済の強化・向上	地域経済の再生化	グローバル知識経済に おける地域経済のポジ ションの改善
検討すべきイノベー ション戦略	組織・技術の「キャッ チアップ学習」。中小 企業の戦略的イノベー ション能力の改善	新しい分野におけるイ ノベーション。新しい 市場に向けたプロダク ト・プロセス・イノベ ーションの実行	科学に裏打ちされた斬 新なイノベーション， 新しい事業の創出。産 業と知識プロバイダー の関係の強化
検討すべき企業・地 域クラスターの対応	地域外のクラスターと の関係強化	支配的な産業の再構築	国際的な活躍とシナジ ーの達成に向けてある 専門に特化した優位性 を確立

(出所) Tödtling and Trippl (2005) p. 1209 および p. 1213 をもとに筆者作成。

4 日本の3都市における制度的受容性と欧州からの示唆

(1) トランジション・マネジメント研究と
テクノロジカル・イノベーション・システム研究

　以上，トランジション・マネジメント研究とテクノロジカル・イノベーショ
ン・システム研究を紹介した。両研究ともに持続可能な社会に向けたイノベー
ションを起こすにはどのような変化や要素が必要かという問いを投げかけてい
る。トランジション・マネジメント研究はとくに持続可能な社会に向けて，ニ

第11章　社会イノベーションと制度的受容性　231

ッチなイノベーションがどのようにレジームシフトを引き起こす可能性がある
か考察している。一方，テクノロジカル・イノベーション・システム研究は持
続可能な技術やシステムの開発・普及における要因を7つの機能に分類し，4
つ目のファンクションである「探求のガイダンス」として制度的受容性の重要
性をあげている。両研究ともにインフォーマルな制度とフォーマルな制度が持
続可能な社会に向けたイノベーションへの移行を促す役割があることを示して
いる。

(2)　3都市における制度と政策の役割

　飯田市のケースではマクロなレベルで気候変動問題に対する条約や法律が定
められ，このような制度をベースに政府主導で再生可能エネルギーの固定価格
買取制度の導入など低炭素化に向けたフォーマルな制度の整備が進められてき
た。飯田市ではこのような流れを受けて，地域環境権条例を独自に制定し，住
民の太陽光発電事業に対する関心が高まった。マクロな制度および国内の制度
の貢献が多いという点で，上記で説明したテクノロジカル・イノベーション・
システムの4つ目の機能である「探求のガイダンス」が有効に働いたと考えら
れる。

　掛川市のケースでは，1970年代の住民参加のまちづくりの実績があり，市
民と市役所の信頼関係を背景にしたごみ減量へのコミットメントをインフォー
マルな制度として捉えることができる。循環型社会の課題については，
1997年に環境省からごみ処理広域化の方針が発表され，2000年に循環型社会
形成推進基本法が制定されたが，掛川市のケースでは2006年のごみ減量大作
戦の導入にはインフォーマルな制度が先行して影響をしていたと考えられる。
掛川市のケースではフォーマルな制度の前に地域市民の間でごみの減量に向け
た知識の交換が行われたという点で，テクノロジカル・イノベーション・シス
テムの3つ目の機能である「ネットワークを通じた知識の普及」が進んでいた
と捉えることができる。

　豊岡市のケースでは，国のレベルでは1995年に生物多様性国家戦略が発表
され，豊岡市では2003年からコウノトリ米の認証制度が始まったことをフォ
ーマルな制度として捉えることができるが，豊岡市の自然共生社会モデルの成
功には一度絶滅したコウノトリの野生復帰という事業に対する農家をはじめと

した地域住民の希望や期待があったと考えられる。この点に関しては，掛川市のケースと同様「ネットワークを通じた知識の普及」が地域住民の間で進んだと考えられる。

(3) 社会イノベーションに向けた欧州のイノベーション研究の示唆

最後に，日本におけるこれからの社会イノベーションにおいて本章で解説した欧州の2つの研究から得られる点を2点強調したい。1点目は，将来の日本の持続可能な社会の像をできるだけ明確化し，明確化された像やビジョンを市民の間で共有することが非常に重要であるということである。戦略的ニッチマネジメントでは，前述のとおり，ビジョンの共有によって予測可能性が確保され，学習プロセスへの方向性が決まることを指摘している。テクノロジカル・イノベーション・システムの研究は，将来のはっきりしたビジョンを示すことはさまざまなアクターにその技術やシステムのイノベーションへの支持や参加を強く後押しすることを指摘している。

2点目は広く共有化されたビジョンのもとに，それぞれの地域・都市の特性に応じたイノベーション政策や戦略を練る必要性がある。このことは上記のテクノロジカル・イノベーション・システムの研究が示しているが，本書で取り上げている飯田・掛川・豊岡3都市のそれぞれの地域的特性も大きく異なり，制度や政策の役割も異なる。それぞれの地域の特性に合った制度，政策，戦略を立てることが重要である。

◆ 参考文献

Bergek, A., M. P. Hekkert and S. Jacobsson（2008）"Functions in Innovation Systems: A Framework for Analysing Energy System Dynamics and Identifying Goals for System Building Activities by Entrepreneurs and Policy Makers," in T. Foxon, J. Köhler and C. Oughton eds., *Innovation for a Low Carbon Economy: Economic, Institutional and Management Approaches*, Edward Elgar.

DiMaggio, P. J. and W. W. Powell（1983）"The Iron Cage Revisited: Institutional Isomorphism and Collective Rationality in Organizational Fields," *American Sociological Review*, 48（2）, 147-160.

DiMaggio, P. J. and W. W. Powell（1991）*The New Institutionalism in Organizational Analysis*, University of Chicago Press.

Geels, F. W. and R. Kemp (2006) "Transitions, Transformations, and Reproduction: Dynamics in Socio-technical Systems," in M. McKelvey and M. Holmén eds., *Flexibility and Stability in the Innovating Economy*, Oxford University Press.

Geels, F. W. and J. Schot (2007) "Typology of Sociotechnical Transition Pathways," *Research Policy*, 36 (3), 399–417.

Hekkert, M. and S. Negro (2009) "Functions of Innovation Systems as a Framework to Understand Sustainable Technological Change: Empirical Evidence for Earlier Claims," *Technological Forecasting and Social Change*, 76 (4), 584–594.

Krasner, S. D. (1983) *International Regimes*, Cornell University Press.

Mitchell, R. K., B. R. Agle and D. J. Wood (1997) "Toward a Theory of Stakeholder Identification and Salience: Defining the Principle of Who and What Really Counts," *Academy of Management Review*, 22 (4), 853–886.

Negro, S. O., M. P. Hekkert and R. E. Smits (2007) "Explaining the Failure of the Dutch Innovation System for Biomass Digestion: A Functional Analysis," *Energy Policy*, 35 (2), 925–938.

Porter M. E. and C. van der Linde (1995) "Green and Competitive: Ending the Stalemate," *Harvard Business Review*, 73, 120–134.

Rotmans, J., C. Loorbach and R. Kemp (2007) *Transition Management: Its Origin, Evolution and Critique*, Dutch Research Institute for Transitions, Drift Erasmus University Rotterdam.

Rotmans, J. and D. Loorbach (2009) "Complexity and Transition Management," *Journal of Industrial Ecology*, 13 (2), 184–196.

Schot, J. and F. Geels (2008) "Strategic Niche Management and Sustainable Innovation Journeys: Theory, Findings, Research Agenda, and Policy," *Technology Analysis and Strategic Management*, 20 (5), 537–554.

Scott, W. R. and S. Christensen (1995) "Conclusion: Crafting a Wider Lens," in W. R. Scott and S. Christensen eds., *The Institutional Construction of Organizations: International and Longitudinal Studies*, Sage Publication.

Suurs, R., M. Hekkert, S. Kieboom and R. Smits (2010) "Understanding the Formative Stage of Technological Innovation System Development: The Case of Natural Gas as an Automotive Fuel," *Energy Policy*, 38 (1), 419–431.

Suurs, R., M. Hekkert and R. Smits (2009) "Understanding the Build-up of a Technological Innovation System around Hdrogen and Fuel Cell Technologies," *International Journal of Hydrogen Energy*, 34 (24), 9639–9654.

Tödtling, F. and M. Trippl (2005) "One Size Fits All? : Towards a Differentiated Regional Innovation Policy Approach," *Research Policy*, 34 (8), 1203–1219.

Wüstenhagen, R., M. Wolsink and M. Bürer (2007) "Social Acceptance of Renewable Energy Innovation: An Introduction to the Concept," *Energy Policy*, 35 (5), 2683–2691.

第**12**章

社会イノベーションと市場的受容性

地域ブランド論からの考察

岩 田 優 子

はじめに

　本章は，社会イノベーションの創造における地域レベルの市場的受容性
の位置づけを分析するとともに，社会イノベーションを可能にするような
アクティブな市場的受容性モデルを検討する。第Ⅰ部の3都市モデルの分
析結果から，社会イノベーションの創造プロセスにおいては，各事例でタ
イミングは異なるものの，市場的受容性は必要条件として説明できる要素
の1つであることを確認した。本章では，これをさらに掘り下げ，①制
度的受容性・技術的受容性との関係性と，②全国レベルの市場的受容性と
の関係性の2点から市場的受容性のあり方を分析する。また，3都市の
みならず，他都市の事例も含めた3社会アプローチ（低炭素・資源循環・自
然共生）を検討することで，他地域における市場的受容性の形成の参考と
なるようにする。そのうえで，社会イノベーションの創造のために市場的
受容性をどのように形成していくべきか，アクティブな市場的受容性をキ
ーワードに，地域ブランド論の観点から日本の持続可能な地域社会のあり
方を考える。

1 社会イノベーションと市場的受容性

社会イノベーションは，社会的課題の解決に取り組むビジネスを通して，新しい社会的価値を創出し，経済的・社会的成果をもたらす革新と定義される（谷本ほか 2013）。つまり，社会イノベーションにおいて，経済的成果をあげること，すなわち市場的受容性の確立は必要条件といえる。R. ウーステンハーゲンも，イノベーションの普及の観点から見ると，社会的受容性は市場的受容性，すなわち，イノベーションを市場が採用するプロセスであると指摘し，社会イノベーションにおける市場的受容性の重要性を説いている（Wüstenhagen *et al.* 2007）。つまり，市場的受容性は，社会イノベーションの過程における社会的受容性確立のための最後の引き金といえる。

一方で，社会イノベーションは，一個人・一企業の収益を超えた社会的便益の最大化を目指す公共財である（第13章参照）。それゆえ，市場での収益性や経済的成果にのみフォーカスするものではない。序章では，「市場による解決」・「政府による解決」・「コミュニティによる解決」の3者の組み合わせ，第13章では民間企業・行政・市民の3者の協働が社会イノベーションには必要だと指摘している。

以上を踏まえると，社会イノベーションの過程で，地域の市場的受容性がいかに「多様なアクターによる新しい社会的価値の受容」に支えられて社会イノベーションの創造につながっているか，という観点での分析が重要である。

具体的に，本章では，まず，地域レベルの市場的受容性と，①制度的・技術的受容性との関係性，②全国レベルの市場的受容性との関係性，の2点から，3都市モデルおよび3社会アプローチにおける地域レベルの市場的受容性のあり方を分析し，普遍的な教訓を導く。

2 3都市モデルと市場的受容性

本節では，まず，飯田市・掛川市・豊岡市の3都市の社会イノベーション・モデルにおける市場的受容性について，それぞれ地域レベルの市場的受容性と，①制度的・技術的受容性との関係性，②全国レベルの市場的受容性との関係性，

の2点がどのようであったかを読み解く。

　なお，本節においては，序章で取り上げられた「3都市の社会イノベーションと社会的受容性の定義」表および「社会イノベーションと『場の形成と社会的受容性の醸成』モデル」図も参照されたい。

（1）　飯田モデル

（1.1）　産 業 社 会

　飯田モデルの産業社会イノベーション「地域独自の環境マネジメントシステムによる環境調和型の生産活動の普及・拡大を推進する仕組みの形成」においては，まず，ISO 14001 認証を取得しない限り海外市場から締め出されてしまう，という危機意識に基づく全国レベルの市場的受容性が働いた。この危機意識は，気候変動枠組条約第3回締約国会議（COP3）における京都議定書の採択（1997年）（全国レベルの制度的受容性の発端）と前後しており，環境調和型の生産技術が浸透する技術的受容性にもつながった。

　一方，地域の市場的受容性については，まず地域ぐるみ環境 ISO 研究会が発足したあと，企業への ISO 認証制度の導入促進を図るために，研究会参加メンバーがグリーン調達方針による優遇を行ったことや，長野県が公共工事の入札時の加点対象に ISO 認証取得を追加したこと（2008年），という発注元の受容性が指摘できる。これらに加え，南信州いいむす21導入企業内では，ごみ分別による金属くずなどの販売，省エネ機器による経費削減などの本業への好影響という要因によって受注側の企業内での取り組みへの理解が進んだことがあげられる（第1章参照）。

（1.2）　市 民 社 会

　飯田モデルの市民社会イノベーション「日本初の市民出資型の太陽光発電・省エネ事業の推進による低炭素型都市の形成」においては，日本初の市民出資型太陽光発電・省エネ事業というモチベーションが，地域の市場的受容性として働いた。おひさまファンドは，この地域の市場的受容性の結果として創設された（2009年）。

　その背景には，通産省（当時）によるエコタウン事業（1997年）や環境省による環境と経済の好循環のまちモデル事業（2004年）など，飯田市が自発的に環境問題に取り組む契機となる全国レベルの制度的受容性の後押しがあった。

第12章　社会イノベーションと市場的受容性　237

また，とくに2011年の東日本大震災の後は，再生可能エネルギー利用者の増加が全国レベルの市場的受容性として，この取り組みを後押ししたと考えられる。しかし，おひさまファンドが創設された2009年当初は，必ずしも利用者の追い風が強かったわけではない。むしろ，飯田市の試みによって市民出資型の太陽光発電・省エネ事業に対する理解者の増加，ひいては再生可能エネルギー利用者の増加につながったと考えられる。その意味で，飯田・市民社会の事例は地域の市場的受容性の確立によって全国レベルの市場的受容性を導いた全国規模でのイノベーターであったといえる（第1章参照）。

（2）　掛川モデル

掛川モデルの社会イノベーション「官民協働によるごみ減量システムの形成による資源循環型都市の形成」の場合，ごみ処理施設（環境資源ギャラリー）の設備拡充による費用負担を回避し，その分ごみ減量をすることが掛川市や市民にとって経済的合理性を持った。つまり，地域の市場的受容性が社会イノベーションの起爆剤になった。

他方，全国レベルの市場的受容性としては，全国的なごみ処理処分施設の立地難やダイオキシン対策等による施設の建設費高騰に伴う資源循環の経済的合理性という側面が指摘できる。しかし，掛川モデルにおける全国レベルでの市場的受容性は，どちらかといえば，全国レベルの制度的受容性（3Rを位置づけた「循環型社会形成推進基本法」の策定〔2000年〕や環境省によるごみ処理広域化の方針〔1997年〕提出など）への影響が大きく，地域レベルの市場的受容性には，あくまで間接的に影響を与えたと整理できる。さらに，全国レベルの制度的受容性は，ごみの分別収集とごみ減量の先進事例と知見の蓄積という全国レベルの技術的受容性から影響を受けている。

また，地域レベルのほかの受容性との関係では，地域の市場的受容性によって，クリーン推進員制度やごみの新分別導入（技術的受容性）や，それらも含むごみ減量大作戦（制度的受容性）が生じている（第5章参照）。

（3）　豊岡モデル

豊岡モデルの社会イノベーション「多様な主体の協働がもたらしたコウノトリ育む農法の開発・普及による自然共生型都市の形成」における地域の市場的

受容性は，コウノトリ育むお米の価格プレミアムを付けての販売開始（2004年）や，コウノトリ育むお米生産部会と三位一体の普及体制の確立（2006年）だといえる。地域の市場的受容性に直接的な影響を与えたものは，地域の技術的受容性（コウノトリ育む農法の体系化）であり，地域の技術的受容性の背景には，全国レベルの制度的受容性（1995年の生物多様性国家戦略や，2002年の自然再生推進法，2005年の農業環境規範の策定）や全国レベルの技術的受容性（他地域での環境保全型農業の実践と知見の集積）がある。

　そして，豊岡モデルは，地域レベルの市場的受容性だけでは社会イノベーションが成功しなかった事例の最たるものといえる。なぜなら，コウノトリ育むお米が全国規模で購入されなければ，プレミアムが付いても生産部会が普及活動を行っても，コウノトリ育むお米は売り続けられなかったからである。全国レベルの市場的受容性，すなわち全国的な消費者の選好と相まって，コウノトリ育むお米はブランド確立につながった。現在では，コウノトリ育むお米を基盤にして，酒米や関連商品の開発・販売や，さらにコウノトリツーリズムへの展開，環境経済型企業の集積など，多様な事業展開が行われている。そしてそれが，新たな消費者・顧客層の獲得につながっている（第7章参照）。

　以上の3都市モデルにおける地域レベルの市場的受容性の位置づけについて整理したものが，表12-1である。

　3都市モデルすべてにおいて，制度的な後押しに加え，技術の受け入れのための工夫がなされたことが，地域レベルの市場的受容性を高め，3都市での社会イノベーションを可能にしてきたといえる。また，その中でも，とくに飯田と豊岡モデルの場合，技術を「受容する」側の企業あるいは農家（の一部）が，イノベーター（革新的採用者）というイノベーション・プロセスの初期からの主要アクターとして，ほかの企業あるいは農家（後期採用者）を先導してきた。掛川モデルの場合も，市の作り出した当番制の仕組みではあるが，クリーン推進員という住民側のアクターが，ごみ集積所での巡回指導を通してほかの住民を説いてきた。

　また，全国レベルの市場的受容性との関係性については，全国レベルが先行するケース（飯田・産業社会，掛川），地域レベルが先行するケース（飯田・市民社会），全国レベルと地域レベルがほぼ同時並行的に生じるケース（豊岡）の3

第12章　社会イノベーションと市場的受容性　　239

表12-1　3都市モデルにおける地域レベルの市場的受容性の位置づけ

	飯田・産業社会	飯田・市民社会	掛川	豊岡
制度的受容性・技術的受容性との関係性	• 制度の後押し • 地域ぐるみ環境ISO研究会による技術の受け入れに関する工夫	• 制度の後押し • おひさま進歩・（市）による技術の受け入れに関する工夫	• 制度の後押し • 市・クリーン推進員等による技術の受け入れに関する工夫	• 制度の後押し • 市・県・JAおよび農家による技術の受け入れに関する工夫
全国レベルの市場的受容性との関係性	• 全国レベル先行（海外市場からの締め出しという危機意識）→地域（パッシブ）	• 地域レベル先行（アクティブ）（日本初の市民出資型の太陽光発電・省エネ事業）→全国	• 全国レベル先行（ごみ処理施設増設費用負担という危機意識）→地域（パッシブ）	• 全国・地域レベル同時進行（きわめてアクティブ）（プロダクト・イノベーションと消費者の選好→多様な事業展開）

パターンあることが明らかになった。

　飯田・掛川モデルと豊岡モデルの違いは，豊岡モデルはコウノトリ育むお米という商品自体がイノベーションとなっていることである（プロダクト・イノベーション＝新しい付加価値の創造）。プロダクト・イノベーションは，プロセス・イノベーションに比して，経済活性化への影響度がきわめて高い（石倉ほか2003）。

　市場的受容性の観点で見ると，豊岡モデルはきわめてアクティブな地域の市場的受容性を生み出したといえる。逆に，飯田・産業社会モデルと掛川モデルにおいては，危機意識というある意味パッシブな地域の市場的受容性が機能した。

　具体的には，掛川モデル＝地域内の資源循環という市場を生み出したモデル，とはしているものの，その核となるごみ減量の取り組み自体は目新しいものではなく，結果としてのごみ減量の成功も，新規性という点においては革新的なものとは言い難い。また，飯田の場合，産業社会モデルは，全国レベルの市場的受容性に後押しされて，文字どおり地域一体となって南信州いいむす21という地域独自の環境マネジメントシステムを確立することになったモデルである。つまり，もう一方の飯田・市民社会モデルがむしろ地域の市場的受容性が先行して日本初の市民出資型の太陽光発電システムの確立につながったことに比べると，産業社会モデルの地域の市場的受容性はパッシブである。このこと

も影響して，産業社会モデルと市民社会モデルの2つの事業の有機的な協働関係はまだ見られないようである。飯田市は農家民泊の数も日本一であり，掛川市も含む他の4都市と中部環境先進5市サミット（TASKI）を結成するなど環境モデル都市として先進的にさまざまな試みを行っているが，それらを統合した飯田モデルとしてのイメージ戦略にはまだ弱い部分がある。

　一方，豊岡モデルにおいては，コウノトリを機軸にした多種多様な産業を展開している。コウノトリ育むお米というブランド米のみならず，多元的な価値を生み出したことによる，地域ブランドの確立に成功したことが，豊岡市の社会イノベーションに特異な事象であった。

3 ｜ 3社会アプローチと市場的受容性

　前節では，3都市モデルの社会イノベーションにおける地域レベルの市場的受容性を，①制度的受容性・技術的受容性との関係性と，②全国レベルの市場的受容性との関係性の2点から解説してきた。しかし，その結果は，各都市モデルが代表する3社会アプローチ（低炭素・資源循環・自然共生）における市場的受容性を反映しているのだろうか。

　本節では，3都市モデルを参照しつつ，3都市以外の事例も踏まえ，3社会アプローチにおける市場的受容性を考察することで，他地域の地域活性化の参考になりえるような，より普遍的な市場的受容性モデルを見ていく。

（1）　低炭素社会アプローチ

　低炭素社会アプローチにおける市場的受容性については，2011年の福島第一原子力発電所事故以後の，再生可能エネルギー事業に対する全国的な追い風が大きい。まず制度・政策面で基盤が整えられ，再生可能エネルギー導入（技術）に関する受容性が高められ，結果的に，再生可能エネルギー市場の拡大につながっている。また，産業社会についても，制度的受容性が市場的受容性に与える影響は大きいと考えられる。飯田モデルの場合，1997年のCOP3という全世界的な温暖化対策の枠組みの設定が，環境調和型生産技術の受容性を高め，市場でのISO認証取得の必要性につながったと捉えられる。

　飯田の市民社会モデルについては，飯田市が全国をリードするようなイノベ

第12章　社会イノベーションと市場的受容性　241

ーターであったことは事実である。一方，一般的に再エネ・省エネ・創エネ事業といった低炭素社会アプローチは，基本的には，FIT（固定価格買取制度）をはじめとするような全国レベルの制度的受容性に裏打ちされて地域レベルの市場的受容性が形成されるモデルと考えられる。

とくに将来を考えたときには，再生可能エネルギー普及の気運が高まるなか，地域主体による再生可能エネルギー活用事業の発展的事例としてのドイツのシュタットベルケ（地域公共サービス公社）が日本においても注目されており，日本版シュタットベルケの創出を検討するような全国レベルの制度・政策面での動きも見られる（第3章参照）。2017年8月に産官学の協働で設立された一般社団法人日本シュタットベルケネットワークはその一環で，①日本版シュタットベルケの設立支援活動，②日本版シュタットベルケに関する情報共有・交流活動，③日本版シュタットベルケに関する情報発信活動，を行っている。

そのようななか，たとえば福岡県みやま市においては，シュタットベルケを参考に，2015年2月に，みやま市，地方銀行，九州スマートコミュニティ株式会社が出資して，みやまスマートエネルギー株式会社を設立した。そして，2016年4月の電力全面自由化とともに，自治体主導の地域新電力としては全国で初めて，家庭向けの電力小売サービスの提供を始めた。同株式会社は「電力の地産地消」のため，これまでFIT制度に基づき売電されていた市内のメガソーラー発電所を始めとする太陽光設備の電力を，同制度より1円高い価格で買い取り，販売を行っている。市民に対しては，売電サービスの提供のみならず，タブレットを使った防災情報等の行政情報の配信や，高齢者の見守りサービス，家事代行，食事・日用品の宅配等を行っており，ソフト面も含めた総合的なインフラサービスの提供を行っている。こうした取り組みにより，地域外に流出する支出を削減し，地域内で循環させることを目指すなど，地域レベルの市場的受容性を高め，全国に先駆けた地域活性化モデルとなっている。

(2) 資源循環型社会アプローチ

掛川市のように市町合併による必要性に迫られた増税回避という地域の市場的受容性が社会イノベーションの強力な引き金（trigger）になる事例は，あまりない。

強調すべきは，資源循環型社会アプローチに基づく地域の社会イノベーショ

ンにおいては，全国レベルの制度的受容性が果たす役割が非常に大きいということである。

この理由としては，古くは「廃棄物の処理及び清掃に関する法律（廃棄物処理法）」（1970 年）から「循環型社会形成推進基本法（循環基本法）」（2000 年）およびその個別法（「容器包装リサイクル法」（1995 年）など）に代表されるように，資源循環型社会アプローチは，地域レベルでの資源循環（ごみ処理）に関する活動に最も直接的な影響を与えるアプローチだからである。低炭素社会アプローチは「地球温暖化対策推進法」（1998 年），自然共生社会アプローチは「生物多様性基本法」（2008 年）といった，それぞれのアプローチの根幹を定める基本法や，関連する政策・規範等はあるが，地域レベルへの直接的な拘束力は比較的少ないと考えられる。

また，たとえば，国が本年（2018 年）6 月に閣議決定された第四次循環型社会形成推進基本計画では，高齢者のごみ出しで自治体と市民が連携するなど，高齢化社会に対応したきめ細かい対応が謳われており，人口減を前提とした地域社会での新たな担い手育成を，循環型社会における今後の課題の 1 つと位置づけている。

今後，こうした全国レベルの制度・政策に準じた，各地域での，資源循環型社会アプローチによる新たな社会イノベーションの創造が予想される。

なお，ごみ処理事業に限定せず，広義での資源循環型社会アプローチで見た場合，より地域先行型の市場的受容性の形成のされ方が多いように考えられる。

たとえば，岩手県葛巻町では，まさに地域循環圏の考え方を先取りするような形で，1995 年度から新エネルギー導入を積極的に展開している。具体的には，基幹産業である酪農業と市面積の 86% を占める森林を活かして，葛巻町の特徴的資源である家畜排せつ物を最大限活用することを目的に畜産バイオガスプラントをくずまき高原牧場に導入した（2003 年）。そして，育成牛 2000 頭のうち，200 頭分の畜ふん 13 t／日を処理している。結果として町内の電力自給率は 185% を記録し，地域レベルの市場的受容性を形成している。

(3) 自然共生社会アプローチ

自然共生社会アプローチの豊岡市の事例では，まずは 1992 年のコウノトリ野生復帰計画が開始されなければコウノトリ育むお米のブランド確立は起こり

えなかった。豊岡の事例は，コウノトリというシンボルがあったからこそ，制度的受容性というバックアップによる技術イノベーション（コウノトリ育む農法の体系化）と市場的受容性（コウノトリ育むお米のブランド化）の成功が生まれたのだという，いわば特殊解として解釈する意見がある。

しかし，コウノトリ育むお米という目に見える製品の形でなくても，生物多様性の保全と持続可能な利用を主目的とした自然共生社会アプローチでは，地域の自然資源を生かした自然共生社会の形成を通し，地域活性化につなげることがしやすい分野である。

たとえば，離島における地域活性化のモデルといわれる島根県海士町は，漁業の6次産業化（海藻バイオ燃料，海藻飼料・肥料，海藻研究を通した本土の大学との連携，自然学校における都市住民との環境交流等）に力を入れて収益を得ており，海藻バイオマスの実証実験については農水省等と協力し事業化の可能性を検討するなど，積極的な地域の市場の創出を行っている。また，鹿児島県屋久島などに代表されるエコツーリズム事業も，環境と地域経済を両立させる自然共生社会アプローチの1つといえる。

これらの事例は，必ずしも全国レベルでの制度的受容性の後押しを必要としていない。地域が先行して，地域レベルの市場的受容性を形成していったモデルといえる。

(4)　3社会アプローチのまとめ

基本的に，3社会アプローチが第166回国会の施政方針演説や中央環境審議会・21世紀環境立国戦略特別部会提言を踏まえ，『21世紀環境立国戦略』の中で提唱されたというきわめて制度・政策的なところから導入されているので，各社会アプローチの制度・政策的な基盤整備が全世界あるいは全国規模で進められて，それによって，関連する市場（マーケット）が全国レベル・地域レベルで受容・拡大されてきたという図式になるのは，ある意味自然なことである。また，技術的受容性との関係では，さまざまなアクターによって，技術の受け入れのための工夫がなされている。

しかし，一方で，次の段階において，全国レベルの市場的受容性と地域レベルの市場的受容性の関連性のパターンが分かれ，それによって持続可能な地域社会づくりのための市場的受容性が形成されるかどうかが決まるといえる。具

体的には，全国レベルの市場的受容性に影響を与えるような地域レベルの市場的受容性の場合，持続可能な地域社会づくりにつながるきわめてアクティブな市場的受容性が形成されたと考えられる。

次節では，「全国レベルの市場的受容性に影響を与えるような地域のアクティブな市場的受容性が，持続可能な地域社会形成につながる」という仮説をもとに，まず，アクティブな市場的受容性を形成するためのモデルを検討する。

4 アクティブな市場的受容性を形成するためのモデル

前節で３社会アプローチにおける市場的受容性を検討した結果，パッシブな市場的受容性とアクティブな市場的受容性があることがわかった。掛川市で設備拡充の代わりにごみ減量を選択したことは，増税回避というきわめてパッシブな市場的受容性によるものである。つまり，従来の社会的受容性論でいわれているような，地域レベルの市場的受容性の指標としての経済的合理性（尾形 2013，村上 2013）は，ある意味パッシブな市場的受容性と同義であるといえる。そこには，風力発電事業や環境税という「外」から持ち込まれたものに対する受容という図式が存在する。他方，豊岡市の場合，コウノトリ育むお米を使って地域ブランド化しようという（はっきりと意図しないまでも）明確な意思が，地域レベルのアクティブな市場的受容性として働いたように思われる。このような地域のアクティブな市場的受容性の存在が，全国レベルの市場的受容性とうまく連動したときに，社会イノベーションが創造されたと考えられる。

本節では，アクティブな市場的受容性を形成するためのモデルを，地域ブランドの観点から検討する。

（1） 地域ブランドと地域活性化

村山（2005）は，高度成長期における地域の価値が経済的効率性だったことに比較し，精神的豊かさが重視される現在における地域ブランドの手法を，生活に精神的な豊かさを与えてくれる地域の価値を軸にして，地域を再創生させることと定義している。そして，地域ブランド，すなわち地域を売る活動について，以下の５点をあげている（村山 2005, p. 19）。

第 12 章　社会イノベーションと市場的受容性　　245

①地場商品，特産品を売る。

②訪問客を増大させ，交流人口を増加させる。

③外部からの定住者（Ｉターン）が増加する。また，移動人口の環流（Ｕ・Ｊター
　ン）をうながすとともに，住民の定住意志を高める。

④企業や事業所の誘引，人材の定着による新産業創出をうながす。

⑤家庭生活を送る人々の定住，高齢者の定住をうながす。

　すなわち，地域ブランドの形成とは，製品を売るのみならず，地域の再創生につながるような取り組みすべてを指すといえる。村山（2005）が指摘するように，地域ブランディングとは地域再生や地域活性化を図るための内生的発展の一手法であり，地域社会が内在的に持つ諸資源を拾い上げて１つのシンボルに集約させ，地域に新しい魅力を作り上げることである。

　このように見てきたときに，パッシブな市場的受容性とアクティブな市場的受容性の最終的な違いは，地域ブランドを確立できるかによると考えられる。次項でさらに詳しく見てみよう。

（2）　アクティブな市場的受容性形成のモデル

　小林（2016）は，地域ブランディングの政策モデルについて図12-1のように整理している。

　小林が指摘するように，地域ブランディングにおいては「地域空間ブランディング」と「地域産品ブランディング」が補完関係にあり，異なる役割を持って，地域ブランディングという同じ目的を目指すものとして有機的に結びつく。図12-1から，基盤としての「地域空間ブランディング」が「地域産品ブランディング」を後押しするような仕組みが地域で立ち上がることが，社会イノベーションにつながると考えられる。

　豊岡市の場合，「既存の地域基盤」としての「コウノトリと共生した暮らし」へのノスタルジーが地域的受容性として存在していたということはあるが，飯田・掛川・豊岡の３都市はいずれもボンディング型（結束型）の社会関係資本が基盤として機能したのは共通している（第13章参照）。

　また，「地域ビジョンの策定」については，３都市とも，然るべき地域の制度・政策を策定・実行し（地域の制度的受容性），社会イノベーションを創造し

た。

　3都市の違いは，地域産品ブランディングに対する意識の違いだと考えられる。掛川市のごみ減量大作戦は，ボンディング型社会関係資本と地域の制度・政策を最大限活用したものではあったが，何か目新しい取り組みによって，ごみ減量をきっかけに掛川ブランドを立ち上げようとするものではなかった。先述のとおり，最後の起爆剤となったのはパッシブな市場的受容性であり，その点がトップダウン型の社会イノベーションでさらなる広がりをもたらせなかったといわれても仕方のないところである。

　飯田市の産業社会については南信州いいむす21という地域独自の環境マネジメントシステムの確立が，市民社会については市民出資型太陽光発電システムが，1つの飯田ブランドにはなったといえる。そして，他地域に普及することにより，間接的に，再生可能エネルギー市場という全国レベルの市場的受容性に影響を与えている。しかしながら，飯田市の産業／市民社会の事例は，あくまで仕組みをつくったのであり，地域産品とは言い難い。つまり，システムそのものを全国市場に売り出すことは難しい。

　一方，豊岡市の場合は，コウノトリ育むお米という製品を生み出し，それそ

図12-1　地域ブランディングの政策モデル

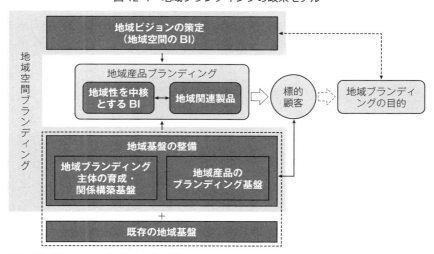

（注）　BI＝ブランド・アイデンティティの略。
（出所）　小林（2016）p.94をもとに筆者作成。

第12章　社会イノベーションと市場的受容性　247

のものによって直接的な地域活性化につながる地域産品を生産したといえる。このことにより，地域空間ブランディングもより強固なものとなり，地域ブランド全体としてのストーリー性があったからこそ，地域ブランド米，生き物ブランド米，あるいは環境配慮型農産物市場という，さまざまなカテゴリーにおける全国レベルの市場的受容性に直接的に影響を与えた。これは，まさに地域のアクティブな市場的受容性形成のプロセスだといえる。

　では，このような地域ブランディングを通したアクティブな市場的受容性はどのように形成できるのであろうか。ここで応用できるのは，産業クラスターの考え方である。産業クラスターとは，クラスター（「群れ」あるいは「（ぶどうの）房」）という名前のとおり，企業，大学，研究機関，自治体などが，地理的に集積し，相互の連携・競争を通じて新たな付加価値（イノベーション）を創出する状態である（松原 2013）。

　石倉は，8つの事例地域の調査研究をもとに，表12-2に示したように，クラスターの形成・促進要素として10項目，20要素を抽出している（石倉ほか 2003）。

　表12-2にあるような要素について，たとえば豊岡市の社会イノベーションの場合，ほぼすべての要素を満たしている。具体的には野生コウノトリの絶滅という危機的な状況の中（「4. 対応意識」），大学・研究所やNPOを含む多様な産学官のアクターが協働・連携し（「6. 研究開発機関」「7. 公共機関等」「9. 産学官接触連携」），コウノトリという地域資源をシンボルに（「3. 独自資源」），逆にコウノトリを有効活用する形でコウノトリの野生復帰という長期シナリオを掲げ（「8. ビジョナリー」），アクター同士がそれぞれの役割を遂行，切磋琢磨し，さまざまな知識を交換し合いながらフォーマルあるいはインフォーマルな協働の場をつくり（「10. コネクト機能」），公的な資金も動かし（「13. ビジネス・サポート」），事業の中核となるコウノトリ育む農法を中心に全国的認知につなげていった（「19. 全国的認知」）。

　とくに，近年の展開として，コウノトリ育むお米の「15. 国際展開」や関連商品の開発における「16. スピンオフ・ベンチャー」，観光事業における「14. 他産業との融合」「17. 大企業との連携」で，多様な取り組みを地域外に向けて発信・展開している（第7章参照）。コウノトリを軸に，1つの「コウノトリ産業クラスター」を形成できたからこそ，豊岡市の社会イノベーションは成功

248　第Ⅱ部　「場の形成と社会的受容性の醸成」による社会イノベーションの創造

表12-2　クラスター形成・促進の 20 要素

	10 項目	20 要素	
形成要素	①特定エリア	1. 特定地域 2. 特定産業	1～2 時間の移動距離内 1 つの産業に特化
	②地域特性	3. 独自資源 4. 対応意識	古くからある地域資源の存在 経済危機，きつい需要条件
	③核機関	5. 核企業 6. 研究開発機関 7. 公共機関等	地域内の革新的企業 大学・研究所の存在 地域財界，NPO，役所等
	④チャンピオン	8. ビジョナリー	長期将来構想力
促進要素	⑤学習	9. 産学官接触連携	昼食の取れる距離
	⑥連携・競合	10. コネクト機能 11. 地域内競争	公式，非公式の場づくり イノベーション競争の圧力
	⑦支援	12. VC，エンジェル 13. ビジネス・サポート	資金のモビリティ 税，経営，技術，インキュベーション等
	⑧融合	14. 他産業との融合 15. 国際展開	ダブル・ループ学習 技術のグローバル競争力
	⑨新規事業	16. スピンオフ・ベンチャー 17. 大企業との連携 18. IPO 達成	スピンオフ・ツリー ファースト・カスタマー 急成長インパクト
	⑩認知	19. 全国的認知 20. 生活文化水準	人材採用，営業等に有利 家族への魅力度アップ

（出所）　石倉ほか（2003）p. 152。

したと整理できる。

　先述のように，アクティブな市場的受容性とは，地域ブランドとして積極的に域外に「地域」を売り出そうとする姿勢に基づくものである。石倉が主張するように，従来のマクロな経済政策が成果に結びつかない現在において，地域（ミクロ）単位で競争力をあげ，社会イノベーションを興すことが求められている（石倉ほか 2003）。そうした中，クラスターの形成・促進によって地域のアクティブな市場的受容性を高めるモデルは社会イノベーションの創造において非常に有効であると考えられる。

5 │ 持続可能な地域社会における市場的受容性のあり方

本章を通して，3社会アプローチにおける市場的受容性の形成には，パッシブな形とアクティブな形があることを見てきた。そのうえで，アクティブな市場的受容性形成モデルとして，クラスターの形成・促進による地域ブランドの確立を検討してきた。

アクティブな市場的受容性の形成モデルは，パッシブな市場的受容性に比べて，多様なアクターが積極的に関わり，多様な事業展開に発展させ，全体として製品と空間の双方から地域ブランド力を高める，より包括的なアプローチであるといえる。それによって，消費者・顧客のニーズや嗜好に沿ったブランド戦略を展開し，全国レベルの市場的受容性に影響を与えることが可能になっている。アクティブな市場的受容性には，まさに本書の主題としているような地域社会の多様なアクター間の相互作用に特徴づけられる場[1]という社会システムの働きが見受けられるといってもよい。

その意味でも，市場的受容性は，社会イノベーションの創造のための社会的受容性の中で，制度的受容性や技術的受容性と比べて，アクターのより積極的な協働によって最も地域レベルでの受容が高められる可能性を有しているといえる。そして，そこでの協働の中にはアクター間の相互努力，すなわち場を通じてアクティブな形で市場的受容性を高めるための地域の制度形成への働きかけや，技術の選定も含まれている。全国レベルの制度的・技術的受容性の後押しの有無もあるが，それらも含めて，地域レベルの市場的受容性が，地域レベルの社会的受容性に収斂していると考えられる。

地域社会における社会イノベーションの創造の成否は，地域レベルのアクティブな市場的受容性にかかっているといっても過言ではない。

本章の結論として，必ずしもパッシブな市場的受容性を否定するものではない。しかし，仮にパッシブな市場的受容性からスタートしたプロセスであっても，多様なアクターの協働によって地域ブランドが確立され，最終的にアクティブな市場的受容性への転換がなされることで，持続可能な地域社会における市場的受容性として，社会イノベーションを創造しうる最終的な引き金になる

と考えられる。

◆ 注

1) 石倉ほか（2003）にあるように，クラスターは場の1つと考えられている。

◆ 参考文献

石倉洋子・藤田昌久・前田昇・金井一頼・山﨑朗（2003）『日本の産業クラスター戦略
　　──地域における競争優位の確立』有斐閣。

尾形清一（2013）「再生可能エネルギーの地域利用と制度設計──風力エネルギーの地
　　域受容性を踏まえた一考察」『環境情報科学学術研究論文集』27, 103-108。

小林哲（2016）『地域ブランディングの論理──食文化資源を活用した地域多様性の創
　　出』有斐閣。

谷本寛治・大室悦賀・大平修司・土肥将敦・古村公久（2013）『ソーシャル・イノベー
　　ションの創出と普及』NTT出版。

松原宏（2013）『日本のクラスター政策と地域イノベーション』東京大学出版会。

村上一真（2013）「住民の森林環境税制度受容に係る意思決定プロセスの分析──手続
　　き的公正の機能について」『環境科学会誌』26（2），118-127。

村山研一（2005）「『地域ブランド』と地域の発展──地域社会学の視点から」『地域ブ
　　ランド研究』1, 5-32。

Wüstenhagen, R., M. Wolsink and M. J. Bürer（2007）"Social Acceptance of Renew-
　　able Energy Innovation: An Introduction to the Concept," *Energy Policy*, 35, 2683-
　　2691.

第**13**章

社会イノベーションと地域的受容性
社会関係資本からの検討

島 田 　 剛

はじめに

　本章は，地域的受容性を高めるような社会イノベーションが成功する鍵は何か，とくに社会関係資本の観点から検討する。そうすることにより，より多くの地域で社会イノベーションが可能になる手掛かりを得ることができるのではないかと思われるからである。社会イノベーションは公共財の性質を持っており，市場での収益性だけでは成功しないタイプの取り組みである。また，積極的にその費用を負担するインセンティブも少なく協働がなかなか機能しにくい。対象の3都市ではボンディング型（結束型）またはブリッジング型（橋渡し型）の社会関係資本が重要な役割を果たしていた。さらに重要なのは，これらの水平的な社会関係資本だけではなく，行政との信頼関係であるリンキングがうまく機能したことが3都市に成功をもたらしたことである。行政が単に中央集権的にリードするという形ではなく，現場の声をうまく吸い上げながら，それを支えることによって行政－市民－企業の協働を可能にする分権的アプローチが取られていた。これにより，個々人，個々の企業，個々の市民組織の創造性が解放され，さまざまな工夫が生まれ，社会イノベーションが可能になった。

252　第Ⅱ部　「場の形成と社会的受容性の醸成」による社会イノベーションの創造

1 | 社会イノベーション・地域的受容性・市場

　飯田市，豊岡市，掛川市におけるマルチ・アクターによる場の形成と社会的受容性の醸成は社会イノベーションの創出を高めてきた。しかし，社会イノベーションは日本全国どこでも起こっているわけではない。むしろ，この3都市のケースが特殊である。そのため本章の目的は社会関係資本の視点から，この3つの都市でなぜ社会イノベーションが成功したのか，その要因を3都市の事例から分析することである。それにより，3都市にとどまらずほかの都市・地域で社会イノベーションを起こすにはどうすればいいのかを考える手掛かりが得られると考えられるからである。

　社会イノベーションを可能にした鍵は社会関係資本にあると思われるが，なぜ社会関係資本が社会イノベーションにつながったのか。この問いに答えるには，①われわれが生きている社会，とくに市場にとって社会イノベーションとは何であり，それはいわゆる私的なイノベーションと何が違うのか，そして②どのような条件があるときに社会イノベーションが生まれてくるのかを先に検討しておく必要がある。そのうえで，この問いに答えるため，まずは3都市における社会関係資本のあり方を整理するところから始めたい。そののち，社会イノベーションが成功する条件を考えていく。

　なお，日本語ではイノベーションは技術の発明であると狭義に捉えられがちであるが，英語では新しい工夫・方法，アイデアなども含むより広義の概念であり，本章では後者の定義で議論を進める[1]。

（1）　市場と社会イノベーション——私的報酬と社会的収益

　イノベーション（あるいはビジネス・イノベーション）は経済が成長するための最も重要なエンジンである。第9章でも議論したが，イノベーションには2つのタイプがある。私的報酬の高いイノベーションと社会的な収益も高いイノベーションである。この2つは何が違うのだろうか。前者は個人あるいは個々の企業に収益をもたらすものである。これに対し後者はこれら私的収益のみならず，言い方を変えればイノベーションを行った個人や個々の企業の収益を超えて（経済学的にいえば正の外部性により）社会に便益をもたらすものであり，ここ

で社会イノベーションと呼んでいるものである。本書の3都市の事例はいずれも個々の企業体あるいは個人を超えて，社会全体の厚生を引き上げており社会イノベーションが生じている。

　対する私的報酬の高いイノベーションの1つの例は製薬である。知的財産権で保護され，新しい薬を作ることによりそれに見合うような収益が得られるように市場が制度設計されている。つまり，収益を得られることが市場インセンティブとなり，科学的研究を実際に利用可能な技術に応用し新薬ができ上がるのである。こうした場合，市場の力は「消費者のニーズのある薬を提供する」という点ではきわめて効率的である。

　しかし，この方法だけでは社会全体を見るとたとえば貧困であるために消費者になれず，したがって消費者のニーズとして市場には現れず，必要な薬が提供されないような病気もある。たとえば，マラリア治療薬（あるいはワクチン）などはその典型的なものである（マクミラン 2002）。世界的なマラリア罹患率から考えて救える命は多く，その社会的な意義は非常に大きい。しかし，ほとんど収益をもたらすことは期待できず，そうした意味では研究あるいは投資は本来，社会的なニーズから考えて必要と思われる水準よりずっと低い水準でしか行われない。それによって，実際にマラリアの薬・ワクチンは供給されない（あるいは過小供給になる）ということになる。つまり，すべてを市場に委ねた場合，きわめて効率的に運営される部分と，まったく対応が進まない失敗する部分とが出てきてしまうということである（市場の失敗）。

　言い換えれば，社会イノベーションは社会的な便益が高く社会全体がそれから便益を被る公共財であり，私的イノベーションは私有財である[2]。私有財は市場で供給されるが，公共財は市場では供給されないか，供給が過小供給となる。

　本書で扱っている低炭素社会，循環型社会，自然共生社会はいずれも社会的な目標を目指しているものである。たとえば飯田市におけるおひさま進歩エネルギー株式会社の取り組みは企業体として市民から出資されたファンドを運用し私的な収益を確保することが第一にあるが，その事業は省エネルギー事業，創エネルギー事業（太陽光パネルなどにより自然エネルギーを作る），畜エネルギー事業など単なる一企業体の収益を超えて（つまり正の外部性を持ち），社会的便益の大きな社会イノベーションになっている。

(2) 社会イノベーションの源泉

　それでは，社会イノベーションを生み出すにはどうすればよいのだろうか。
3つの方法が考えられる。第1の方法は市場システムに代えて行政がその機能
を代替する方法である。これは中央集権的な計画経済を採用するということで
ある。しかし，すべてを計画することが困難であることは社会主義の失敗から
考えても改めて論証するまでもないだろう。

　第2の方法は，市場における民間企業の活力を活かしながら，行政が介入す
ることにより（あるいは調整することにより）市場の失敗を補完する分権的なア
プローチである。実際，行政が主導し，私的に得られる収益が少なくても社会
的に意義の高い研究が行われ成功している。たとえば，アジアにおける緑の革
命を可能にした多収穫穀物品種の開発があげられる。国際稲作研究所による新
しい品種は従来の倍の収穫を可能にしたのである（マクミラン 2007）[3]。もちろ
ん，イノベーションは行政だけが主導すればよいというものではない。社会主
義が失敗したように民間や個人にとってイノベーションを起こすインセンティ
ブがなければうまくいかないだろう。行政の支援を受けても，その収益を期待
したように得られないことが危ぶまれれば民間企業も投資には慎重にならざる
をえなくなる。重要なのは行政が介入しつつも所有権などにより収益を私的に
所有できることを保証するということである[4]。

　第3の方法は，そもそも私的収益が少なく，すなわち民間企業の参入が見込
まれないため行政と市民が創意工夫を行うものである（3都市においても事業が
軌道に乗った現在なら民間企業のある程度の参入もまったく可能性がないとは言い切れ
ないが，取り組みが始まった時点では事業の見通しが難しく行政と市民主導で取り組み
をする以外にはなかった）。

　言い方を変えると，第1の方法は中央集権的な行政主導型の方法，第2は民
間企業が主導し行政が補完する方法，第3は行政と市民が連携する方法，とも
いえる。この第2と第3は分権的なアプローチである。民間企業と市民は相互
排他的ではなく，事業にある程度の収益が見込めるものかそうでないかの差で
あり，民間企業主導・行政補完型の場合にも市民の役割は大きい。ここで大切
なのは民間企業だけでも，市民だけでも，行政だけでも社会イノベーションは
起こらないということである。この3者の連携こそが（連携のパターンは別であ

るにせよ），社会イノベーションの源泉であるといえる。では，この連携はいつでもどこでも生まれるものなのだろうか。そうでないとすると，どうすれば連携は起こるのだろうか。次節ではこの点を検討する。

2 協力の始まる条件——うまくいく地域とそうでない地域

協力することがよい結果を残すことは多くの人が理解している。しかし，同時にわれわれはなかなか協力をしようとはしないのも事実である。どうしてよい結果を得られることがわかっていながら協力をしないのだろうか。この問いに答えるために，まずは3都市の社会関係資本を比較し類型化することから始めたい。

(1) 3都市における社会関係資本——3つの類型 (Linking, Bridging, Bonding)

社会関係資本とは人々の間の信頼感や規範，ネットワークからなるものである（Shimada 2015ab, 2017a, 島田 2015, Shimada and Motomura 2017）。社会関係資本にはつながりのあり方に応じて3つのタイプが存在する（図13-1参照）。ま

図13-1 社会関係資本の3つの類型

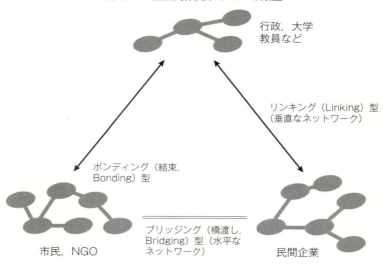

（出所） Aldrich (2012) をもとに筆者がリンキングを入れる形に修正。

ずボンディング（Bonding，結束型），ブリッジング（Bridging，橋渡し型），この2つは水平的な関係における社会関係資本である。そして垂直型のリンキング（Linking）を加えた3つである。

　ボンディングは組織の中で結束するタイプのものである。たとえば，親族組織，宗教団体など組織の内側に向かって団結するつながりである。企業内のネットワークなどもこれに含まれる。これに対し，ブリッジングはそうした各団体が水平的に外側に対して開かれたつながりである。たとえば，NGO同士の横のつながり，あるいは別な地区同士の住民のつながり，同業者組合などもこれに含まれる。図13-1では市民，NGOと民間企業の水平的なつながりが示されている。ボンディングが内向き型のつながりであるとすると，ブリッジングが外向き型のつながりであるといえる。

　ボンディングとブリッジングは市民や企業体の水平的な関係であるとすると，リンキングは垂直的な関係である。これは行政や審議会などと市民や民間企業との関係である。市民やNGO活動の利点は地域に密着した行動が可能になることであるが，活動は「点」とならざるをえない。これを「面」に展開して国・県・市など全体での取り組みにするには行政の役割が欠かせない。あるいは点の活動であっても，後に見るように行政との連携があるとないとでは企業にとっても市民活動にとっても大きく事情が違ってくる。

　この3種類の社会関係資本はいろいろな組み合わせでわれわれの日常生活に出現する。たとえば「市民同士の水平的なつながりは近いが，垂直的な行政との距離は遠い」などさまざまなパターンがありうる。飯田市・掛川市・豊岡市の3都市に共通するのは，行政，市民，民間企業などの距離が近く社会関係資本が豊かであることである。しかし，まったく同じではなく少しずつ特色が異なる。表13-1は3種類の社会関係資本を念頭に，3都市の特色をまとめたものである。

　3都市に共通する点と異なる点がある。共通する点は，詳しくは次項で触れるが，行政と市民・企業の連携であるリンキングが強いことである。つまり行政の関与が重要であったという共通点がある。これに対し，異なる点は，飯田市と豊岡市は多様なステークホルダーが横につながって連携していくブリッジング型の社会関係資本であったのに対し，掛川市はむしろ各自治組織が行政と縦方向でつながりつつ自律的に動いていったボンディング型であったことがあ

表 13-1　3 都市における社会関係資本の特色

飯田市 (低炭素社会, 太陽光パネル)	掛川市 (循環型社会, ごみ減量大作戦)	豊岡市 (持続可能な社会, コウノトリ野生復帰事業)
リンキング＋ブリッジング	リンキング＋ボンディング	リンキング＋ブリッジング
民間企業主導ながら行政の強力なサポートあり	行政の強力なリードと高い自治意識(地区長会, 区, 組・班)とクリーン推進員	三位一体(県, 市, JA)と全国16団体からの技術情報の提供

げられる。この社会関係資本のタイプの違いは 3 都市の文化・社会的な違いというよりは，今回，分析対象とした掛川市の廃棄物処理という課題には各住民組織レベルで自律的かつ個別に取り組む必要があったことが大きいと思われる。

　掛川市では表 13-2 に示すような古くからの集落や団地等を基盤とした自治会（掛川市では自治区と呼んでいる）活動が活発で，自治会組織は表 13-2 のとおり 4 層構造になっており，2017 年 8 月現在で 204 の区がある。各区はさらに 2864 の組に分かれ自主的な活動が行われている。自治会加入率も 86%（2016 年 11 月）と非常に高い。

　組を中心とするきわめて高い自治意識を象徴する具体的な活動として昭和 40 年代には住民主導で道直しを実践した例などがあげられる。当時は市が財政難であったため，市は生コンクリートを提供し，自治会が役務を提供して道路の補修を行ったのである 5)。このように掛川市の場合，もともと，高い自治意識があり，それが制度化されていたわけである。今回，分析対象としたごみ減量については第 5 章および第 6 章で触れられているように，そのきっかけは 2005 年の掛川市，大東町，大須賀町の合併であり，ごみを減量しなければならないという喫緊の必要性に応じた対応が求められたのであった。そこで，掛川市の行ったごみ減量大作戦では，区長がクリーン推進員（自治区・小区ごとに 1 名以上）を選出し，細かく決められたごみの分別がキチンと行われているかを確認するというものであった。クリーン推進員はボランティアで毎朝，責任を持ってごみ収集所に立って住民のごみの分別がきちんとされているかをチェックするのである。これは住民間に強い規範意識（ごみは分別し，かつ減量しなければならない）があり，と同時にお互いに信頼感がないと機能しないだろう。これは自治区や組単位で分別を行うというタイプの取り組みであり，必ずしも

表 13-2　掛川市における住民自治組織の構造

自治組織の階層	組織名称	組織数
第 1 層	区長会連合会	
第 2 層	地区区長会	32（204 区を 32 地区に編成）
第 3 層	区	204 区
第 4 層	組	2864 組

（出所）　掛川市役所ヒアリングをもとに筆者作成。

横の自治区同士のつながりで対処するという必要性のないものであった。

　行政の要請（ごみを減量しなければ処分場があふれてしまう）に応えて対応を迫られたわけであるが，強い行政との結びつき（リンキング）がなければ，自治区は動かなかっただろう。そのうえで，自治区の内部の結束を高め，「皆が分別すれば自分は分別しなくてもいいだろう」という後述するようなタダ乗りあるいは非協力状態を避けるために，自治区あるいは組単位で分別を機能させる（ボンディング）での対応となったのであろうと思われる。

　これが機能したのは，それだけリンキング，ボンディングの信頼関係，社会関係資本が従来からしっかりと確立されていたということだと思われる[6]。

　次に，3 都市に共通していたリンキング型の社会関係資本について，なぜこれが共通していたのか，どんな意味があるのかを考えてみたい。

（2）　協働の鍵はリンキング型・社会関係資本

　先に見たとおり 3 都市において行政と「市民・企業」との垂直関係のリンキング型・社会関係資本がしっかりしていた。これはなぜだろうか。また社会イノベーションという点から考えてどのような意味があるのだろうか。

　社会関係資本は人口流動性の高い都市部よりも，地方部の方が一般的に高いと思われる。これは市民の間の関係もそうであろうし，おそらく企業と市民の間もそうである。全国展開する大企業の支店である場合には別であるが，中小企業などをはじめとしてその地域にとどまることを選んでいる企業（たとえば飯田市の多摩川精機や地域の農作物を扱う JA）にとっては地域性こそ重要であり，こうした事業体では会社員も，夕方には市民になるので，企業と市民の距離は自ずと近くなる（逆に都市部では，多くの会社員にとって住んでいる地域に住民票はあっても，昼間はその地域におらず都市部で勤務をしており夜に帰ってくるだけの，全

第 13 章　社会イノベーションと地域的受容性　　259

日制市民ではないケースが多く，自ずと企業と市民の距離感は遠くなる）。

　では，地方であればどこでも協働が始まり社会イノベーションが成功するかといえば，そうではない。どうしてある地域では社会イノベーションを起こすような協働が成功し，他の地域では成功しないのか。それを解く鍵はリンキング型の社会関係資本にあると思われる。なぜだろうか。

　この課題は経済学でいうところのフリーライダー（タダ乗り）問題として考えることができると思われる。これは社会イノベーションそのものが前節でも議論したとおり公共財であるからである。公共財には2つの側面がある。非排除性と非競合性である。たとえば公道などが公共財に当たるが，公道はこの2つの側面を同時に備えている。非排除性とは，その財・サービスを使用しようとする際に誰でも使えるということである（公道は誰でも通ることができ，利用者を限定することが難しい）。非競合性というのは，誰もがその財やサービスに対する費用を新たに払うことなしに使用することができるものである（公道を通る場合に通行料を払う必要はない）。

　さて，公共財は誰でも利用できることから，利用者にとっては積極的にその費用を負担する意義が少ない。誰かが負担してくれれば，自分たちは費用負担なしで使用することができるからである。よって，公共財の生産の費用は負担しないのが最も得である。つまり，「タダ乗り」をすることが最も合理的な選択肢となるのである。この場合，協力や連携は起きない。なぜならば，誰かが費用を負担してくれるのをただ待てば自分はそのサービスを享受できるからである。公共財はこうした性質を持つため，市場だけにその供給を任せた場合，十分に供給されない（過小供給となる）ということが知られている。つまり，公共財である社会イノベーションは市場だけに任せておくと十分には起こらないということである。だから，行政の役割がとても重要なのである。

　この行政の役割こそが3都市においてリンキング型の社会関係資本が果たしていた役割なのである。つまりその地域に存在する水平的な社会関係資本を社会イノベーションに向けて動かす（つまりタダ乗りさせない）鍵となっているのである。なぜなら，放っておけば人々は協力しない（非協力）状況になるからである。この点を次の囚人のジレンマから考えていこう。

（3） 協力・連携が起きないケース——囚人のジレンマ

　表13-3においてAとBの双方とも牢屋に囚われているとしよう。つまり2人はお互いの状況を伝えられる状況にないわけである。本来であれば黙秘を続けることが2人にとって合理的である。各セルの数字はAとBがそれぞれ選択をした結果，服役しないといけない懲役期間を示しており（左側がA，右側がBの懲役期間），2人とも黙秘を続けた場合にはお互いに1年の懲役ですむからである。しかし，ここで自分だけが自白をすれば自分の懲役は0になり，相手は10年の懲役となる。お互いに信頼をできればよいが，相手にとっても自白をするインセンティブがあり先に自白をされてしまうと自分の懲役期間は10年に増えてしまう。相手の状況がわからず，相手が自白をするリスクがあると思えば両者とも自白をすることになるだろう。

　この状況を表13-3の利得表で見ると，相手がどちらの選択肢を取ろうとも常に自白をする方，つまり協力をしない方がより有利な結果をもたらすことがわかる[7]。その結果，2人とも1年ではなく5年の懲役になってしまうのである。本来の2人にとって望ましい結果ではないが，そうならざるをえない。この本来最も望ましい均衡とは別な均衡が「ナッシュ均衡」と呼ばれるものである[8]。この2人が協力をしない状態こそが，多くの地方都市が陥っている状況である。

　社会イノベーションのような公共財の場合，企業や市民が協働して地域づくりを行うことが最適ではある。しかし，誰もがその地域の振興や社会イノベーションについて自ら動くのではなしに，他社あるいは他者が先に費用を負担してくれればタダ乗りが可能になってしまう。つまり，自分たちが動くよりも，誰かが動いてくれるのを待つことになり何も前に進まないことになってしまう。こうした状況にはよく陥りがちであるが，ではどのように対処すればいいのであろうか。次にその可能性を見てみたい。

表13-3　囚人のジレンマ

		B	
		黙秘	自白
A	黙秘	−1, −1	−10, 0
	自白	0, −10	−5, −5

3 │ 社会関係資本と社会的受容性

このナッシュ均衡から逃れ協働を可能性にし，社会的受容性を高めるにはどうしたらいいのだろうか。協調は望ましいが，常にコストがかかる。自分だけ裏切った方が自分には得になるのである。1回限りの関係であればナッシュ均衡しか実現できない。

(1) 長期的関係へ

1つは長期的な関係を作ることである。地域の中でつながりが太い場合には，裏切るあるいはタダ乗りすることによって罰を与えられる，あるいは罰までいかなくても居心地が悪くなってしまう（しきたりに外れると仲間外れにあう。今回，裏切ると次は仕返しをされる）。これは，関係が1回きりではなく，その関係者たちが前回の個々の動きを覚えているからである。知り合いが多ければ多いほど今後のことを考えると裏切りにくくなる[9]。

長期的な契約関係の代表的な例として知られているのはニューヨークにおけるダイヤモンドの取引などである。契約に違反した場合に，契約を裏切った相手との将来の仕事を失うだけでなく，同業者すべてが違反者とは仕事をキャンセルし，違反者は仕事を完全に失ってしまうようなしきたりになっている（マクミラン 2007）。

社会関係資本が強ければ，その関係は一期一会ではなく長期的な関係に変質する。3都市の中でこれに当てはまるのは掛川市のごみ分別のケースだと思われる。組単位という小さい隣近所の中で強い規範（ごみは減量し，かつ分別して捨てなければならない）が働く。さらにそれを確実に実行させるために自治区内で選ばれたクリーン推進員が毎朝，収集ステーションに立ちチェックすることにより短期間でごみの減量化を達成したのである。

(2) コミットメント

もう1つは将来に対してコミットメントすることである。つまり，何をするかという行動を表明し，それを確実に実行することを約束するのである。コミットメントするということは，ほかの選択肢を取れなくなるという結果にな

る[10]。たとえば，囚人のジレンマのケースで一方が自白しないということを明確にコミットメントできれば，相手は自白するかもしれないというリスクが消え，黙秘を選ぶことができ最も望ましい結果を得ることができる。

　3都市ではいずれも行政の強いリーダーシップのもとで明確な方向性が出されており，また行政もこれを支える姿勢を明確にした（詳細は各都市の章を参照）。明確な方向性を打ち出すことは一種のコミットメントであった。これによって，民間企業や市民にとっては，自分たちの活動の方向性に確信が持てただろう。これはこの3都市いずれの場合でも，取り組みを始めた時点では実現する目標が難しいものであっただけに重要だったと思われる。

　ただ，それだけではない。民間企業やJAなどにとっては収益がどうなるかわからなければ，投資には慎重にならざるをえない。そうした不確実な状況（情報の非対称性）では過少投資となるからである。こうした状況の中で，行政がコミットメントすることはとくに地域づくりのうえでは重要である。民間企業のリスクを軽減し，投資が十分に行われるようになるからである。

　飯田市による「公共施設の屋根貸し」はこうしたコミットメントの1つであった。飯田市は，太陽光発電の民間企業であるおひさま進歩に公共施設の屋根を貸して太陽光パネルの設置を行ったのである。通常であれば，公共施設の屋根を特定の民間企業に貸し出すことは認められないが，飯田市はこれを公共の目的に適うとして認めたのである。法令を保守的に解釈する自治体の場合，そもそも認めないか，認めても限定的に1年間だけと期限を切ったうえで毎年，更新するというケースが多い。しかし，こうした不安定な状況では，事業者にとっては高いリスクがあり，なかなか新しい取り組みに対する後押しにはならない。このケースの場合，公共施設という公共財を民間が利用することは私的利用にあたるという理由でその利用から排除されてしまう（諸富 2015）。

　もちろん飯田市からのおひさま進歩への支援はこれだけではなかった。自治体として初めて飯田市が再生エネルギー固定価格買取制度（22円/kWhで開始され，現在は29円/kWh）を導入し，発電された電気を買い上げたのである。これも上と同じくおひさま進歩にとっては将来の不確定要素がなくなり，安心して事業を行う環境が整い，投資が可能になったといえる。

　コミットメントの効果はこれだけではない。飯田市がおひさま進歩を支援する姿勢を明確に出したことで（シグナリング効果），それまで「採算が合わない

第13章　社会イノベーションと地域的受容性　　263

ので申し込みはごく少ないだろう」と考えていた金融機関にとって，そのリスクが許容範囲のところまで下がり融資が可能になったのである。

　これらの支援は民間企業に対しての支援であったが，それだけではない。飯田信用金庫などの金融機関がおひさま進歩エネルギー株式会社を支えたのはもちろん収益性を見込んでであるが，それを可能にしたのは「市民の行動」である。当初，飯田信用金庫はこれを採算の取れない事業だと考え，市民による出資の申し込みは少ないだろうと考えていたらしい。しかし，実際には①採算が合わないように思える住宅太陽光発電ローンへの申し込みが殺到し，②事業性が不確かな時点でのファンドへの申し込みが殺到する，という「2つの読み違いが発生」したのである。つまり環境という社会的な目的とそれに呼応した市民の行動が，人の感情と行動を変化させ私的収益のみならず，社会的便益も高い事業を可能にしたのである [11]。

　こうした市民の行動は急に起こったわけではない。環境の価値を高く考える価値観が行政，市民，企業が参加する地域ぐるみ環境 ISO 研究会などを通じて育まれてきたという土壌があって初めて成功したのである。ここでもまた，行政と市民の間の関係が重要である。飯田市は公民館活動がとても活発な地域であり，全体を統括する飯田市公民館と，小学校校区ぐらいの大きさの地域の 20 の地区公民館，そしてその下の 103 にも及ぶ分館が設置されている [12]。諸富（2015）が報告しているとおり，これらの地区公民館には飯田市から常任の主事が配置されている。こうした自治の最前線に市の職員がいることにより，行政と市民活動のリンキング型・社会関係資本は時間をかけて強いものとなってきたのだと思われる。

　つまり，行政によるコミットメントが，タダ乗りし協力しないというモード（あるいは「協力したいがリスクを考えると慎重にならざるをえない」というモード）から，行政，企業，市民が協働するモードに変わる大きな要因であったと考えることができる。これは豊岡市のコウノトリ野生復帰事業におけるコウノトリ育む米における県と市の財政支援についても同じことが言えるだろう。

　ここまで見たとおり，社会関係資本は長期的関係を持ち込むことにより協働を可能にし，さらに行政が政策にコミットメントすることにより（リンキング型・社会関係資本），民間企業，金融機関，JA，住民組織などの地域のさまざまなアクターの協働が可能になった。これが単なる私的収益性を超えて，より大

きな社会的収益性の高い取り組みが可能になった要因であると考えられる。

4 社会関係資本が社会イノベーションを引き起こす重要な鍵

　ここまで本章では３都市を比較分析することにより，社会関係資本が社会イノベーションを引き起こす重要な鍵を握っているという点を分析してきた。

　第１に，水平的な社会関係資本だけではなく，リンキング型の行政と市民・企業の間の垂直なつながりが強固であることが３都市に共通する特徴であることがわかってきた。そして第２に，より具体的には社会関係資本により長期的な関係を構築すること，そして第３に協働するという政策の方向性を行政が明確に打ち出してコミットメントをすることが，協働を実際に促進するということがわかってきた。

　こうした取り組みを進めることが地域の社会イノベーションを促進することになるだろう。なお，市場にすべてを委ねても協働は起きないが，第１節でも述べたとおり，集権的に行政がすべてを管理すべきだということではない。むしろ分権的であることが重要であり，ポイントはあくまでもつながりである。企業や市民の直面する現場から出てくる工夫に耳を傾け，その工夫を行政が実現するのではなく，現場の工夫を実現化するように支援をするのである。そして，個々人，個々の企業，個々の市民組織が何らかの報酬を得られることが重要である。企業にとっては収益（たとえば，おひさま進歩にとっての利益）であろうし，個人や市民組織にとっては組織の中で認められることかもしれないし，あるいは自己実現，住環境の改善かもしれない。そうすることにより，個々人，個々の企業，個々の市民組織の創造性を解放することができればより多くの地域で社会イノベーションを成功させることが可能になるだろう。

◆ 注

1)　Innovate は OED（Oxford English Dictionary）では次のように定義されている "Make changes in something established, especially by introducing new methods, ideas, or products."

2)　Facebook などの新しい情報コミュニケーション・サービスもそうである。これらのイノベーションは広告の１つの手段としては有効だが必ずしも社会の生活を豊かに

しているわけではない。つまり公共財ではなく「私有財」である。

3) このイノベーションは各国政府，国際機関，基金が資金提供を行って可能になったものであった。

4) たとえば，中国は1970年代中ごろまで集団的な生産方式（人民公社）を取っていたため食糧生産はなかなか増加しなかった。しかし，これを個人生産方式に転換したことによって一気に食糧生産量が増大したのである。これは1978年に安徽省鳳陽県小崗村で始まった個人生産方式の取り組みがあまりにも成功したため，1983年には中央政府も「個人農業と社会主義は整合している」と宣言せざるをえなくなり，1984年にはすべての人民公社が廃止された。この中国の例では所有権は国に残ったままであったが，財産権を明確にすることによって市場インセンティブを高め，それがきわめて効率的であったことを示している。つまり，所有権が重要な要素であることを示している。

5) 榛村純一元市長時代には市民の寄付により新幹線誘致（1988年），掛川城天守閣復元（1994年）を実現してきているが，これらもこうした自治意識の高さがあったためであると思われる。

6) ちなみに，この時点では掛川市は合併直後で掛川市，大東町，大須賀町でごみ分別のやり方なども異なっていた。

7) 相手が黙秘をしている場合，自分も黙秘を続ければ1年の懲役だが，自白すれば懲役は0になり無罪放免される。また，相手が自白する場合，自分が黙秘を続ければ10年の懲役だが，自白すれば懲役は5年に軽減される。

8) ナッシュ均衡とは，どちらか一方が戦略を変えて別な選択をしても得にならない（という状況に全員がなっている）状態。

9) タダ乗り戦略ではなく，条件付き罰則戦略へと人々の行動が変わるのである。

10) たとえば，レストランの予約は当日何が食べたくなるかわからないが，予約当日の気分に応じた選択肢を取れなくなるという代償を払いつつも，人気があって混んでいるかもしれないレストランに席が確保できているという利得を得ているのである。その利益の代償として，当日まで何を食べるか，どこのレストランに行くかの態度を決めない自由を放棄しているのである。

11) 特定非営利活動法人しんきん南信州地域研究所の上沼俊彦・主任研究員へのインタビューに基づく。

12) 飯田市は公民館などの統廃合はしていない，それは自治の最小単位であり，その自治の芽を摘むことにつながるからである。

◆ 参考文献

依田高典（2010）『行動経済学——感情に揺れる経済心理』（中公新書）中央公論新社。

島田剛（2015）「阪神・淡路大震災20年から東日本大震災を考える——レジリエンスとソーシャルキャピタル」早稲田大学・震災復興論集編集委員会編，鎌田薫監修『震災後に考える——東日本大震災と向き合う92の分析と提言』早稲田大学出版部，376-385。

マクミラン，J.（2007）『市場を創る——バザールからネット取引まで』（瀧澤弘和・木村友二訳，原著2002年）NTT出版。

諸富徹 (2015) 『「エネルギー自治」で地域再生！──飯田モデルに学ぶ』（岩波ブックレット）岩波書店。

Aldrich, D. P. (2012) *Building Resilience: Social Capital in Post-Disaster Recovery*, University of Chicago Press.

Shimada, G. (2015a) "The Role of Social Capital after Disasters: An Empirical Study of Japan Based on Time-Series-Cross-Section (TSCS) Data from 1981 to 2012," *International Journal of Disaster Risk Reduction*, 14, 388–394 (https://doi.org/10.1016/j.ijdrr.2015.09.004).

Shimada, G. (2015b) "Towards Community Resilience: The Role of Social Capital after Disasters," in L. Chandy, H. Kato and H. Kharas, eds., *The Last Mile in Ending Extreme Poverty*, Brookings Institutions Press.

Shimada, G. (2015c) "The Economic Implications of Comprehensive Approach to Learning on Industrial Development (Policy and Managerial Capability Learning): A Case of Ethiopia," in A. Noman and J. Stiglitz, eds., *Industrial Policy and Economic Transformation in Africa*, Columbia University Press.

Shimada, G. (2017a) "A Quantitative Study of Social Capital in the Tertiary Sector of Kobe: Has Social Capital Promoted Economic Reconstruction Since the Great Hanshin Awaji Earthquake?" *International Journal of Disaster Risk Reduction*, 22 (June 2017), 494–502 (https://doi.org/10.1016/j.ijdrr.2016.10.002).

Shimada, G. (2017b) "Inside the Black Box of Japan's Institution for Industrial Policy: An Institutional Analysis of Development Bank, Private Sector and Labour," in A. Noman and J. Stiglitz, eds., *Efficiency, Finance and Varieties of Industrial Policy*, Columbia University Press.

Shimada, G. and M. Motomura (2017) "Building Resilience through Social Capital as a Counter-Measure to Natural Disasters in Africa: A Case Study from a Project in Pastoralist and Agro-Pastoralist Communities in Borena, in the Oromia Region of Ethiopia," *Africa Study Monograph*, Supplementary Issue, 53, 35–51.

Van Huyck, J. B., R. C. Battalio and R. O. Beil (1990) "Tacit Coordination Games, Strategic Uncertainty, and Coordination Failure," *American Economic Review*, 80 (1), 234–248.

第14章

場（協働ガバナンス）と持続可能な地域社会
全国自治体アンケートによる指標化

田 中 勝 也

は じ め に

　場（協働ガバナンス）は，多種多様な要素とステークホルダーを含む広範な概念であるため，その客観的な評価は容易でない。そこで全国すべての自治体を対象に地域環境問題と協働ガバナンスに関するアンケート調査を行い，自治体の持続可能な社会に向けた取り組み状況および，主要なステークホルダー（民間企業，NPO，住民組織，研究機関，近隣自治体）との関わりについて各自治体に尋ねた。本章は，回収された結果をもとに，各ステークホルダーとの関わりを得点化し，自治体ごとの協働ガバナンスについて指標化した。また，推計された指標をもとに，自治体における協働ガバナンスの水準が，地域環境問題の解決に向けた取り組みや，実際の改善に寄与するかどうかについて，協働ガバナンスの有効性の視点から分析した。分析の結果，協働ガバナンスは異なるアクターがそれぞれ異なる影響を，持続可能な地域社会の形成に与えていることが示された。全体として，連携・協働の多くが低炭素社会，循環型社会，自然共生社会に向けた取り組みに影響するが，実効性を伴うものは限定的といえる。

1 協働ガバナンスの見える化

(1) アンケートによる協働ガバナンスの数値化

　序章では，持続可能な地域社会の形成に向けた社会イノベーション，場（協働ガバナンス），社会的受容性，などの基礎概念の定義や，それらの関係性について詳しく論じてきた[1]。第Ⅰ部では，社会的受容性および協働ガバナンスが，社会イノベーションの実現に果たした役割について，低炭素社会（長野県飯田市），資源循環型社会（静岡県掛川市），自然共生社会（兵庫県豊岡市）の3社会を事例に詳しく触れてきた。第9章では，場（協働ガバナンス）と社会的受容性のあるべき姿について，上記3社会アプローチの3都市を事例として，社会イノベーションの共創・創発の条件などを中心に具体的な政策立案に向けて論じてきた。

　これらの章で示されてきたように，協働ガバナンスは持続可能な地域社会のための社会イノベーションを実現するうえで，非常に重要な役割を果たしている。しかしながら，協働ガバナンスは多種多様な要素およびステークホルダーを含む広範な概念であるため，その実態を具体的に捉えることは容易ではない。また協働ガバナンスの実質的中身も，低炭素社会，循環型社会，自然共生社会では異なってくると予想されるため，実像を捉えることはますます困難である。

　そこで何らかの方法で協働ガバナンスを「見える化」し，その情報をもとに各自治体の状況を把握して改善に向けた具体的な政策議論を深めていくことが，持続可能な地域社会を実現するうえで不可欠である。

　C. アンセルと A. ガッシュによれば，協働ガバナンスとは政策決定プロセス全体を俯瞰した視点から捉え，さまざまなマルチアクターのプロセスの参加を重視した概念である（Ansell and Gash 2008）。この概念の具体的な解釈はさまざまであるが，K. エマーソンは「協議の場とリーダーを背景とした協働プロセスにおいて，対話を通した信頼構築，積極的なコミットメント，成果達成のサイクルが循環する統治のあり方[2]」と定義している（Emerson *et al.* 2012）。

　この解釈を踏まえると，協働ガバナンスではステークホルダー間の連携・協働の水準が重要な要素であるように思われる。自治体行政を中心として考えると，地域の協働ガバナンスを構成するステークホルダーとして，自治体内の民

間企業，NPO，住民組織，研究機関などがあげられる。また，経済問題でも環境問題でも，近隣に位置する自治体との関わりも重要な要素といえるため，協働ガバナンスのステークホルダーとして考慮すべきである。

以上のことから本章では，これらのステークホルダーと自治体との連携・協働の範囲や度合いが，地域全体の協働ガバナンスの水準を規定すると考える。定量化を行う際には，自治体がこれらのステークホルダーとどのように連携・協働しているかについての情報が不可欠である。

そのため，全国すべての自治体を対象として地域環境問題と協働ガバナンスに関するアンケート調査を行い，自治体の持続可能な社会に向けた取り組み状況および，主要なステークホルダー（民間企業，NPO，住民組織，研究機関，近隣自治体）との関わりについて尋ねた。回収された結果をもとに，各ステークホルダーとの関わりを得点化することで，各自治体について協働ガバナンスの水準を指標化した。また，指標化の結果をもとに，協働ガバナンスの水準が，地域環境問題の解決に向けた取り組みや，実際の改善に寄与するかどうかについて，協働ガバナンスの有効性の視点から分析した。

(2)　ガバナンス指標

本題に入る前に，環境分野におけるガバナンス指標の既存事例を紹介しておきたい。まず世界銀行は，各国のガバナンス水準を定量化するために世界ガバナンス指標（World Governance Indicators: WGI）を開発し，定期的に更新している。WGIでは①国民の声と説明責任，②政治的安定と暴力の不在，③政府の有効性，④規制の質，⑤法の支配，⑥汚職の抑制の6項目をもとに評価し，統合的なガバナンス指標を作成しており，最新の2017年度版は広く公開されている（World Bank 2018）。

また，ドイツのベルテルスマン財団は，持続可能なガバナンス指標（Sustainable Governance Indicators: SGI）を定期的に発表している（Bertelsmann Stiftung 2017）。SGIではOECD，EUに加盟する41カ国を対象に，政治パフォーマンス，民主政治，ガバナンスの3項目から，各国のガバナンスの水準を指標化している[3]。

国内を見渡すと，環境分野でのガバナンスの指標は見当たらない。環境分野以外では小西（2004）が，自治体の各種取り組みをアンケートで評価すること

270　第Ⅱ部　「場の形成と社会的受容性の醸成」による社会イノベーションの創造

でガバナンスの指標化を行っている。しかしながら，環境など特定の課題に関するものではなく行政のガバナンスに関する一般的な指標であり，ステークホルダーとの連携・協働に関する質問も見当たらない。本研究は環境・持続可能性に対象を限定しているものの，さまざまなステークホルダーとの連携・協働の現状を把握し，自治体ごとの協働ガバナンスを指標する初の試みである。

2 │ 協働による環境イノベーション──地方創生に関する自治体調査

（1）　調査の概要

　本節では，日生財団助成プロジェクトの一環として実施した全国自治体アンケート「地域社会協働による環境イノベーション・地方創生に関する自治体意向調査」の概要を紹介する。この調査の目的は，各自治体での持続可能な地域社会に向けた取り組みの現状や，関連するステークホルダーとの連携・協働の状況などを詳細に把握することで，協働ガバナンスの「見える化」を実現することである。

　また，この「見える化」を通じた指標化により，協働ガバナンスが持続可能な地域社会に向けた取り組み度合いや，改善状況に貢献しているかについて分析することも重要な目的である。

　本アンケートの対象は，全国すべての自治体（1718 市町村，23 特別区，および 47 都道府県）である。本章の分析は，そのうち市町村および特別区の回収結果をもとにしたものであり，母数となる自治体数は合計で 1741 となっている。

　アンケートの調査業務は，一般社団法人創発的地域づくり・連携推進センター（ECO-RIC）に委託して，2017 年 9～10 月に実施した[4]。全自治体に配布したアンケート票は，ECO-RIC のウェブサイト（http://www.ecoric.net/）にて誰でも閲覧可能である。

　アンケート票では，まず持続可能な 3 社会（低炭素社会，資源循環型社会，自然共生社会）の実現に向けた自治体の取り組み度合いについて，「ほとんど取り組んでいない」から「大いに取り組んでいる」までの 5 段階リッカート尺度によりそれぞれ質問した[5]。さらに，上記 3 社会の実現に向けた 10 年前からの改善状況についても，「大いに悪化した」から「大きく改善された」までの 5 段階でそれぞれ質問した。

第 14 章　場（協働ガバナンス）と持続可能な地域社会　　271

表 14-1　民間企業との連携・協働に関する質問項目

質問項目	点数	最大値
地域の環境問題に取り組む民間企業との連携・協働に関する指針・条例・計画等の有無	あり：1pt，なし：0pt	1
地域の環境問題に取り組む民間企業に対する支援制度の有無	あり：1pt，なし：0pt	1
連携・協働している分野（6分野）（温室効果ガスの削減，3R・資源循環，生物多様性の保全，まちづくり，環境保全（全般），その他）	あり：1pt，なし：0pt（各分野を足し合わせ）	6
連携・協働の形態（6形態）（情報交換・意見交流，ヒアリング調査，協議会・実行委員会の設置，共催・後援，事業委託，その他）	あり：1pt，なし：0pt（各形態を足し合わせ）	6
連携・協働の頻度	1ヵ月に1回かそれ以上：4pt 2〜3ヵ月に1回程度：3pt 4〜5ヵ月に1回程度：2pt 1年に1〜2回程度：1pt	4
連携・協働のプロセスの公開	報告書や会議の議事録などを公開：2pt 会議の開催年月日，議案のみ公開：1pt	2
合計		20

（注）　NPO，住民組織，研究機関，近隣自治体との連携・協働についても，同様の質問群により20点満点で指標化した。

　次に，環境問題における地域内のステークホルダーとの連携・協働について，①民間企業，②NPO，③住民組織，④研究機関，⑤近隣自治体を対象として詳細に尋ねた。そのうち，民間企業との連携・協働に関する質問群のうち，指標化に使用した質問項目をまとめたものが表14-1である。なお，ほかのステークホルダーについてもまったく同じ形式で質問しており，指標化に使用した質問項目も共通である。

　表14-1が示すように，ステークホルダーとの連携・協働では，①地域の環境問題に取り組む民間企業との連携・協働に関する指針・条例・計画等の有無，②地域の環境問題に取り組む民間企業に対する支援制度の有無，③連携・協働している分野（6分野），④連携・協働の形態（6形態），⑤連携・協働の頻度，⑥連携・協働のプロセスの公開の6項目についてそれぞれ得点化し，それらの合計を指標とする形式となっている。

272　　第Ⅱ部　「場の形成と社会的受容性の醸成」による社会イノベーションの創造

（2） アンケート結果

すでに紹介したように，このアンケート調査では国内すべての自治体（1741市区町村）を対象に調査票を配布した。調査票の依頼文では，環境政策に関連する部署の担当者による回答を希望する旨明記した。これは，自治体により回答する部署が異なることで，結果にバイアスが生じることを避けるねらいによるものである。

2017 年 9 月上旬に，各自治体に対してファックスおよび電子メールにより調査票の配布を行い，回答についても同様にファックス，電子メールの両方で受け付けることとした。回答期間中に 24 自治体より問い合わせを受けたが，その多くは調査票の質問内容に関する確認など軽微なもので，調査票の設計に関わる大きな問い合わせは受けなかった。

調査では同年 10 月末まで回答を受け付けた。その結果，1741 市区町村のうち，612 の自治体より回答が寄せられた。そのすべてが有効回答であり，最終的な回収率は 35.2% であった。

3 │ 協働ガバナンスの指標化

（1） 指標化の方法

本節では，アンケート調査により集められたステークホルダーとの連携・協働に関する情報をもとに，各自治体の協働ガバナンスをどのように指標化するかについて詳しく説明する。

前節で紹介したように，全国自治体アンケート「地域社会協働による環境イノベーション・地方創生に関する自治体意向調査」では，環境問題における地域内のステークホルダーとの連携・協働について，①民間企業，② NPO，③住民組織，④研究機関，⑤近隣自治体を対象として詳細に尋ねた。

表 14-1 が示すように，協働ガバナンスを指標化するために用いる質問項目は，協働のための指針・条例など評価する対象の有無から得点化するものや，協働する分野や協働の頻度など，内容に応じて段階的に得点化するものもある。こうした質問を 6 項目足し合わせることで，自治体とステークホルダーの連携・協働を 20 点満点で指標化する。この作業を，5 つのステークホルダーに

対して同一の手法で行い，それぞれについて 20 点満点で指標化することで，各自治体の協働ガバナンスの指標は合計で 100 点満点となっている。

（2） 指標化の結果

表 14-2 は，5 つのステークホルダー（民間企業，NPO，住民組織，研究機関，近隣自治体）との連携・協働についての指標化の結果をまとめたものである。各自治体を人口規模に応じて小都市・町村（人口 10 万人未満），中都市 1（同 10 万人以上 30 万人未満），中都市 2（同 30 万人以上），政令指定都市の 4 区分に分類して，それぞれについて指標を集計した。

表 14-2　協働ガバナンス指標の結果

カテゴリ	指標名	観測数	平均値	標準誤差	最小値	最大値
小都市・町村	民間企業との連携・協働	490	1.43	2.73	0.00	13.00
	NPO との連携・協働	490	1.16	2.69	0.00	16.00
	住民組織との連携・協働	490	3.20	3.83	0.00	16.00
	大学・研究機関との連携・協働	490	0.75	2.16	0.00	14.00
	近隣自治体との連携・協働	490	1.46	2.88	0.00	13.00
	総合	490	7.99	9.08	0.00	41.00
中都市 1	民間企業との連携・協働	82	4.95	4.54	0.00	15.00
	NPO との連携・協働	82	4.95	4.69	0.00	16.00
	住民組織との連携・協働	82	4.54	4.27	0.00	15.00
	大学・研究機関との連携・協働	82	2.90	3.95	0.00	13.00
	近隣自治体との連携・協働	82	2.61	3.70	0.00	11.00
	総合	82	19.95	14.90	0.00	61.00
中都市 2	民間企業との連携・協働	31	7.42	3.71	0.00	14.00
	NPO との連携・協働	31	6.29	5.41	0.00	16.00
	住民組織との連携・協働	31	6.23	5.19	0.00	17.00
	大学・研究機関との連携・協働	31	3.68	4.53	0.00	13.00
	近隣自治体との連携・協働	31	3.10	3.99	0.00	10.00
	総合	31	26.71	16.21	0.00	59.00
政令指定都市	民間企業との連携・協働	9	6.67	5.17	1.00	16.00
	NPO との連携・協働	9	8.11	5.21	0.00	16.00
	住民組織との連携・協働	9	5.78	5.43	0.00	13.00
	大学・研究機関との連携・協働	9	5.11	4.14	0.00	11.00
	近隣自治体との連携・協働	9	5.78	4.71	0.00	13.00
	総合	9	31.44	17.10	5.00	57.00

（注）　小都市・町村は人口 10 万人未満，中都市 1 は人口 10 万人以上 30 万人未満，中都市 2 は人口 30 万人以上の政令指定都市以外の自治体を指す。

この表が示すように，全体としては人口規模が大きい自治体ほど，各ステークホルダーとの連携・協働の度合いは高くなる傾向にある。NPO との連携・協働を例に見てみると，小都市・町村の平均値は 1.16 であるのに対し，中都市 1 は 4.95 と 4 倍以上であり，中都市 2 ではさらに高く 6.29，政令指定都市では 8.11 と小都市・町村の 7 倍超の水準となっている。ほかのステークホルダーの指標にも同様の傾向が見られるが，民間企業および住民組織との連携・協働については，中都市 2 の方が政令指定都市よりも高い水準となっている。

　NPO や研究機関などは，小規模な自治体ではニーズはあっても存在しないことが珍しくない。とくに研究機関はその性格上，ある程度の規模の自治体に設置されることが多いため，小都市・町村が連携・協働するには域外のネットワークが必要であり，そのハードルは相当高いと考えられる。

　このように，一部に例外は見られるものの，全体としては自治体の規模は協働ガバナンスの水準を規定する大きな要因と考えられる。しかしながら，人口 10 万人未満の小都市・町村でも総合指標が 41 と，政令指定都市の平均（31.44）を大きく上回る自治体がある一方で，人口 30 万人以上の中都市 2 でも，総合値がゼロでどのステークホルダーともまったく協働・連携していない自治体も散見される。

　自治体の規模による影響が比較的小さいのは住民組織との連携・協働である。小都市・町村の平均値は 3.20 であり，最も高い中都市 2 の 6.23 と比較しても 2 倍以内に収まっている。格差が比較的小さい要因として，住民組織の性質が考えられる。住民組織の代表的な存在として町内会や自治会などがあげられるが，これらは人口規模に関わらずどの自治体にも存在するものである。また，その性質から自治体との直接的な関わりも深いため，結果として規模による差が出にくいものと考えられる。

　このように，協働ガバナンスの水準は自治体の規模に大きく影響されると見られるが，もちろんそれだけではない。また，協働ガバナンスを規定する要因は，対象となるステークホルダーにより大きく異なるものと考えられる。それらの要因を特定することは，協働ガバナンスを高めるための施策を検討していくうえで，非常に重要な課題といえる。本章の主なねらいは協働ガバナンスの指標化であるため，規定要因の分析に踏み込むことはできないが，今後の課題としてぜひ稿を改めて議論したい。

4 協働ガバナンスの有効性

（1） 持続可能な３社会に向けた取り組みと改善状況

本節では，前節で取り上げた協働ガバナンス指標を活用して，協働ガバナンスが持続可能な地域社会の形成に貢献するのかについて分析・議論してみたい。

分析の前段階として，上述のアンケート結果から，各自治体における持続可能な社会に向けた取り組み度合いを定量化した。アンケート票では，持続可能な３社会（低炭素社会，循環型社会，自然共生社会）の実現に向けた自治体の取り組み度合いについて，「ほとんど取り組んでいない」から「大いに取り組んでいる」までの５段階リッカート尺度で質問している。また，３社会の実現について10年前と比較した改善状況についても，「大いに悪化した」から「大きく改善された」までの５段階でそれぞれ質問している。これらの質問に対する各自治体の回答を，分析における被説明変数として使用する。

表14-3 は，持続可能な３社会の実現に向けた取り組み水準をまとめたものである。この表が示すように，持続可能な社会に向けた取り組み水準は，規模

表14-3　持続可能な３社会の実現に向けた取り組み水準の記述統計

都市区分	変数名	観測数	平均値	標準誤差	最小値	最大値
小都市・町村	低炭素社会	490	2.51	1.08	0.00	4.00
	循環型社会	490	2.89	0.89	0.00	4.00
	自然共生社会	490	2.31	1.07	0.00	4.00
中都市１	低炭素社会	82	3.29	0.68	1.00	4.00
	循環型社会	82	3.38	0.58	1.00	4.00
	自然共生社会	82	2.93	0.95	0.00	4.00
中都市２	低炭素社会	31	3.68	0.54	2.00	4.00
	循環型社会	31	3.74	0.51	2.00	4.00
	自然共生社会	31	3.16	0.73	1.00	4.00
政令指定都市	低炭素社会	9	4.00	0.00	4.00	4.00
	循環型社会	9	4.00	0.00	4.00	4.00
	自然共生社会	9	3.89	0.33	3.00	4.00

（注1）　変数の数値はそれぞれ0：ほとんど取り組んでいない，1：あまり取り組んでいない，2：どちらでもない，3：やや取り組んでいる，4：大いに取り組んでいる。

（注2）　小都市・町村は人口10万人未満，中都市1は人口10万人以上30万人未満，中都市2は人口30万人以上の政令指定都市以外の自治体を指す。

表 14-4　持続可能な 3 社会の実現に向けた改善状況の記述統計

都市区分	変数名	観測数	平均値	標準誤差	最小値	最大値
小都市・町村	低炭素社会	490	2.60	0.61	0.00	4.00
	循環型社会	490	2.73	0.62	1.00	4.00
	自然共生社会	490	2.28	0.56	0.00	4.00
中都市 1	低炭素社会	82	2.76	0.75	0.00	4.00
	循環型社会	82	3.01	0.53	2.00	4.00
	自然共生社会	82	2.50	0.71	1.00	4.00
中都市 2	低炭素社会	31	2.97	0.80	1.00	4.00
	循環型社会	31	3.23	0.62	2.00	4.00
	自然共生社会	31	2.68	0.70	1.00	4.00
政令指定都市	低炭素社会	9	3.00	0.00	3.00	3.00
	循環型社会	9	3.56	0.53	3.00	4.00
	自然共生社会	9	2.56	0.88	1.00	4.00

（注 1）　変数の数値は，10 年前と比較した現在の状況についてそれぞれ 0：大いに悪化した，1：やや悪化した，2：どちらでもない，3：やや改善された，4：大きく改善された。
（注 2）　小都市・町村は人口 10 万人未満，中都市 1 は人口 10 万人以上 30 万人未満，中都市 2 は人口 30 万人以上の政令指定都市以外の自治体を指す。

の大きな自治体ほど高い傾向にある。低炭素社会について見てみると，小都市・町村の平均値は 2.51 なのに対し，政令指定都市では 4 であり，回答した自治体のすべてが大いに取り組んでいることが示されている。小都市・町村については，標準偏差が 1 前後と大きく，取り組み水準については大きなばらつきがあることがわかる。このような規模に応じた違いの傾向は，循環型社会および自然共生社会でも同様の結果が示されている。

表 14-4 は，持続可能な 3 社会の実現に向けた 10 年前と比較した改善状況の記述統計である。取り組み水準をまとめた表 14-3 と比較すると，自治体の規模による違いはさほど大きくないことがわかる。低炭素社会の小都市・町村の平均が 2.60，政令指定都市は 3.00 で，循環型社会，自然共生社会でも同様の傾向が見られる。

（2）　協働ガバナンスが持続可能な地域社会の形成に与える影響

上述のように，持続可能な社会に関する取り組み度合いおよび改善状況は，いずれも 5 段階のリッカート尺度による順序の付いた離散型変数である。通常の線形回帰モデルは被説明変数が連続型であることが前提であるため，そのま

表 14–5　順序プロビットモデルの推計結果──協働ガバナンスが持続可能な地域社会の実現に向けた取り組み度合いに与える影響

説明変数	低炭素社会		循環型社会		自然共生社会	
	係数	標準誤差	係数	標準誤差	係数	標準誤差
民間企業との連携・協働	0.054**	0.018	0.037*	0.018	0.049**	0.017
NPO との連携・協働	0.004	0.016	0.024	0.017	0.045**	0.016
住民組織との連携・協働	0.030*	0.013	0.053**	0.014	0.024	0.012
大学・研究機関との連携・協働	0.060**	0.020	0.043*	0.021	0.058**	0.019
近隣自治体との連携・協働	0.034*	0.016	0.051**	0.017	0.027	0.016
中都市1ダミー	0.669**	0.154	0.361*	0.157	0.210	0.144
中都市2ダミー	1.208**	0.259	0.981*	0.271	0.209	0.227
政令指定都市ダミー	5.953	91.280	5.602	92.794	1.802**	0.584
/cut1	-1.192	0.087	-1.581	0.110	-1.181	0.086
/cut2	-0.717	0.074	-1.214	0.090	-0.660	0.072
/cut3	-0.180	0.069	-0.629	0.074	0.295	0.068
/cut4	1.602	0.092	1.308	0.086	1.666	0.091
n	612		612		612	
対数尤度	-700.301		-589.136		-790.718	
Psudo R2	0.122		0.126		0.089	

(注1)　目的変数は持続可能な社会の実現に向けた取り組みの度合である（0：ほとんど取り組んでいない，1：あまり取り組んでいない，2：どちらでもない，3：やや取り組んでいる，4：大いに取り組んでいる）。
(注2)　**，*はそれぞれ1%，5%での有意水準を示す。

までは結果にバイアスが生じる可能性がある。この問題を回避するため，本研究は順序プロビットモデルによる推計を行った。ここで被説明変数は持続可能な社会に向けた取り組み度合いと改善状況の2種類である。それぞれを3社会について個別に推計するため，被説明変数は合計で6種類になる。

　説明変数はどのモデルも共通で，前節で紹介した5つのステークホルダーに関する協働ガバナンス指標と，自治体の規模に応じた3種類のダミー変数（中都市1ダミー，中都市2ダミー，政令指定都市ダミー）である。

　表14–5は，持続可能な地域社会に向けた取り組み度合いを被説明変数としたモデルの推計結果である。係数が正で統計的に有意であれば，その変数は自治体の取り組み水準を高めることに寄与しているといえる。

　まず低炭素社会について見てみると，民間企業，住民組織，研究機関，近隣自治体との連携・協働の係数が正で有意である[6]。このことは，自治体がこれ

278　　第Ⅱ部　「場の形成と社会的受容性の醸成」による社会イノベーションの創造

らのステークホルダーと協働・連携を深めていくことが，低炭素社会に向けた
取り組みの活性化に寄与することを示している。ただその一方で，NPO との
連携・協働の係数は正ではあるものの，統計的な有意性は確認されなかった。
そのため，これらのステークホルダーとの連携・協働は，低炭素社会に向けた
取り組み水準には関係していないものと考えられる。

　次に循環型社会であるが，低炭素社会と同様に NPO 以外のすべてのステー
クホルダーとの連携・協働の係数が正で有意な結果であり，これらのステーク
ホルダーとの連携・協働は，低炭素社会だけでなく循環型社会の実現に向けた
取り組み水準にも寄与していることが示された。循環型社会を象徴する廃棄物
の適正な処理およびリサイクルは，一般家庭から大規模事業所までさまざまな
経済活動を含むため，連携・協働が意味を持つステークホルダーも多いものと
考えられる。

　自然共生社会については，民間企業，NPO，研究機関との連携・協働が正
で有意な結果となった。民間企業，研究機関については，3 社会いずれのモデ
ルでも有意であり，連携・協働がさまざまな形で取り組み水準に寄与している
ことが示された。また NPO との連携・協働は，低炭素および循環型社会には
寄与しないものの，自然共生社会に向けた取り組みの向上には有意に寄与して
いることが示された。

　表 14-6 は，被説明変数に持続可能な社会に向けた実際の改善度合いを使用
して分析した結果である。表 14-5 と比較すると有意な変数は大幅に少なく，
ステークホルダーとの連携・協働は多くの面で取り組み水準を高めながらも，
実際の改善につながるものは限定的であることが示唆されている。

　低炭素社会について見てみると，民間企業，住民組織，近隣自治体との連
携・協働については正で有意な結果となった。研究機関との連携・協働は，取
り組み水準では正で有意だったものの，実際の改善状況では符号が負に変わり，
統計的有意性も確認されなかった。このことから，研究機関との連携・協働は，
取り組み水準を高めるものの，実際の CO_2 削減には貢献していないことが示
唆された。

　循環型社会については，民間企業および住民組織との連携・協働のみ正で有
意な結果である。表 14-5 では NPO を除くすべてのステークホルダーが正で
有意だったことを考えると，実際に廃棄物の削減や，リサイクルの向上に貢献

第 14 章　場（協働ガバナンス）と持続可能な地域社会　　279

表14-6 順序プロビットモデルの推計結果——協働ガバナンスが持続可能な地域社会の実現に向けた改善状況に与える影響

説明変数	低炭素社会		循環型社会		自然共生社会	
	係数	標準誤差	係数	標準誤差	係数	標準誤差
民間企業との連携・協働	0.057**	0.018	0.044*	0.018	0.031	0.018
NPOとの連携・協働	0.020	0.016	0.000	0.016	0.034*	0.016
住民組織との連携・協働	0.028*	0.013	0.060**	0.013	0.025	0.013
大学・研究機関との連携・協働	-0.034	0.019	-0.012	0.020	0.004	0.019
近隣自治体との連携・協働	0.039*	0.016	0.025	0.016	0.022	0.016
中都市1ダミー	0.011	0.151	0.321*	0.153	0.081	0.153
中都市2ダミー	0.194	0.233	0.528*	0.237	0.235	0.231
政令指定都市ダミー	0.217	0.413	1.229	0.432	-0.101	0.394
/cut1	-2.445	0.234	-2.497	0.244	-2.318	0.201
/cut2	-1.816	0.122	-0.125	0.068	-1.669	0.110
/cut3	0.009	0.068	1.754	0.096	0.735	0.073
/cut4	1.950	0.106			2.244	0.123
n	612		612		612	
対数尤度	-558.807		-534.435		-511.698	
Psudo R2	0.049		0.081		0.046	

(注1) 目的変数は持続可能な社会の実現に向けた10年前と比較した改善状況である（0：大いに悪化した，1：やや悪化した，2：どちらでもない，3：やや改善された，4：大きく改善された）。
(注2) **，*はそれぞれ1％，5％での有意水準を示す。

するような実効性を伴う連携・協働は限られることがわかる。

　この点がさらに顕著なのは，自然共生社会である。表14-6が示すように，正で統計的に有意な変数はNPOとの連携・協働のみであり，ほかのステークホルダーとの連携・協働は生物多様性の保全など自然共生社会に向けた地域環境の改善に寄与していないことが示された。

（3）　ステークホルダーと協働ガバナンスの有効性

　以上の分析結果に基づき，各ステークホルダーとの連携・協働が取り組み水準および改善度合いに与える影響をランキング化したものが表14-7である[7]。ハイフン(-)は当該ステークホルダーとの連携・協働は有意でなく，持続可能な地域社会形成に貢献していないことを示している。

　この表14-7が示すように，各ステークホルダーとの連携・協働は，それら

280　　第Ⅱ部　「場の形成と社会的受容性の醸成」による社会イノベーションの創造

表 14-7 協働ガバナンスが持続可能な地域社会に与える影響のステークホルダー別ランキング

ステークホルダー	取り組み水準			改善状況		
	低炭素社会	循環型社会	自然共生社会	低炭素社会	循環型社会	自然共生社会
民間企業との連携・協働	2	4	2	1	2	-
NPOとの連携・協働	-	-	3	-	-	1
住民組織との連携・協働	4	1	-	3	1	-
研究機関との連携・協働	1	3	1	-	-	-
近隣自治体との連携・協働	3	2	-	2	-	-

（注）　順序プロビットモデルにより推計された限界効果（協働ガバナンス指標の影響度合い）をもとにランキング化したものである。ハイフン（-）は推計値が5%水準で有意でないことを示す。

の多くが取り組み水準には貢献しているものの，実際の改善状況に対する影響力は限定的である。その中でも，民間企業との連携・協働は多くの面で貢献しており，3社会すべての取り組み水準，また低炭素社会および循環型社会では実際の改善にも寄与している。

NPOとの連携・協働は自然共生社会に限定されるものの，取り組み水準・実際の改善状況いずれにも貢献している。とくに自然共生社会の実際の改善に寄与しているのはNPOのみであり，その連携・協働の重要性は際立っている。

住民組織との連携・協働は，低炭素社会および循環型社会について取り組み水準，実際の改善状況のいずれについても貢献している。とくに循環型社会については最も影響力が大きく，廃棄物関連での住民組織のステークホルダーとしての役割の重要性が示された。

研究機関との連携・協働は3社会それぞれの取り組み水準において一定の影響を持っており，とくに自然共生社会に向けた取り組みでは影響力が最も大きい。しかしながら，実際の改善度合いについては3社会のいずれも有意でない。このことは，研究機関との連携・協働は取り組み水準を増加させるものの，実際の改善には必ずしもつながっていないことを示唆している。自治体と研究機関との連携は全国的に増加傾向にあるが，その実質的な中身については再検討する余地があるようにも思われる。

最後に近隣自治体との連携・協働においても，研究機関と若干似た傾向が見られる。低炭素社会，循環型社会に向けた取り組み水準においては有意であり，増加に一定の役割を果たしているといえる。しかしながら，実際の改善度合いへの影響は限定的で，低炭素社会についてのみ有意である。全国的に自治体の

第14章　場（協働ガバナンス）と持続可能な地域社会　281

人的・財政的制約が大きくなる中で，近隣自治体との連携・協働は今後ますます重要になるものと考えられる。実質的な面での連携・協働をどう進めていくかが課題といえる。

以上の分析結果が示すように，協働ガバナンスが持続可能な地域社会の形成に与える影響は，ステークホルダーにより大きく異なることがわかる。こうした違いは，持続可能な3社会と社会的受容性との関係が影響しているかもしれない。たとえば，低炭素社会に向けた CO_2 などの温室効果ガスの削減や，循環型社会に向けた廃棄物の削減・リサイクルは，企業の経済活動と直接的に結びついており，市場的受容性との親和性が比較的高いといえる。そのため，ステークホルダーとしての民間企業との連携・協働が重要であり，実際の改善につながっていることが考えられる。

一方，自然共生社会に向けた生態系の保全や生物多様性の改善は，経済活動による影響ではあるものの，直接的な関係が見えにくく市場的受容性を高めることは容易ではない。そのため，自然共生社会においては，民間企業よりもNPOが重要なステークホルダーになるように思われる。

これらの結果をもとに，今後の協働ガバナンスのあり方について次節で述べたい。

5 │ よりよい協働ガバナンスへ

本章は，持続可能な地域社会における協働ガバナンスの役割について定量的に分析した。協働ガバナンスは多種多様な要素とステークホルダーを含む広範な概念であるため，その客観的な評価は容易でない。そこで，全国すべての自治体を対象に地域環境問題と協働ガバナンスに関するアンケート調査を行い，自治体の持続可能な社会に向けた取り組み状況および，主要なステークホルダー（民間企業，NPO，住民組織，研究機関，近隣自治体）との関わりについて各自治体に尋ねた。回収された結果をもとに，各ステークホルダーとの関わりを得点化し，自治体ごとの協働ガバナンスについて指標化した。また，推計された指標をもとに，自治体における協働ガバナンスの水準が，地域環境問題の解決に向けた取り組みや，実際の改善に寄与するかどうかについて，協働ガバナンスの有効性の視点から分析した。

（1） 調査分析から得られた結果

本章の定量的分析による，主要な結果は以下のとおりである。

- 協働ガバナンスを規定するステークホルダー（民間企業，NPO，住民組織，研究機関，近隣自治体）との連携・協働の状況は，自治体により大きく異なる。全体として，規模の大きい自治体ほど各ステークホルダーとの連携・協働が盛んであり，その傾向はNPOおよび研究機関との連携・協働でとくに顕著である。

- 持続可能な3社会に向けた取り組み水準も，自治体により大きく異なる。ステークホルダーとの連携・協働と同様に，規模の大きい自治体ほど取り組み水準も高い傾向にあるといえる。しかしながら，実際の改善状況で比較してみると，自治体の規模による格差はさほど大きくない。

- ステークホルダーとの連携・協働の多くは，持続可能な地域社会に向けた取り組み水準に貢献している。しかしながら，実際の改善状況に寄与しているステークホルダーとの連携・協働は限定的である。両面でもっとも貢献度が高いのは，民間企業との連携・協働である。

- NPOとの連携・協働が寄与するのは自然共生社会のみであるが，取り組み水準・実際の改善状況ともに寄与している唯一のステークホルダーである。自治体における生物多様性保全などにおいて，ほかのステークホルダーにはない独自の役割を担っている。

- 住民組織との連携・協働は，低炭素社会および循環型社会について取り組み水準，実際の改善状況のいずれについても貢献している。とくに循環型社会については最も影響力が大きく，廃棄物関連での住民組織のステークホルダーとしての役割の重要性が示された。

- 研究機関との連携・協働は3社会それぞれの取り組み水準において一定の影響を持っており，とくに自然共生社会に向けた取り組みでは影響力が最も大きい。しかしながら，実際の改善度合いについては3社会のいずれも有意でない。このことは，研究機関との連携・協働は取り組み水準を増加させるもの，実際の改善には必ずしもつながっていないことを示している。

- 近隣自治体との連携・協働においても，研究機関と若干似た傾向が見られ

る。低炭素社会，循環型社会に向けた取り組み水準においては有意であり，増加に一定の役割を果たしている。

　以上のように，協働ガバナンスは異なるステークホルダーが，それぞれ異なる影響を持続可能な地域社会の形成に与えていることが示された。全体として，連携・協働の多くが低炭素社会，循環型社会，自然共生社会に向けた取り組みに影響するが，実効性を伴うものは限定的といえる。

　とくに，研究機関との連携・協働は，持続可能な社会に向けた実際の改善にはまったくつながっていないことが分析結果から示された。研究機関はその性格上，連携・協働の中身が学術的・基礎研究的なものになりがちで，地域の問題改善につながりにくい点はある程度やむをえない。しかしながら，近年では域学連携などのキーワードにあるように，地域大学の実際の貢献に期待は高い。研究機関が自治体との実効性のある連携・協働を深めることで，地域が直面する課題にどう応えていくかは今後の重要な課題である。

　都道府県における地域的な広域連合に代表されるように，自治体間の連携による問題・課題の解決は全国的に盛んになりつつある。しかしながら，表14-7が示すように，近隣自治体との連携・協働が実際の改善に貢献しているのは低炭素社会のみであり，影響は限定的である。人的・財政的な制約は多くの自治体に共通する問題であり，自治体の垣根を越えて広域的な視点で考えることは重要である（田中ほか 2018）。

(2)　協働ガバナンスの見える化の重要性

　本章の協働ガバナンスの指標化と持続可能な地域社会への影響の分析により，以下の貢献が期待できる。

　第1に，各自治体について持続可能な地域社会に向けた取り組みおよび改善状況を把握し，3社会のどれが重要課題であるかを知ることができる。

　第2に，協働ガバナンスの指標から，各ステークホルダーとの連携・協働の度合いを「見える化」し，手薄になっている部分や改善の必要な部分を知ることができる。

　第3に，上記2点を組み合わせることで，各自治体の持続可能性において重要な課題（CO_2の削減，廃棄物の削減・リサイクルの促進，生物多様性の保全）を明

284　　第Ⅱ部　「場の形成と社会的受容性の醸成」による社会イノベーションの創造

らかにして，その改善のために連携・協働を強化すべきステークホルダーを特定することが可能となる。

　これらの作業を全国の自治体が実施することで，問題の所在と必要な処方箋を「見える化」することは，協働ガバナンスの改善につながるとともに，持続可能な地域社会の実現に一歩近づくことになると予想される。そのためには指標の質的・量的改善など，協働ガバナンスの定量分析が果たすべき役割は多く，学術・実務の両面でさらなる研究の遂行が必要である。

◆ 注
1）　本書では「場」として取り扱ってきたが，これは本章における協働ガバナンスに近いものである。
2）　この日本語訳は岩田（2016）を参考にした。
3）　執筆時点における最新版の 2017 年版では，日本のランキングは政治パフォーマンスが 23 位，民主主義が 33 位，ガバナンスが 24 位と，調査対象である 41 カ国の中では中位〜下位である。
4）　一般社団法人創発的地域づくり・連携推進センター（ECO-RIC）では，全国自治体を対象とした「再生可能エネルギー導入・省エネルギーに関する自治体意向調査」を 2014 年より継続的に実施している。本章の協働ガバナンスに関するアンケートは，ECO-RIC が実施してきた意向調査の枠組の中で実施したものである。上記意向調査の詳細は同センターのウェブサイトを参照（http://www.ecoric.net/）。
5）　リッカート尺度とは，アンケート票などの心理検査（人間の心理の検査）で広く用いられる尺度形式の質問である。本章のように 5 段階で尋ねることが一般的であるが，7 段階や 9 段階も用いられる。
6）　NPO との連携・協働の変数も 10% 水準では統計的に有意な結果である。しかしながら，この分析のサンプルサイズ（612 自治体）を考慮すると，5% 以上の有意水準で議論するのが適切であると考える。この点はほかのモデルでも共通である。
7）　順序プロビットでは係数が影響の大きさを表すとは限らない。そのため，限界効果を求めてその数値および有意性をもとにランキングを行った。

◆ 参考文献
岩田優子（2016）「協働ガバナンス・アプローチによるコウノトリ米とトキ米の普及プロセスの比較研究」『環境情報科学学術研究論文集』30, 25–30.
小西砂千夫（2004）「自治体ガバナンス評価の手法とねらい──関西社会経済研究所における自治体評価」『産研論集』(31), 17–39.
田中勝也・中野桂・道上浩也（2018）「ソーシャル・キャピタルが地方創生に与える影響──市区町村 GIS データによる空間計量経済分析」『経済分析』197, 53–69.
Ansell, C. and A. Gash（2008）"Collaborative Governance in Theory and Practice,"

Journal of Public Administration Research and Theory, 18（4）, 543–571.

Bertelsmann Stiftung（2017）*Policy Performance and Governance Capacities in the OECD and EU: Sustainable Governance Indicators 2017*（http://www.sgi-network.org/docs/2017/basics/SGI2017_Overview.pdf）.

Emerson, K., T. Nabatchi and S. Balogh（2012）"An Integrative Framework for Collaborative Governance," *Journal of Public Administration Research and Theory*," 22（1）, 1–29.

World Bank（2018）*The World Governance Indicators*（http://info.worldbank.org/governance/wgi/）.

あ と が き

　本書は，日本生命財団・環境問題研究助成・学際的総合研究助成「環境イノベーションの社会的受容性と持続可能な都市の形成」（研究代表者・松岡俊二，2015 年 10 月〜2017 年 9 月）の最終成果である。学際的総合研究という名が示すように本書の執筆陣 14 名は，経済学，法律学，社会学，政治学，工学など多様なバックグラウンドを持っている。

　2015 年 10 月 8 日の学際共同研究会（都市環境イノベーション研究会）キックオフから 2017 年 9 月 30 日の第 9 回研究会までが，日本生命財団の助成期間であったが，実際には後に述べる日生ワークショップや本書の執筆計画の検討のため，2018 年 1 月 20 日の第 11 回研究会まで学際共同研究を続けた。またその後は，2018 年 2 月 4 日のワークショップ，3 月末の原稿提出，5 月末の第 1 次リライト，7 月初旬の第 2 次リライトを経て，7 月末に最終原稿の出版社渡し，9 月下旬の初校校正と本書の出版企画が進行していった。ゴールである本書の出版までを含めると，3 年を超える学際共同研究プロジェクト期間ということになる。日本生命財団への申請当初の共同研究者が 8 名であったのに対して，最終的に 14 名の執筆陣となった。

　学際的総合研究の学術的・社会的必要性が強調されるものの，実際には難しい日本の学術研究体制の中にあって，共同研究組織を拡大してプロジェクトを終えることができたことは，量だけのこととはいえ，研究代表者としては大変嬉しいことであった。また，共同研究会を 11 回開催したが，最後の第 11 回研究会において，いつも大阪から駆けつけていただいた日本生命財団の広瀬浩平部長から「こんなに熱心に研究会を何回も開催していただきありがたい」とのお褒め（？）の言葉をいただけたことも，ちょっと嬉しいことであった。

　ともあれ，3 年に及ぶ学際的総合研究プロジェクトで，早稲田大学での共同研究会以外に，雪降る長野県飯田市の現地調査，東山の茶園の狭い山道を大型レンタカーで登った静岡県掛川市の現地調査，大雨で山陰本線の列車が止まった兵庫県豊岡市の現地調査など，今となっては多くの興味深いハプニングが経験できたことも楽しい思い出である。当然ながら，共同研究や現地調査に伴うトラブルはいくつもあったが，それらも含めての学際共同研究や地域調査であ

り，さまざまな知的刺激が得られたことに感謝したい。

　本書で目的とした，場の形成と社会的受容性の醸成による社会イノベーションの創造という理論（モデル）が，どれだけ読者の皆さんへ説得的に伝わったのかは，それぞれの読者の判断に委ねるべきであろう。しかし，本書が対象とした飯田市，掛川市，豊岡市の事例であれ，7年半前から筆者らが学際共同研究を組織し，昨年（2017年）5月25日に開所式を行った早稲田大学ふくしま広野未来創造リサーチセンター（筆者はセンター長を務めている）が調査研究の対象とする福島復興の事例であれ，日本の地域社会の持続可能な発展のためには，社会イノベーションの累積的創造が不可欠であり，社会イノベーションを起こす力を強くすることが日本社会の最大の課題ではなかろうか。本書はこうした課題への知的挑戦であり，こうした課題に取り組む読者が，本書から意味ある，役に立つアイデア，コンセプトやモデルを学んでいただければ誠に幸いである。

　なお，本書を作成するにあたっては，2015年10月から2018年1月まで11回の研究会と3回のタスクフォース会合を開催し，長野県飯田市，静岡県掛川市，兵庫県豊岡市など地域社会の現地調査を7回実施した。また外部の研究者・専門家・実務家・行政担当者などによるオープンな議論の場も設けた。これらの場の中で，とくに重要だった2つの取り組みについて以下に記載し，関係者への謝意を表したい。

　2017年9月9日，環境経済・政策学会2017年大会（高知工科大学）において企画セッション「地域の持続性と社会イノベーション――社会的受容性と協働ガバナンスから考える」（座長・松岡俊二）を開催した。本企画セッションでは，われわれ日本生命財団プロジェクトの研究会（都市環境イノベーション研究会）メンバーによる4報告を行い，北村裕明（滋賀大学環境総合研究センター長・経済学部教授〔当時〕），森口祐一（東京大学大学院工学系研究科教授），古木二郎（三菱総合研究所主席研究員）の各氏によるコメントをいただき，総合討論を行った。

　2018年2月4日には，日本生命財団プロジェクトの2年間の研究成果の発表の場として第32回ニッセイ財団環境問題助成研究ワークショップ「地域から創る社会イノベーションと持続可能な社会（SDGs）」を早稲田大学大隈記念講堂小講堂にて開催した。

　ワークショップの第1部「3都市の事例からみた『社会的受容性と協働ガバナンス』がうみだす社会イノベーション」では，私どもの研究会メンバーのほ

か，白井信雄（法政大学サステイナビリティ実践知研究機構教授〔当時〕），田崎智宏（国立環境研究所資源循環・廃棄物研究センター・循環型社会システム研究室・室長），大手信人（京都大学大学院情報学研究科教授），古木二郎（前出）の各氏に登壇いただいた。第2部「パネルディスカッション──社会イノベーションと地方創生」では，黒田浩司（経済産業省大臣官房福島復興推進グループ福島新産業・雇用創出推進室・室長〔当時〕），小林敏昭（地域ぐるみ環境 ISO 研究会事務局），平尾雅彦（東京大学大学院工学系研究科教授），吉川賢（岡山大学地域総合研究センター特任教授）の皆さんや研究会メンバーによる活発な議論を行った。

　以上の研究会，現地調査，環境経済・政策学会 2017 年大会企画セッション，第 32 回ニッセイ財団環境問題助成研究ワークショップの詳しい内容については，以下の早稲田大学レジリエンス研究所（WRRI）のホームページに記載しているので，ご一読いただきたい。

　http://www.waseda.jp/prj-matsuoka311/

　本書の企画・編集においては，伊東編集事務所の伊東晋さんには最初の段階からさまざまなアドバイスをいただき，伊東さんの多大な御尽力で最終的な企画まで持っていくことができた。また，有斐閣書籍編集第2部の渡部一樹さんには大変丁寧な編集・校正作業を行っていただいた。最後に，日本生命財団助成事業部・広瀬浩平さんには，研究会のキックオフからワークショップにいたる 2 年以上の期間，学際的総合研究をサポートいただいた。

　飯田市，掛川市，豊岡市などの地域調査でお世話になった方がたも含め，すべての方のお名前をお書きすることはできないが，大変多くの皆さんのご協力やサポートがあって，私どもの学際的総合研究が実施でき，本書を出版することができたことに深く感謝の意を表する。

　　　2018 年 10 月 1 日

　　　　　　　　　　　　　　早稲田大学早稲田キャンパスの研究室にて

　　　　　　　　　　　　　　　　松 岡 俊 二

事 項 索 引

● アルファベット

CSR　→企業の社会的責任

EA21　→エコアクション21

EMS　→環境マネジメントシステム

FIT制度　→固定価格買取制度

GAP（農業生産工程管理）　162

IEA　→板橋エコアクション

ISO 14001　47, 56, 60
　　——南信州宣言　57
　　中小企業向け——　48

KES・環境マネジメントシステム・ス
　　タンダード　48, 50, 60

NPO（非営利組織）　190
　　事業型——　189

PDCAサイクル　47

RPS（Renewables Portfolio Standard）
　　制度　94

SDGs　→持続可能な開発目標

SGI　→持続可能なガバナンス指標

WGI　→世界ガバナンス指標

● あ　行

暗黙知　11, 26, 196

飯田市再生可能エネルギー条例　73,
　　76

飯田モデル　17, 195, 211, 237

板橋エコアクション（IEA）　51, 60

イノベーション　8, 105, 188, 253
　　——の進化プロセス　189

イノベーター　24, 105, 164, 239

インテグレーション技術　209

エコアクション21（EA21）　48, 60

エコツーリズム　163, 181

エネルギー基本計画　94

おひさま0円システム　40, 71, 212

オープン・イノベーション　191, 196,
　　203

● か　行

改善研究会（生産技術研究会）　38, 53

価格プレミアム　157

革新的エネルギー・環境戦略　93

掛川学事始の集い　116, 131

掛川市自治基本条例　128, 131, 138

掛川市マイバッグ運動　135

かけがわ美化推進ボランティア事業
　　137

掛川モデル　20, 195, 212, 238

ガバナンス指標　270

環境イノベーション　103

環境資源ギャラリー　112, 120, 126

環境保全型農業　150, 159
　　——直接支払制度　159

環境マネジメントシステム（EMS）
　　34, 47, 64
　　地域版——　34, 40
　　中小企業向け——　47

環境モデル都市　42

企業の社会的責任（CSR）　63

技　術　207

技術イノベーション　6, 24, 95, 159,
　　188, 211, 213
　　改良型の——　214
　　国の——　216

技術的受容性　13, 62, 91, 96, 99, 118,
　　119, 159, 200, 210

協働ガバナンス　12, 24, 43, 126, 130,
　　139, 155, 198, 269, 282
　　——指標　274
　　——の見える化　284
協働によるまちづくりシステム　116
協働によるまちづくり推進条例　128,
　　131
クリーン推進員　115, 135, 194, 258
ぐるみ運動　55
グローバルGAP　162
経済的合理性　245
経済的受容性　174
欠如モデル　199, 204
公共財　254, 260
公共性の制度化　174
耕作放棄　169, 180
コウノトリ湿地ネット　179
コウノトリと共に生きるまちづくりのた
　　めの環境基本条例　173
コウノトリの郷営農組合　150
コウノトリのすむ郷づくり研究会
　　150
コウノトリ育むお米（コウノトリ米）
　　151, 152, 162
　　——生産部会　151, 158
コウノトリ育む農法　147, 169
コウノトリ野生復帰計画　145, 173
公民館活動　102, 264
公民協力　198
固定価格買取制度（FIT制度）　71, 95,
　　98, 263
ごみ減量大作戦　113, 114, 127, 134
コミットメント　262
コミュニティ　187, 203
　　——による解決　5, 190, 203
コミュニティパワー　82
コンポーネント技術　209

● さ　行

再生可能エネルギー　70, 90, 93
産業クラスター　42, 248
産業社会イノベーション　15, 17
3社会アプローチ　6
資源循環型社会　116, 123, 242
資源動員プロセス　191, 199
市場的受容性　13, 62, 91, 96, 99, 119,
　　120, 160, 174, 200, 236, 239
　　アクティブな——　245, 248, 250
　　パッシブな——　245, 250
市場による解決　4, 190
自然共生社会　6, 243
持続可能な開発目標（SDGs）　5, 104
持続可能なガバナンス指標（SGI）
　　270
持続可能な社会　7, 222
持続可能な地域社会　161, 164
持続可能な発展　6, 187
自治区（自治会）　115, 138, 194, 258
実践知リーダー　197
市民社会イノベーション　15, 17
市民総代会　116, 131
社会イノベーション　6, 8, 16, 24, 61,
　　86, 110, 188, 191, 224, 236, 254
　　——の源泉　255
　　——の創造モデル　202
　　——の定義　9
　　——のプロセス　198
　　——を起こす人たち　9, 24
　　飯田市の——　41, 80, 101
　　掛川市の——　110
　　豊岡市の——　150, 156, 159
社会関係資本　78, 102, 194, 256, 265
　　ブリッジング型（橋渡し型）の——
　　257

ボンディング型（結束型）の――
　246, 257
　リンキング型の――　　257, 259
社会・技術ランドスケープ　222
社会・技術レジーム　223
社会政治的適応性　219
社会的受容性　12, 16, 41, 90, 100, 121,
　155, 200
社会的受容性論　12, 199
　受け身の――　13, 199
　動態的な――　14, 83
社会的相互受容性論　200
囚人のジレンマ　261
住民参加型の行政システム　116, 122
シュタットベルケ　83, 242
　日本版――　85, 242
循環型社会　6, 140
　――形成推進基本計画　126, 243
　――形成推進基本法　118, 123, 126
生涯学習活動　129
生涯学習都市宣言　109, 128, 130
生涯学習まちづくり　129, 139
　――土地条例　130
消滅可能性自治体　2
新エネルギー　216
新結合の遂行　188
ステークホルダー　270
3R　127
政策統合　190
生産技術研究会　→改善研究会
制　度　220
　――論　219
正当化　199
正統化　199
正統性　229
制度的受容性　13, 91, 96, 99, 118, 120,
　159, 173, 200, 219
生物多様性条約　160

政府による解決　4, 190
政府の失敗　190
世界ガバナンス指標（WGI）　270
世代間公平　5, 187
世代内公平　187
戦略的ニッチマネジメント　225
創造的人材　164
ソーシャル・イノベーション　65, 190

● た　行

第3の道　190
太陽光市民共同発電事業　39, 92
太陽光発電　70, 95
　――の余剰電力買取制度　94
タダ乗り問題　→フリーライダー問題
脱炭素化　43
探求のガイダンス　229
地域環境権　73
地域空間ブランディング　246
地域ぐるみ環境 ISO 研究会　34, 52,
　53, 55, 102, 193
地域ぐるみで ISO へ挑戦しよう研究会
　35
地域再生計画　4
地域産品ブランディング　246
地域循環共生圏　123
地域生涯学習センター　133
地域知　204
地域的受容性　13, 91, 158, 160, 171
地域特性　230
地域の持続性　6, 164
地域ブランディング　246
地域ブランド　152, 245
地球温暖化対策計画　104
知識創造コミュニティ　192
知識創造プロセス　158, 195
地方活性化政策　3

事項索引　293

地方創生　2
中心市街地活性化計画　4
低炭素化　33
低炭素型のまちづくり　42
低炭素社会　6, 42, 241
テクノロジカル・イノベーション・システム　227, 231
同型化　221
都市再生計画　4
都市政策　5
とはなにか学舎　129, 130
豊岡市環境経済戦略　161
豊岡版 DMO　163
豊岡モデル　20, 195, 212, 238
トランジション・マネジメント　222, 231

● な 行

ナッシュ均衡　261
21' いいだ環境プラン　74
21 世紀環境立国戦略　6, 93, 244
ニッチ・イノベーション　223
ネットワーク組織論　11, 196
農業生産工程管理　→GAP

● は 行

場　9, 80, 106
　　——の形成（創発）　193, 226
　　——の視点　192
　　——の定義　10
　　——の理論　193, 195
　　学習の——　139
　　協働の——　40, 80
廃棄物の処理及び清掃に関する法律　111
ハチゴロウの戸島湿地整備基本構想・計

画　179
非営利組織　→NPO
非競合性　260
ビジネス・イノベーション　188, 203
非排除性　260
フィードバックサイクル　215
フリーライダー問題（タダ乗り問題）　260
プロダクト・イノベーション　240
分散型リーダーシップ　156
文脈モデル　204
平成のまほろばまちづくり事業　→まほろば事業
ヘルメス知　11
ポーター仮説　221, 230

● ま 行

マーケティングミックス　209
マネジメント技術　209
マネジメントシステム　213
まほろば事業（平成のまほろばまちづくり事業）　39, 75, 99
マルチ・アクター　191, 203
マルチ・ステークホルダー・パースペクティブ　192
マルチ・セクター　203
ミクロ・マクロ・ループ　10, 157, 196
南信州いいむす21　34, 35, 43, 56, 59, 60
　　——の社会的受容性　62
南信州広域連合　57, 59
メガソーラー　70

● ら 行

ラムサール条約　182
リサイクル　111

リデュース　110, 140
リユース　140

レジーム論　220

人名・企業名索引

ISEP　→環境エネルギー政策研究所
飯田信用金庫　264
おひさま進歩エネルギー（有限会社，株
　式会社）　39, 71, 76, 92, 100, 194
環境エネルギー政策研究所（ISEP）
　75, 103
小林敏昭　56
沢柳俊之　56
榛村純一　14, 24, 116, 128, 133, 194, 202

多摩川精機　36, 54, 201
中貝宗治　24, 152, 194, 197
西村いつき　150, 197
萩本範文　24, 36, 53-58, 62, 63, 197
萩本博市　54
萩本博幸　54
原亮弘　74, 78, 100, 102, 194, 197
北海道グリーンファンド　103
南信州おひさま進歩　74, 80, 92

● 編者紹介

松岡　俊二（マツオカ　シュンジ）

1957年，兵庫県豊岡市生まれ。1988年，京都大学大学院経済学研究科博士課程学修認定退学。広島大学博士（学術）。広島大学総合科学部講師・助教授，広島大学大学院国際協力研究科教授を経て，2007年より現職。

現在，早稲田大学国際学術院（大学院アジア太平洋研究科）教授，早稲田大学レジリエンス研究所（WRRI）所長，早稲田大学ふくしま広野未来創造リサーチセンター長。

専門分野は，環境経済・政策学，国際開発研究，災害研究。

主な著作に，『国際開発研究』（編著，東洋経済新報社，2004年），『環境と開発』（共編著，日本評論社，2004年），*Effective Environmental Management in Developing Countries*（編著，Palgrave-Macmillan，2007年），『アジア地域統合の展開』（共編著，勁草書房，2011年），『フクシマ原発の失敗』（早稲田大学出版部，2012年），『アジアの環境ガバナンス』（勁草書房，2013年），『原子力規制委員会の社会的評価』（共著，早稲田大学出版部，2013年），『フクシマから日本の未来を創る』（共編著，早稲田大学出版部，2013年）などがある。

社会イノベーションと地域の持続性──場の形成と社会的受容性の醸成
Social Innovation and Sustainable Community: Creation of Ba (Place) and Brewing of Social Acceptance

2018年12月15日　初版第1刷発行

編　者　　松　岡　俊　二
発行者　　江　草　貞　治
発行所　　株式会社　有　斐　閣

郵便番号　101-0051
東京都千代田区神田神保町2-17
電話　(03)3264-1315〔編集〕
　　　(03)3265-6811〔営業〕
http://www.yuhikaku.co.jp/

印刷・株式会社理想社／製本・牧製本印刷株式会社
© 2018, Shunji Matsuoka. Printed in Japan
落丁・乱丁本はお取替えいたします。

★定価はカバーに表示してあります。

ISBN 978-4-641-16534-2

JCOPY　本書の無断複写（コピー）は，著作権法上での例外を除き，禁じられています。複写される場合は，そのつど事前に，(社)出版者著作権管理機構（電話03-3513-6969，FAX03-3513-6979，e-mail: info@jcopy.or.jp）の許諾を得てください。